desaprendendo o silêncio

elaine lin hering

desaprendendo o silêncio

como falar o que pensa,
revelar seus talentos
e viver mais plenamente

Tradução
STEFFANY DIAS

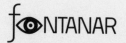

Copyright © 2014 by Elaine Lin Hering

O selo Fontanar foi licenciado para a Editora Schwarcz S.A.

Grafia atualizada segundo o Acordo Ortográfico da Língua Portuguesa de 1990, que entrou em vigor no Brasil em 2009.

TÍTULO ORIGINAL Unlearning Silence: How to Speak Your Mind, Unleash Talent, and Live More Fully

CAPA Mateus Valadares

PREPARAÇÃO Ana Clara Werneck

REVISÃO Valquíria Della Pozza e Marise Leal

Dados Internacionais de Catalogação na Publicação (CIP)
(Câmara Brasileira do Livro, SP, Brasil)

Hering, Elaine Lin
  Desaprendendo o silêncio : Como falar o que pensa, revelar seus talentos e viver mais plenamente / Elaine Lin Hering ;
tradução Steffany Dias. — 1ª ed. — São Paulo : Fontanar, 2024.

  Título original : Unlearning Silence : How to Speak
  Your Mind, Unleash Talent, and Live More Fully.
  ISBN 978-65-84954-47-2

  1. Assertividade (Psicologia) 2. Autorrealização I. Título.

24-207732   CDD-158.2

Índice para catálogo sistemático:
1. Assertividade : Psicologia 158.2

Cibele Maria Dias – Bibliotecária – CRB-8/9427

Todos os direitos desta edição reservados à
EDITORA SCHWARCZ S.A.
Rua Bandeira Paulista, 702, cj. 32
04532-002 — São Paulo — SP
Telefone: (11) 3707-3500
facebook.com/Fontanar.br
instagram.com/editorafontanar

*Para cada pessoa que já foi silenciada,
que este livro ajude a honrar
suas partes mais profundas.*

Sumário

Introdução 9

PARTE I: CONSCIENTIZAÇÃO

1. O silêncio que aprendemos 27
2. O problema do silêncio 44
3. Quando o silêncio faz sentido 67
4. Como silenciamos a nós mesmos 98
5. Como silenciamos os outros 123

PARTE II: AÇÃO

6. Encontre a sua voz 159
7. Use a sua voz 185
8. Como se manifestar 210
9. Pare de silenciar as pessoas 225
10. Transforme o sistema 247

Conclusão 277
Roteiro de *Desaprendendo o silêncio* 281

Agradecimentos 287
Notas 293

Introdução

Todos sabiam que ele não deveria levar o crédito pelo meu trabalho. Fui eu quem ficou acordada até tarde fazendo os cálculos. Quem colaborou com as partes interessadas. Quem sintetizou páginas de anotações em três tópicos sucintos. Todo mundo sabia que tinha sido eu.

Todo mundo, menos o executivo em questão.

Mesmo assim, ninguém disse uma palavra quando meu colega levou o crédito. Quando o executivo o elogiou por seu brilhantismo. Quando meu colega foi promovido.

Eu tive raiva. Raiva dele. Raiva dos outros. Raiva de mim. Por que eu não falei? Por que não achei um jeito de receber o crédito? O trabalho *foi* meu. *Todo* meu.

Por outro lado, se eu dissesse algo, pareceria mesquinha. Daria a entender que não sei trabalhar em equipe. Se dissesse algo... não teria tanta importância assim.

Eu odeio ter que me manifestar. É exaustivo e, às vezes, degradante. Ser obrigada a explicar em detalhes por que penso o que penso, além de ter que justificar minha existência. E se ninguém mais se manifestar ou expressar alguma opinião, pode parecer que estou dando a cara a tapa sozinha, sem armadura ou defesas suficientes.

Mas, como diz o ditado, se você não lutar por si mesmo, ninguém mais fará isso no seu lugar, certo?

Do meu instrutor de oratória do ensino médio, que gritava "Fale mais alto!", ao gerente do meu primeiro emprego, que declarava "Diga o que realmente pensa" (para depois me comunicar que o que eu pensava estava errado), se eu ganhasse um centavo a cada vez que alguém me disse para usar minha voz, eu já estaria aposentada.

Infelizmente, usar a voz não é tão fácil quanto simplesmente falar mais alto. A liberdade de dizer o que pensa de fato não é um privilégio que todos têm.

Não seria o seu primeiro palpite sobre mim — que tenho dificuldade em me manifestar.

Tenho diplomas e leciono em algumas das melhores universidades do mundo. Sou sócia-administradora e pós-graduada em direito. Já estive diante de públicos de até trezentas mil pessoas. Ganho a vida dialogando e liderando.

Por outro lado, talvez você não imaginasse de primeira que eu teria dificuldade em me manifestar, mas teria essa suspeita.

Afinal, sou mulher, asiática e (relativamente) jovem. É um estereótipo e uma estatística comprovada que pessoas como eu são frequentemente contratadas para cargos de nível inicial mas têm menos probabilidade de serem promovidas a cargos de gestão. As pessoas deduzem que nós trabalhamos duro e não causamos problemas, mas também acham que não temos a visão, a autoconfiança, a habilidade e a astúcia necessárias para comandar.

Eu emigrei de Taiwan para os Estados Unidos na década de 1980 e fui criada segundo o seguinte preceito: trabalhe duro, mantenha a cabeça baixa, integre-se e será recompensada por isso. Não é muito diferente de muitas histórias de imigrantes. A receita para o sucesso era ser *guai* — obediente — e desempenhar de modo adequado os papéis que me fossem atribuídos.

Eu sou o mito encarnado da minoria modelo. Venho de uma família estável com pai e mãe, fui estudante nota dez, tenho amigos incríveis. Fiz a graduação na Universidade da Califórnia em Berkeley porque a mensalidade com desconto para estudantes locais era a opção mais prática. Estudei e lecionei na Harvard Law School. Tenho todos os requisitos que deveriam garantir uma vida boa. Em alguns círculos as pessoas diriam que alcancei o sucesso. Então, por que reclamar?

Se o sucesso consistisse apenas em ter um lugar à mesa, eu seria considerada bem-sucedida. Mas ter um lugar à mesa não significa que o seu verdadeiro ponto de vista seja de fato apreciado.

Constantemente, sou convidada a validar decisões a partir da "perspectiva da minoria" — como se eu pudesse falar por todas as mulheres, pessoas racializadas e grupos historicamente oprimidos. Minha presença, com frequência, convém para que os poderosos se sintam benevolentes (ou para modificar as estatísticas no relatório dos acionistas) ou porque a reunião parece um pouco mais diversa quando estou lá, mas não necessariamente porque têm interesse em ouvir o que tenho a dizer.

Sou uma validação: presente, mas em silêncio.

O silêncio é uma estratégia de sobrevivência para não ocupar um lugar de desconforto. Ficar em silêncio significa não ter que me envolver nas chamadas discussões construtivas, que me deixam exposta e desorientada. Em alguns casos, significa literalmente não perder o emprego que paga minhas contas.

O silêncio é o que aprendi, internalizei e, muitas vezes na vida, o que me deu recompensas.

Estive presente em reuniões nas quais George disse que Chen deveria calcular os números porque os asiáticos são bons em matemática. Sério. Esses estereótipos são tão antigos e batidos que parecem fazer parte de uma comédia ruim dos anos 1980. Deixei passar, porque não vale a pena provocar a ira de George. É brincadeira. George é assim mesmo.* Além do mais, isso é realmente da minha conta? Estou apenas tentando fazer meu trabalho. É mais fácil passar despercebida.

Mas se não é da minha conta, é da conta de quem?

Você pode estar pensando: *Eu diria alguma coisa. Alguém precisa dizer algo, ou as coisas nunca vão mudar. Eu sou assim. Faço o que é certo e defendo os outros!*

Mas será verdade?

Quando suspeita que a ideia genial do chefe vai atormentar a vida do seu colega, você diz alguma coisa? Quando sabe que a equipe não vai conseguir alcançar as metas nada realistas do quarto trimestre, você diz alguma coisa? Quando as ações do seu vizinho quase cruzam o limite do que é ético, você diz alguma coisa? Quando o reitor despeja um comentário insensível rebaixando um aluno, você diz alguma coisa? Quando seu amigo faz uma piada racista no bar, você diz alguma coisa? Quando seu cônjuge zomba de um vizinho deficiente, deixando você chocado, você diz alguma coisa?

Essas pessoas controlam seu salário e sua progressão na carreira. Elas têm influência no seu conforto. É claro que não falaram por mal, certo?

---

* Os exemplos usados neste livro são histórias de clientes com quem trabalhei ao longo dos anos. Os detalhes e nomes foram alterados.

Ou falaram?

Quando questionados, a maioria dos gestores diz querer que sua equipe se pronuncie caso veja alguma coisa errada. Os empregadores desejam que os funcionários relatem violações de salubridade e segurança, além de mau comportamento, *antes* que se tornem problemas de convivência ou um risco para a empresa. Quando questionadas, a maioria das pessoas afirma desejar ter relacionamentos de confiança com amigos e entes queridos. Para sermos vistos, conhecidos e ouvidos nesses relacionamentos, temos que usar a nossa voz.

Mas quantos fazemos isso de fato?

Cada um de nós tem um incentivo para permanecer em silêncio. Para pessoas com identidades tradicionalmente marginalizadas, usar a própria voz pode ser uma empreitada nova, desconfortável e arriscada. Como você vai falar quando o mundo lhe disse repetidas vezes que não deveria fazer isso? O silêncio oferece segurança e autopreservação. A mordaça pode ser desconfortável, mas com certeza parece mais fácil de suportar do que as reações dos outros. Por que sofrer as reações de exagero e indiferença ao falar abertamente se você sabe que seu ponto de vista não é de fato bem recebido e se, em vez de melhorar, deixa tudo pior?

E, no entanto, nossa segurança, nosso bem-estar e progresso individual e coletivo exigem que usemos nossa voz. Então, o que podemos fazer?

Este é um livro sobre silêncio.

Sobre como aprendemos a ficar em silêncio, como nos beneficiamos do silêncio, como silenciamos os outros — e como podemos escolher um caminho diferente. Sobre como ampliar a consciência do que aprendemos e desaprender padrões inconscientes para que possamos fazer escolhas mais lúcidas sobre como cada um de nós deseja se expor. É um livro para demonstrar como podemos revelar completamente nossos talentos, falar o que pensamos, ser versões mais completas de nós — e ajudar os outros a fazer o mesmo.

Este é um livro para as pessoas que receberam o conselho de que a habilidade necessária para avançarem até o próximo nível é a comunicação. É para aqueles que desejam transmitir seus pontos de vista nas reuniões e, finalmente, fazer com que as pessoas os ouçam.

É um livro para pessoas que foram silenciadas — que ouviram dizer que não são boas o bastante, que tiveram que calibrar cuidadosamente o que podem compartilhar e como podem agir e que têm dificuldade para saber como é o som da própria voz depois de tantos anos tendo que abrandá-la.

É um livro para qualquer um que queira ser visto, conhecido, ouvido e valorizado. É para quem chegou à conclusão de que as pessoas ao seu redor não podem apoiá-lo a menos que você ofereça orientação sobre a melhor forma de fazerem isso.

É também um livro para líderes bem-intencionados e familiares que desejam de fato agir melhor. Para você que acredita em honrar a dignidade de cada ser humano, mas ainda não percebe como suas ações silenciam as mesmas pessoas que busca apoiar.

Ao longo do texto, utilizo a palavra "nós" porque sou uma pessoa que foi silenciada. Também sou uma pessoa que — apesar das minhas melhores intenções — silencia os outros. Embora os efeitos do silêncio sejam sentidos de forma mais intensa por pessoas com identidades marginalizadas, este livro é para todos nós — porque, para trilharmos um caminho mais saudável, precisamos de cada um de nós.

O silêncio é, por definição, ausência — ausência de voz, de opinião, de vida. Começa de maneira tão sutil que nem percebemos. Recuamos ou ocultamos nossas opiniões reais e as substituímos por aquilo que imaginamos que os outros querem ouvir. Mas, ao esconder o que pensamos e ao não criarmos espaços suficientemente seguros para as pessoas se abrirem, perdemos ótimas ideias no debate espontâneo ou deixamos de ouvir conselhos que teriam evitado mágoas e dores de cabeça no futuro.

Silêncio é também ter que segurar a língua em nome da paz. Escolher as palavras para provocar apenas o tamanho da reação que você pode suportar no momento. É desempenhar o papel que lhe foi atribuído, e não aquele que você deseja.

O silêncio acontece quando você não é convidado ou não tem permissão para participar da conversa porque não há espaço nem aceitação, ou porque você não é considerado bom o bastante. Silêncio é ouvir alguém dizer para você calar a boca e ficar quietinho, ou que a única razão pela qual você ainda está ali é porque não decidiram te mandar embora. É também quando ninguém pensou em convidá-lo e você não achou que poderia pedir um convite.

Silêncio é não ter ar suficiente porque as perspectivas, personalidades e prioridades das outras pessoas já sugaram toda a energia do espaço. São vozes sobrepostas que não incluem a sua, é a sua exaustão de tentar se fazer ouvir.

Silêncio é decidir que não vale a pena verbalizar uma ideia porque as vozes na sua cabeça já lhe disseram que é estúpida — exatamente como as crianças na escola costumavam te chamar. É optar por não revelar informações e compartilhar opiniões porque a energia, o esforço ou as consequências não valem a pena.

Silêncio é esconder partes de nós mesmos porque não são aceitáveis para os outros. É distorcer quem somos e ocultar quem deveríamos ser para que outras pessoas não tenham que enfrentar o desconforto que não desejam. É negar nossa própria dignidade para que outra pessoa possa fazer o que quer.

Silêncio é querer criar um espaço onde as pessoas se sintam seguras e queiram falar mas não conseguir ajudá-las a concretizar isso. É dizer que diversidade, equidade e inclusão fazem parte do nosso DNA mas não termos ideia de como criar essa composição genética. É querer fazer a coisa certa mas descobrir que tudo que você tenta fazer está errado.

O silêncio está nas mensagens que internalizamos sobre o que é apropriado, aceitável ou bom — mensagens que aprendemos ao longo da vida com base no que vimos, ouvimos e no que ganhamos como recompensa.

Há momentos em que o silêncio é a opção mais fácil. Na maioria das vezes, parece ser a única opção. Nossos hábitos em relação ao silêncio são tão automáticos que esquecemos que temos uma escolha. Quando você aprende a conviver com o silêncio, esquece que há outras possibilidades.

Existe um provérbio que diz: A palavra é de prata, o silêncio é de ouro.

Pesquisadores rastrearam as raízes desse provérbio até textos árabes do século IX, nos quais a fala e o silêncio são pela primeira vez ligados ao valor monetário.[1] E não há dúvida de que a sabedoria antiga e a realidade moderna propagam os benefícios do silêncio: ele continua sendo um elemento comum na maioria das experiências religiosas e espirituais. A prática hindu do *mauna* é um voto de permanecer em silêncio por um período de tempo para silenciar a mente. Os monges budistas valorizam o silêncio como uma forma de praticar a fala adequada e a não violência. A Bíblia e o Alcorão enfatizam a importância do silêncio e alertam sobre os perigos de usar a língua. O silêncio é o que torna a atenção plena possível.

Estudos revelam que trabalhar em silêncio requer uma carga cognitiva menor e resulta em níveis mais baixos de estresse do que trabalhar com ruídos de fundo.[2] Dois minutos de silêncio podem reduzir a pressão arterial e aumentar a circulação sanguínea no cérebro.[3] Imke Kirste, bióloga regenerativa da Universidade Duke, descobriu que duas horas de silêncio por dia levam camundongos a desenvolverem células no hipocampo, a região do cérebro relacionada ao aprendizado, à memória e à regulação emocional.[4] Os neurologistas são otimistas quanto ao uso terapêutico do silêncio na cura de danos ao cérebro.

Até mesmo a clássica animação *Bambi* fomenta as virtudes do silêncio: "Se não souber dizer uma coisa agradável, então não diga nada". Mas quem decide o que é agradável? E se o que eu disser e como eu disser não for tão agradável para você? E então? Se há tantas virtudes no silêncio, por que precisaríamos desaprendê-lo?

As organizações e os grupos sociais são, em sua maioria, homogêneos. A maior parte das grandes empresas do Ocidente ainda é predominantemente branca. Muitas instituições globais ainda têm liderança masculina branca. O patriarcado branco — organização social na qual os homens brancos detêm o poder e o privilégio primários — permanece implacável. Sim, eu citei o patriarcado branco — e estou ciente de que isso pode me tornar muito radical ou política na sua opinião. Mas a homogeneidade dá lugar a normas e culturas que não apoiam todas as identidades. Mesmo quando há jogadores racializados e não homens na mesa, é muito provável que suas ações (ou seu silêncio) apoiem as normas da maioria.

Esse desafio de quem determina o que é apropriado e aceitável não se limita ao ambiente de trabalho. Mude sua aparência, o que você come, o que você acha engraçado — então talvez a panelinha ou grupo de amigos o aceite. Nós criamos segregação com base na quantidade de dinheiro que ganhamos, em nossas opiniões políticas e religiosas e nas pessoas com quem nos sentimos confortáveis. (Economistas e sociólogos prefeririam que eu usasse "classificação" em vez de "segregação",[5] mas se o que acontece é realmente segregação, vamos chamá-la pelo que é, em vez de silenciar a realidade.) As comunidades em que vivemos e os grupos que formamos têm o poder de apoiar ou silenciar as partes de nós que nos tornam, bem, nós.

Eu sei. Desde que imigrei para os Estados Unidos, estive em uma jornada de décadas para me adaptar. Meus pais tiveram o privilégio de escolher em qual bairro morar. Eles optaram pelo subúrbio branco em vez de um enclave étnico e escolheram um nome ocidentalizado para mim porque assim minha adaptação seria mais fácil. Com o tempo, ser a única criança racializada na escola fez de mim a única sócia racializada em uma empresa de consultoria.

Eu costumava dizer a mim mesma que meu superpoder era ser uma camaleoa, capaz de me misturar com pessoas diferentes. Com isso, tinha as habilidades necessárias para trabalhar com operadores de manutenção de estradas nas áreas rurais da Austrália e com organizadores de microfinanciamento na Tanzânia. Do mesmo modo, eu podia desempenhar as funções necessárias para me conectar e ter credibilidade suficiente com executivos quarenta anos mais velhos. Isso significa que eu podia aprender a receber o feedback de que precisava para "ser mais parecida com um homem" ao trabalhar com os gerentes de uma seguradora global. Afinal, eu sabia como me tornar mais palatável ao consumo alheio.

Mas, no percurso, percebi que estava perdendo algo nessa abordagem.

Eu mesma. Meus pensamentos. Meus sentimentos. Minhas ideias. Meu sentido de existência.

Passei mais de uma década facilitando workshops, dando palestras e treinando líderes sobre habilidades de negociar, ter conversas difíceis, ampliar a influência e dar e receber feedback — todas as habilidades essenciais para liderar e trabalhar em um mundo cada vez mais automatizado e distanciado. Embora as teorias e práticas dos meus colegas do Harvard Negotiation Project fossem sólidas, eu me perguntava: por que algumas pessoas ainda não negociam *de fato* nem têm conversas difíceis? Por que, apesar de implorar à liderança e ao RH, o gestor ainda não dá o feedback e o funcionário é remanejado ou repassado para outra gestão? Por que reclamamos com nossos amigos sobre outras pessoas em nossas comunidades religiosas, grupos de futebol e famílias, mas não falamos diretamente com elas? Por que precisamos editar partes de nós mesmos para sermos aceitos?

A resposta é a influência preponderante do silêncio.

O silêncio que cada um de nós aprendeu, do qual nos beneficiamos e pelo qual fomos recompensados. Aprendemos que ficar em silêncio nos beneficia. Quando o silêncio é considerado adequado ou profissional. Quando nos proporciona o melhor resultado — ou nos ajuda a evitar desconfortos no curto prazo. Ficamos confortáveis com o silêncio porque ele nos é familiar. É um mecanismo de enfrentamento e uma estratégia para manter a ordem. O silêncio traz resultados previstos e conhecidos — sobretudo em relação à nossa segurança e bem-estar pessoal imediato. Morder a língua salva a paz na mesa do Dia de Ação de Graças — afinal, se tivermos sorte não veremos essas pessoas até o ano seguinte, certo?

Esses padrões inconscientes relacionados ao silêncio orientam nosso comportamento. Mas, sem compreender o papel que o silêncio desempenha em nossa vida e como ele nos serve, não podemos tomar a decisão lúcida de escolher outro caminho.

Nosso próprio silêncio é apenas parte do quebra-cabeça. Seja nossa intenção ou não, todos nós também silenciamos os outros.

Você pode estar inconformado. *Eu não sou uma dessas pessoas! Eu sou gentil, solidário e acolhedor. Eu cuido dos outros e os apoio, não derrubo ninguém.*

Eu acredito. E se você é humano, a realidade é que, em algum momento, mesmo sem querer, dificultou a comunicação de alguém. Nós todos já fizemos isso.

Serei a primeira a admitir.

Quando outra mãe na escola pergunta quais são os planos de verão para o meu filho, dou de ombros e digo que ainda estou pensando. Ela rebate prontamente: "Você sabe que é muito difícil conseguir vaga em acampamentos, não é?".

E antes que eu possa responder...

"Os de ciências são os melhores. Eles também oferecem comida orgânica no almoço."

"Melhor ainda se você conseguir o programa bilíngue. Ajuda no desenvolvimento cerebral."

"Você quer que ele seja bem-sucedido, não quer?"

Eu paro de ouvi-la porque não preciso da insistência dela — por mais bem-intencionada que seja. Na próxima vez que a vejo, ando um pouco mais devagar e fico um pouco mais no celular para evitar falar com ela. Eu me "esqueço" de responder às suas mensagens.

Tenho orgulho de expor minhas tendências a evitar conflitos? Certamente não. É tacanho da minha parte? Talvez. Mas consigo lidar com mais uma pessoa querendo dar conselhos não solicitados e sem contexto? Não. O silêncio me permite mantê-la onde preciso: longe o bastante.

Todos já transmitimos a mensagem de que não queríamos ouvir o que alguém tinha a dizer. Talvez porque a pessoa estivesse errada. Ou porque discordássemos dela. Ou porque suas palavras tivessem nos ferido. Talvez porque tenha sido a décima segunda pergunta que aquela pessoa fez nos últimos quatro minutos e não tivemos condições de responder a mais um "por quê?" (pais de crianças pequenas: eu entendo vocês!).

De maneira intencional ou não, todos nós já silenciamos outras pessoas. Mas não há culpados aqui. Em vez apontar dedos, quero ajudar cada um de nós a aumentar nossa autoconsciência para que possamos nos parecer mais com quem desejamos ser e criar espaços nos quais o pertencimento, a dignidade e a justiça sejam a realidade.

Desaprender o silêncio exige consciência e ação, por isso este livro está estruturado em duas partes.

A primeira consiste em ampliar nossa consciência individual e coletiva em relação ao silêncio que praticamos e para o qual contribuímos todos os dias. Os capítulos 1 a 5 estabelecem uma compreensão básica do silêncio que aprendemos e de como silenciamos a nós mesmos e a outras pessoas. A segunda parte abrange estratégias práticas para usar sua voz e formar famílias, equipes e comunidades que oferecem apoio em vez de silêncio. Em suma, os capítulos 6 a 10 oferecem conselhos práticos sobre como agir de outra forma.

Para aqueles que, como eu, se interessam mais pela ação, por favor, não pulem os primeiros cinco capítulos! Sem compreender cognitiva e emocionalmente o que está em jogo e o porquê da importância de uma transformação, a mudança comportamental será vazia — e é muito menos provável que se sustente. Criar espaço para a sua voz e a dos outros não requer apenas dizer as palavras certas. Desaprender nossos hábitos atuais relacionados ao silêncio exige uma compreensão fundamental de por que o silêncio é problemático. Para desaprender o silêncio, todos devemos estar dispostos a provocar o desconforto pessoal e social necessário para desenvolver novas práticas. Até o capítulo 5, ajudarei a construir essa consciência com o máximo de clareza e compaixão que puder.

UMA REFLEXÃO

Tive a honra singular de facilitar conversas que as pessoas normalmente não têm. Seja uma reunião de diagnóstico organizacional sem filtros em que os subordinados diretos dizem o que de fato pensam sobre seus gestores; sejam reuniões de liderança em que decisões são tomadas; seja quando as pessoas que não percebem que sou bilíngue falam como se eu não conhecesse o idioma e ouço o que elas realmente pensam e sentem.

Ao longo deste livro, utilizo uma combinação de estudos de caso, pesquisas e exemplos pessoais. Os estudos de caso são baseados em experiências compartilhadas, dinâmicas que observei e conversas das quais participei. Também incluo exemplos cotidianos entre amigos, familiares, colegas de trabalho e membros da comunidade que podem parecer inócuos, mas demonstram o quanto o silêncio é amplo e invasivo em nossa vida.

Desde o gênero, a raça e a etnia até a idade, a educação e a ordem de nascimento, entre outras características, cada um de nós possui diversas identidades. Quando uma identidade específica é um fator primário naquilo que um estudo de caso pretende ilustrar, eu nomeio tal identidade. Isso significa escolher informar a identidade racial de cada indivíduo, incluindo as pessoas brancas. Quando uma identidade não for um fator primário para o exemplo em questão, eu omito o detalhe para realçar a universalidade de nossas experiências humanas. Mesmo que você não tenha a mesma identidade dos indivíduos nos estudos de caso, recomendo que pense como a dinâmica afeta você e as pessoas ao seu redor.

Se quisermos ser ouvidos e criar espaços em que outras pessoas possam ser ouvidas, precisamos compreender como o poder, a identidade, o privilégio e os padrões aprendidos nos levam ao silêncio. Precisamos sustentar as vozes ao controlar o papel que o silêncio desempenha. Precisamos compreender e escolher ativamente nossa própria relação com o silêncio. Precisamos desaprender as maneiras como nos silenciamos e silenciamos os outros. Precisamos desaprender o silêncio.

PARTE I
CONSCIENTIZAÇÃO

1. O silêncio que aprendemos

"Não quero ir para a casa da tia Becca. Lá tem um cheiro esquisito!", gritou Charlie, de cinco anos.

O mais rápido que pôde, a mãe o silenciou. "Vamos lá, Charlie. Seja bonzinho."

"Mas é verdade", ele insistiu.

A mãe pensou por um instante.

Era verdade. Nem mesmo os purificadores de ar mais potentes ou o novo e caro neutralizador de odores que ela comprara no canal de vendas e dera a Becca de presente haviam conseguido camuflar o cheiro de gato. Para ser sincera, ela também não gostava muito de ir à casa da irmã.

"Mesmo assim, Charlie", ela disse, séria, "ela é da família. Nós temos que ir."

"Mesmo assim não quero."

"Não importa. Nós vamos."

Charlie reclamou, mas foi.

Assim como Charlie, todos iniciamos a vida com opiniões e preferências — do lugar aonde queremos ir, do que temos vontade de fazer ou dos ambientes que preferimos. Mas, com o tempo, por decoro e respeito, muitos de nós aprendemos não apenas a permanecer em silêncio sobre esses pensamentos mas também a achar que eles não têm importância. Por meio de nossas famílias e amigos, essas normas são reforçadas e se consolidam como o que é bom, adequado ou normal. Criamos hábitos automáticos para quando nos silenciamos e silenciamos os outros com base em experiências individuais, estruturais, sociais e intrapessoais.

Neste capítulo, falarei mais sobre como o silêncio está presente em cada uma dessas áreas para que você possa compreender melhor como ele acontece e molda o seu dia a dia. Minha esperança é trazer para o consciente o que muitas vezes é inconsciente, a fim de que tenhamos mais informações para escolher se essas mensagens e hábitos nos são úteis hoje.

O QUE É VOZ?

Voz é o oposto de silêncio.

Mas isso significa mais do que dizer algo em uma conversa. Voz é a expressão das nossas crenças, valores, opiniões, perspectivas e singularidades. Voz é usar nossos pensamentos, ideias e ações para mudar o mundo, expressando o que acreditamos ser importante por meio de nossas palavras e ações. Voz é a liberdade de acreditar, falar e viver, expor o que queremos, e não o que está de acordo com as expectativas alheias. Voz significa desempenhar um papel na tomada de decisões sobre a própria vida e as vidas ao redor. No final das contas, é à nossa voz que dedicamos tempo, energia e esforço.

COMO APRENDEMOS A SILENCIAR

Cada um de nós tem uma relação única com o silêncio, baseada nas mensagens que recebemos ao longo dos anos sobre quando, onde, como e com quem podemos compartilhar partes de nós mesmos. Se não compreendemos a influência do silêncio que aprendemos, ele exerce poder sobre nós — uma força invisível com impacto em nossa vida, um impacto que não podemos controlar ou moldar. Mas quando começamos a compreender os contornos da nossa relação atual com o silêncio, podemos também começar a questionar quais dessas práticas aprendidas ainda nos são úteis, quais queremos experimentar e quais podemos deixar para trás. Desaprender o silêncio não significa deixar de lado tudo o que aprendemos ou dizer sempre tudo o que quisermos. Na realidade, significa ter uma consciência lúcida dos padrões aprendidos em relação ao silêncio para que possamos avaliar se queremos mantê-los ou mudá-los.

Não conheço outra maneira de desaprender o silêncio que não seja questioná-lo e confrontá-lo.

A seguir, vamos explorar as muitas maneiras como aprendemos o silêncio. Ao passar pelas próximas seções, gostaria que você refletisse sobre as seguintes questões: Que mensagens você internalizou sobre quem pode falar e ser ouvido e sobre qual voz é importante? Que hábitos automáticos desenvolveu em relação a usar a própria voz ou apoiar a dos outros? Até que ponto esses hábitos são úteis para quem você é hoje e para quem deseja se tornar?

NO NÍVEL INDIVIDUAL

Simone sempre se sentiu em conflito em relação aos jantares de domingo com sua grande família ítalo-irlandesa-estadunidense. Por um lado, adorava brincar de esconde-esconde com os primos. Amava a agitação da casa cheia e a mistura de cheiros salgados e doces que vinham da cozinha. Ela mal podia esperar pelo delicioso molho de carne de domingo que a avó fazia — uma receita secreta que a nonna havia prometido compartilhar com ela um dia.

Ao mesmo tempo, aquela visita sempre parecia carregada de tensão. Ninguém sabia ao certo em que momento o vovô iria explodir. Ou, quando isso acontecia, qual era o motivo. Em um minuto ele estava carinhoso e tranquilo, convidando as crianças a sentarem no seu colo enquanto ele fingia ser o Papai Noel. No outro, transformava-se em um rabugento a quem ninguém conseguia agradar. O curioso era que tinham que dar vários quitutes ao vovô para que ele não ficasse com fome.

Quando Simone perguntou ao pai por que o vovô agia daquela maneira, ele respondeu: "O vovô é complicado".

Certo domingo, quando se sentaram para jantar, Simone estava contando sobre sua nova bicicleta. O pai tinha economizado para comprar a bicicleta exatamente como ela queria: com duas rodas e fitas vermelhas, descanso lateral e um sino brilhante. A bicicleta era a coisa mais linda, e ela tinha o cuidado de limpá-la depois de pedalar para mantê-la em perfeitas condições.

Ao ouvir a conversa, o avô a repreendeu: "Não fique aí se exibindo, Simone".

Simone queria dizer que não estava se exibindo. Que estava apenas compartilhando sua alegria. Que estava grata pelo presente. E que não era justo que o vovô implicasse com ela. Mas a menina sabia que não deveria responder. Já tinha visto, ao longo dos anos, outros membros da família tentarem se explicar. Nunca terminava bem.

O vovô voltou a atenção para o pai de Simone. "O que você está fazendo mimando essa garota? Vai transformá-la numa fraca."

Simone observou o pai evitar o olhar furioso do vovô e assentir, tentando encontrar um jeito de escapar.

O vovô continuou: "Está ouvindo, garoto? Não vai criar fracotes. Não precisamos de mais pirracentos na família".

As palavras feriram todos à mesa. Exausto, o pai de Simone sugeriu que dessem graças pela comida.

Nenhum de nós veio ao mundo com os comportamentos automáticos que temos hoje a respeito do silêncio. Mas, assim como Simone, aprendemos desde cedo.

Quando éramos bebês, nós chorávamos. Chorávamos quando precisávamos de algo ou estávamos incomodados. Chorávamos para nos comunicar. É um fato conhecido que, se ninguém responder, os bebês acabam parando de chorar porque aprendem a inutilidade de pedir ajuda.[1] Fomos, em grande parte, calados (o que é compreensível!), acalmados e, por fim, ouvimos dizerem que meninos e meninas grandes não choram. Fomos ensinados a suprimir — ou regular — nossas necessidades e emoções.

Continuamos a desenvolver esse comportamento à medida que crescíamos e passamos a registrar as respostas que recebíamos das pessoas que nos rodeavam, principalmente de nossas famílias de origem. Você foi recompensado por ser bem-comportado e não expressar suas necessidades e desejos? Pense em assuntos que são aceitáveis ou não para abordar com sua família. O clima, o que você comeu no almoço e o que você sabe que eles querem ouvir? Normalmente é seguro. O que você viu no noticiário, leu em um livro ou ouviu no rádio? Geralmente dá certo. Política, religião, peso, dinheiro, vida amorosa, sentimentos e a sua verdadeira opinião? Um tanto questionáveis se você quiser permanecer ileso.

As diferenças geracionais também influenciam o silêncio que aprendemos. Um artigo da *Time* de 1951 foi o primeiro a nomear as pessoas nascidas entre o final da década de 1920 e 1945 de Geração Silenciosa.[2] Ao viverem durante a Grande Depressão e a turbulência da Segunda Guerra Mundial, as pessoas em todo o mundo aprenderam a trabalhar duro e a se manterem caladas. Suas infâncias foram caracterizadas por uma rigorosa disciplina e o hábito de serem "vistos, mas não ouvidos".[3] Nos Estados Unidos, o Comitê de Atividades Antiamericanas e a investigação do macarthismo a cidadãos suspeitos de deslealdade política durante esses anos também tiveram um efeito silenciador.[4] De funcionários do governo a personalidades de Hollywood, as pessoas perdiam a reputação e o emprego se fossem suspeitas de terem ligações com o comunismo. Assim, guardavam seus pensamentos e só falavam quando alguém falava com elas para não serem acusadas de algo que não fizeram. Mesmo que trabalhassem em silêncio e não fizessem nada que chamasse atenção, isso nem sempre as protegia de serem acusadas.

Aprendemos sobre o que podemos conversar, e com quem, a partir das reações que outras pessoas tiveram — o quanto fomos silenciados e quanta fúria provocamos. Também aprendemos se devemos ficar em silêncio com base em como as pessoas ao nosso redor decidiram responder. Aprendemos quando e onde ficar em silêncio com base em quais dos nossos comportamentos foram recompensados e também pela maneira como os comportamentos das pessoas ao nosso redor foram recebidos.

NO NÍVEL ESTRUTURAL

O que Simone aprendeu sobre ficar em silêncio no jantar de domingo foi útil na escola. Seus boletins chegavam com a observação de que ela seguia as instruções na primeira vez que eram dadas e que ouvia com atenção e na ordem correta, o que a tornava ótima aluna.

O comentário da professora foi revelador: ela não era considerada uma boa aluna porque era inteligente, esforçada ou sempre tinha a resposta correta. Segundo a professora, ela era uma ótima aluna porque era obediente e não causava problemas na sala de aula. Podia memorizar a tabuada e repeti-la. Podia dar as respostas que sabia serem esperadas. Sua recompensa pela memorização e repetição foi o afeto e a aprovação da professora. Sua submissão — ou silêncio — era seu atributo mais importante. Mais uma vez, ela atendeu à expectativa estrutural de que as crianças devem ficar quietas e se comportar bem.

Em contrapartida, seu colega Henry era curioso. Ele tinha muitas perguntas. Quando a professora pediu que citasse um país da América do Sul, ele respondeu: "Bolívia! Você sabia que a Bolívia tem o maior depósito de sal do mundo? E que, na estação de chuva, a água transforma a planície de sal num espelho gigante?".

"Já está bom, Henry", respondeu a professora. "Só precisa falar o nome do país."

Frustrado, Henry mordeu a língua. Ele se empolgou ao falar sobre as salinas porque a família da sua mãe vinha de lá.

Era uma das poucas vezes em que sabia a resposta à pergunta da professora. Lágrimas brotaram de seus olhos e seu queixo tremeu.

"Hahaha! Henry está chorando de novo", provocou um dos colegas.

"Crianças, deixem ele em paz", disse a professora.

As crianças fazem cerca de 125 perguntas por dia. Os adultos fazem cerca de seis perguntas por dia. Em algum lugar entre a infância e a idade adulta, silenciamos nossa curiosidade.[5] Assim como Henry, aprendemos a obedecer às regras e normas que regem os espaços que ocupamos. Paramos de questionar os motivos porque isso irrita as figuras de autoridade em nossa vida, nos deixa em apuros e não é necessário para os testes padronizados. Aprendemos a não pensar por nós mesmos, e sim a produzir o que as pessoas desejam de nós.

O sistema escolar é estruturado para favorecer um conjunto restrito de competências e formas de expressão que beneficiam os pontos fortes de alguns. Música e arte são consideradas atividades extracurriculares, as primeiras a serem cortadas quando o orçamento está apertado. Somos sutilmente encorajados a reprimir nossa singularidade para nos adequarmos ao comportamento que a sala de aula recompensa. Vemos que as pessoas que não se enquadram nas expectativas dominantes são controladas, rotuladas como "em situação de risco", empurradas para as margens e classificadas como "menos que satisfatórias".[6] Aprendemos que apenas um tipo de voz tem importância, por isso começamos a silenciar nossa criatividade.

EM APOIO AOS PROFESSORES

Muitos professores fazem um trabalho incrível ao cultivar espaços de curiosidade e de coragem, que apoiam a singularidade de cada aluno. A maioria das pessoas que conheço, inclusive eu, lembra-se de um professor que nos influenciou e nos ajudou a ser quem somos hoje. Esse é o dom da boa pedagogia.

Dito isso, para compreender a complexidade do silêncio estrutural devemos primeiro reconhecer os outros desafios estruturais que as escolas enfrentam. Professores malpagos e sobrecarregados trabalham para garantir que os alunos obtenham bons resultados em testes padronizados que determinam o valor do financiamento que a escola receberá. Tudo, desde o tamanho das turmas à falta de financiamento e à pressão política, exige que os professores façam mágica. Esta observação a respeito do que a educação tradicional apoia e silencia não é uma crítica aos professores. Os próprios professores também aprenderam o silêncio. Este comentário é um apelo para examinarmos como podemos desenvolver nossas práticas de levantar as vozes — pelos alunos, pelos professores e pelas gerações vindouras. É um convite para docentes e discentes criarem espaços de coragem — salas de aula em que as pessoas não precisem deixar partes de si mesmas na porta para se sentirem incluídas na comunidade, em que haja segurança para experimentar coisas novas e em que possamos normalizar a discussão e a abordagem de coisas que nos deixam desconfortáveis.[7]

Em salas de aula tradicionais, os alunos aprendem através da leitura e da escrita, em vez de por debates ou discussões. No entanto, estudos mostram que, se a memorização e a regurgitação mecânicas forem por si sós recompensadas, não desenvolvemos competências de pensamento crítico.[8] As pessoas que expressam diferenças de opinião são consideradas combativas, problemáticas ou difíceis. Essa abordagem à aprendizagem reforça a norma de que só se deve falar quando alguém fala com você, sobretudo ao lidar com uma figura de autoridade. Assim, os estudantes deixam de cultivar a criatividade, a colaboração, a comunicação e a aprendizagem autodirigida — competências consideradas críticas para a vida e o trabalho no século xxi.[9]

Naturalmente, a aprendizagem é um ato de vulnerabilidade. Não podemos aprender quando nos sentimos tolos ao fazer perguntas ou pensamos que nossa opinião e nossas experiências não têm valor. Assim como ocorreu com Henry, ouvir que o seu entusiasmo e histórico familiar não são aceitos mostra que *você* não é aceito.

Além disso, muitas vezes os alunos não aprendem a história completa. Como aconteceu com a maioria dos meus colegas, os livros que li no ensino fundamental celebravam a descoberta da América por Cristóvão Colombo. Ele era um herói a ser admirado. Minha mente de oito anos não sabia que o estupro, a exploração e o assassinato de povos indígenas e originários foram convenientemente deixados de lado. Assim como eu, os alunos (e muitas vezes os pais) não percebem que o silenciamento das vozes acontece à medida que internalizamos o apagamento que está incorporado no currículo.

Pessoas e organizações que desenvolvem currículos e conteúdos têm o poder de apresentar a versão da história que desejam que vejamos. A representação de diferentes identidades em materiais educativos ensina aos alunos sobre o que a sociedade espera deles e dos outros com base na identidade social.[10] Não abordar privilégio, raça, classe, religião, gênero, orientação sexual e acessibilidade não faz essas partes da nossa vida desaparecerem. Em vez disso, ficar em silêncio sobre essas partes da vida e da história envia a mensagem de que não as reconhecemos. De que não têm importância, e que as pessoas impactadas por elas também não têm.

Esse conhecimento não fica restrito à escola. Levamos essas lições conosco ao longo da vida.

Anos mais tarde, Simone, que sempre seguia as regras, teve uma desagradável percepção da realidade. Seu gerente dissera que ela deveria sempre procurá-lo para resolver os problemas antes que se agravassem. Mas quando ela expressou preocupação com prazos irrealistas, ele respondeu: "Dê um jeito".

Pode ser difícil comunicar preocupações no ambiente de trabalho. A maioria dos líderes afirma que quer estabelecer uma cultura de comunicação aberta: "É melhor me contar antes que se torne uma crise". No entanto, muitas vezes os líderes enviam mensagens sutis sobre o que *de fato* desejam ouvir. Manifestar preocupações sobre igualdade salarial, assédio sexual, misoginia ou a impossibilidade de cumprir as metas do trimestre: tudo depende das reações dos gestores. Quando respondem às perspectivas dos funcionários com resistência ou negação, é mais provável que estes acreditem que não vale o risco ou o esforço.[11] Essas dinâmicas dão lugar ao silêncio organizacional — um termo acadêmico para a falta de comunicação ou ação quando há problemas — porque as pessoas acreditam que não vale a pena falar abertamente e que é perigoso expressar as próprias opiniões.[12]

De maneira implícita, o que aprendemos e ensinamos uns aos outros é que devemos manter nossos pensamentos guardados para conservar nosso emprego ou bons relacionamentos. Aprendemos que a resposta à controvérsia e ao conflito deve ser o silêncio.

NO NÍVEL SOCIAL

Jess se encontrou com o amigo de um amigo. Era para ser uma oportunidade de networking profissional. Quando foi pagar o estacionamento, percebeu que a máquina só aceitava dinheiro. Como estava sem, o amigo do amigo sugeriu que ela fosse ao seu quarto de hotel, onde ele teria dinheiro para emprestar a ela. Quando chegaram lá, ele a violentou. Jess gritou que não queria, mas ele não a soltou e não a deixou sair até que ela prometesse não contar a ninguém o que havia acontecido.

Durante anos, Jess não contou a ninguém. Ela viu mulheres nos noticiários serem destroçadas quando contavam que haviam sido violadas: eram chamadas de vadias, as pessoas diziam que elas não deveriam ter usado aquelas roupas ou se colocado naquela situação. Eram acusadas de se aproveitar financeiramente dos agressores.

Jess então se perguntava: se dissesse alguma coisa, quem acreditaria nela? E que diferença faria? Ela sentia vergonha por ter "deixado acontecer", culpava-se e pensava sem parar no que aconteceu. O que deveria ter feito? De que outra forma conseguiria avançar no trabalho? Ninguém na sua família ou entre seus amigos entendia aquele mundo. Se os verdadeiros negócios aconteciam nos campos de golfe ou entre parceiros de fraternidade, que chances teria de conseguir? Os homens podiam sair para beber com outros homens; por que ela não podia? Ela não enviara nenhum sinal de que estava aberta a nada. Eles conversaram sobre leis de zoneamento e licenciamento, pelo amor de Deus. Só isso.

Aprendemos sobre o silêncio com base na forma como pessoas em situações semelhantes foram tratadas. A maioria das vítimas de violência sexual não denuncia, em parte devido à forma como aquelas que se manifestaram foram condenadas ao ostracismo, culpadas e caluniadas.[13] Barreiras sociais, emocionais e, por vezes, legais impedem que mulheres como Jess falem sobre suas experiências, enquanto sofrem em silêncio e passam a vida como se tudo estivesse normal.

Recentemente, aprendi o ditado "Quem dedura pouco dura"; ou seja, se você denunciar alguém a uma autoridade, será alvo de violência retaliatória.[14] As origens exatas são contestadas, mas a frase remete a um código de silêncio segundo o qual o envolvimento da polícia poderia infligir danos à comunidade.[15] Deparei com a expressão porque meu filho disse que uma criança na escola quebrou um brinquedo. Quando o pai da criança ouviu meu filho contando, ele brincou: "Cuidado. Quem dedura pouco dura". Primeiros passos na criação de desconfiança em um sistema de justiça discriminatório.

A princípio, pensei que *snitches* (a frase em inglês é "Snitches get stitches") fosse uma referência à série de livros infantis do Dr. Seuss (*The Sneetches and Other Stories*, sobre animais com uma estrela pintada na barriga, uma metáfora antissemita). Mas então percebi que esse ditado — usado tão levianamente em conversas casuais — é mais uma maneira de aprendermos o silêncio. Se você denunciar alguém ou contar alguma coisa — mesmo na pré-escola —, será rotulado de fofoqueiro. E em alguns contextos, fazer uma "fofoca" pode literalmente causar sua morte. Como vamos falar sobre as coisas, resolver problemas e adotar posturas diferentes se aprendemos que o custo de falar abertamente é algo que não podemos ou não queremos suportar?

Nossas respostas coletivas aos incidentes determinam se o estigma e o custo social impedirão as pessoas de denunciar e procurar ajuda e se acreditamos que as autoridades serão úteis. Aprendemos que o silêncio, por mais doloroso que seja, parece doer menos do que deixar os outros duvidarem, questionarem ou nos dizerem que o que vivemos não pode ter acontecido.

Também aprendemos sobre quem pode falar e quem deve ficar em silêncio a partir da forma como a mídia retrata pessoas que se parecem conosco. Um estudo de 1300 filmes populares entre 2007 e 2019 pela Annenberg School for Communication and Journalism, da Universidade do Sul da Califórnia, revelou que apenas 30% dos personagens com falas eram mulheres. Isso significa que os espectadores veem 2,2 homens falando para cada mulher falando.[16] Dos personagens negros, latinos, asiáticos ou LGBTQIAP+ nos filmes, poucos tiveram papéis com falas. Apenas quatro dos 26618 personagens eram transgêneros, contando um total geral de dois minutos de tempo de tela. Segundo essa amostra, é normal que os homens falem. Mulheres, pessoas racializadas, pessoas LGBTQIAP+ e pessoas com deficiência devem permanecer em silêncio, se é que fazem parte da estrutura. Esse retrato da sociedade entra em nosso conjunto de dados subconscientes sobre quem é digno de estar na tela grande,

40

quem pode ser um herói, quem pode ser um líder e quem pode ser ouvido.

NO NÍVEL INTRAPESSOAL

Quando eu era mais jovem, as normas nas minhas comunidades ásio-americana e cristã eram claras: *Não responda*. Este era o maior sinal de desrespeito. Responder significava desafiar, expressar uma visão diferente, fazer uma pergunta genuína ou tendenciosa. Quando me diziam para fazer algo, eu deveria obedecer.

Respeite os mais velhos. Respeito significava não reagir, não ir contra a vontade deles, não contrariar o que diziam — pelo menos não de maneira direta ou pública. Afinal, eles tinham mais tempo de vida, então sabiam mais que nós.

Roupa suja se lava em casa. Assunto de família é assunto de família. Eu nunca contaria a alguém se meus pais brigassem ou se estivéssemos preocupados com dinheiro. Tudo isso era para ficar dentro de casa. E com certeza não falávamos sobre emoções.

Tendo internalizado essas regras, meu padrão era me calar e permanecer em silêncio.

Se a comunicação interpessoal é a interação entre duas pessoas, a comunicação intrapessoal se refere às mensagens que enviamos a nós mesmos. Sendo uma seguidora de normas, levei essas regras a sério e comecei a dizer as mesmas coisas a mim mesma. Aprendi a silenciar a mim mesma.

Estou tentando desaprender esse silêncio. E agora, como mãe, me esforço para descobrir quais regras quero transmitir e quais padrões geracionais quero quebrar.

Quero que meu filho fique me respondendo? Na verdade, não. Quando já passaram duas horas do horário de dormir e ele está apenas na metade da lista de motivos pelos quais não consegue dormir, quero que fique quieto? Quero. Mas será que também quero que ele tenha opinião própria, que aprenda que há poder em usar sua voz e não precise desaprender as coisas que aprendi? Com certeza.

Quero que ele respeite os mais velhos? Sim, mas não à custa de perder a própria opinião ou a capacidade de desenvolver seu raciocínio.

Quero que ele compartilhe o que está acontecendo em nossa família? Quero que ele seja capaz de buscar apoio social, de se beneficiar da conexão com a comunidade e fazer escolhas sábias sobre o que deseja expor ou guardar para si mesmo.

Estou convencida de que a vida adulta é um processo contínuo de descobrir o que aprendemos na infância e nos anos seguintes e depois descobrir o que queremos manter ou complementar. Estou constantemente assumindo a responsabilidade de entender por que as coisas que aprendi podem ser problemáticas. A consciência desses padrões aprendidos significa que eu (e você) podemos fazer escolhas conscientes — e potencialmente diferentes — no futuro.

Neste capítulo, exploramos as maneiras como aprendemos a silenciar — por meio de nossas experiências individuais, de estruturas sociais como a escola e o trabalho e de nossos próprios pensamentos e crenças internalizadas. Como é a sua relação com o silêncio? Onde e quando você conscientemente considera apropriado usar sua voz? Quais partes suas você sente necessidade de conter ou modificar?

Eu encorajo você a questionar o silêncio que aprendeu, porque o silêncio que eu aprendi não tem a ver apenas comigo, e o que você aprendeu não tem apenas a ver com você.

O silêncio que aprendemos é uma questão de como nos manifestamos nos relacionamentos, nas equipes e na comunidade, e de como esses padrões afetam o mundo.

PERGUNTAS PARA REFLEXÃO

O que você aprendeu sobre o silêncio...

... com a sua família de origem?

... na época da escola?

... em suas experiências de trabalho?

... nas culturas das quais faz parte?

2. O problema do silêncio

Vince era diretor administrativo. Assumiu o cargo porque a empresa era líder do setor e ele gostava da possibilidade de inovar em um mercado que, por décadas, fora gerido da mesma forma.

Acontece que nas reuniões, quando outras pessoas insistiam em formas criativas de estruturar os negócios, Vince começou a perceber que as configurações dos projetos não pareciam certas. Mas ele era matemático e economista, não especialista em contabilidade. Relutava em abordar essa questão porque tinha visto que outros que haviam questionado a empresa foram rotulados como "não inteligentes o bastante para entender".

Quando enfim sinalizou suas preocupações, ele foi repelido. Quando se manifestou em uma reunião da gerência, foi interrompido. Ele parou de ser convidado para as reuniões. Um dia, recebeu uma ligação informando que sua equipe seria transferida para outro departamento porque, em vez de apoiar os processos, o grupo os impedia.

Vince trabalhava na Enron, uma empresa de energia que já foi a sétima maior dos Estados Unidos. Como chefe de análise de risco, o trabalho de Vince Kaminski era garantir que a empresa não assumisse riscos excessivos. Mas, quando se recusou a aprovar determinado projeto de negócio, ele recebeu reclamações sobre seu trabalho. Outros líderes da Enron silenciaram Vince interrompendo-o nas conversas, transferindo sua equipe para limitar o impacto do seu trabalho e se recusando a dar ouvidos a seus avisos.[1]

O resultado foi o maior escândalo empresarial da história moderna, com perdas de mais de sessenta bilhões de dólares em investimentos de acionistas e cinco mil funcionários que perderam o emprego sem indenização ou seguro-saúde.[2]

O economista Albert Hirschman observou em um ensaio de 1970 que, quando as coisas não estão dando certo, as opções são: abandonar o sistema, tentar usar a voz para mudar o sistema ou permanecer leal ao sistema.[3] Quando sua voz não é aceita, o abandono se torna uma opção atraente. Depois disso, as únicas pessoas que restam são as leais — aquelas que seguem as regras elaboradas pela liderança. A presença apenas de funcionários leais dá lugar a uma câmara de eco que no momento pode parecer fortalecedora, mas não abre espaço para corrigir o rumo.

Você pode estar pensando: "Sim, mas isso aconteceu por questões da própria empresa. Não foi o silêncio que levou à queda da Enron. Foi a apropriação indébita. Foi a fraude. Foi a falta de inspeção e avaliação. Foi o ego. Não havia auditoria interna".

Você tem razão. Mas silenciar outras pessoas é o que impede que as transgressões, a ganância e a arrogância sejam controladas. Na verdade, o silêncio é um fator comum nos escândalos empresariais do século xx. Em todos os casos houve pessoas que tentaram falar, mas foram ignoradas, rejeitadas, menosprezadas — silenciadas — por outros. Ser seguidamente desconsiderado e obrigado a arcar com os custos de falar enfraquece nossos instintos e nossa habilidade de enxergar as coisas de outra forma; além disso, nos torna incapazes de articular diferentes perspectivas. Isso sem falar no silêncio estrutural já em vigor pela ausência de certas vozes e funções dentro das organizações.

O silenciamento gera o pensamento de grupo, no qual o desejo de consenso e harmonia substitui o bom senso, as sugestões de alternativas, críticas ou opiniões impopulares.[4] Se você decidir permanecer em um sistema, deve dizer o que é esperado, e não o que realmente acha, porque é isso que o sistema recompensa. O que é recompensado passa a ser a regra.

E as pessoas tendem a obedecer às regras, sobretudo se estas vierem de uma figura de autoridade.[5] Em uma série de estudos agora conhecidos como experimentos de Milgram, pediu-se aos participantes que administrassem choques elétricos de voltagem crescente em outros. Alguns expressaram preocupação à medida que a voltagem aumentava e eles ouviam gritos de quem recebia os choques, mas continuaram a aplicá-los quando foram informados pelo pesquisador que não seriam responsabilizados pelas repercussões e que sua ajuda era necessária para a experiência. Sessenta e cinco por cento dos participantes estavam dispostos a aumentar até o máximo de 450 volts, mesmo temendo matar os outros.

O silêncio não significa apenas que há poucas oportunidades para corrigir o curso, que as pessoas com pontos de vista opostos vão embora e que você permanece em uma câmara de eco de "sim, senhor": o silêncio também provoca efeitos negativos na saúde.

Precisar esconder parte da própria identidade e ter cautela com o que é dito mantém nosso sistema nervoso cronicamente em alerta máximo. Os níveis de estresse decorrentes se manifestam em erupções cutâneas, problemas digestivos e cardíacos, enxaqueca e fadiga adrenal e crônica.[6] O silêncio é uma resposta comum ao trauma,[7] e o silêncio forçado pode ser considerado um trauma secundário.[8] Em contrapartida, ser verdadeiramente ouvido e visto é a proteção mais poderosa contra ser dominado pelo estresse e pelo trauma,[9] o que não é possível se permanecermos em silêncio ou formos silenciados.

Neste capítulo, vamos explorar os problemas do silêncio, explicando como ser silenciado dá lugar à dúvida, contribui para o apagamento e acentua o sofrimento. E mostrarei como silenciar as pessoas — de maneira intencional ou não — afeta nossa percepção da realidade e perpetua o problema, ao criar ainda mais silêncio no mundo.

UMA CONFISSÃO

Hesitei em escrever este capítulo porque, nas mãos erradas, ele poderia ser usado como um guia para infligir danos às pessoas, silenciando-as propositalmente. Também tenho consciência de que essa hesitação em articular o que há de problemático no silêncio vem das minhas próprias cicatrizes por ter sido silenciada. Na verdade, as dinâmicas sobre as quais escrevo são as mesmas que vivencio enquanto escrevo. Há algo que vale a pena dizer aqui? E se as pessoas explorarem as falhas do meu argumento? Como responderei à inevitável rejeição pública? O desafio do silenciamento é que você se cala antes mesmo de começar a falar.

> Mas, para mim, analisar o que há de problemático no silêncio é válido para educar aqueles que não viveram os impactos implacáveis e inflexíveis do silenciamento e para a validação dos que passaram por isso. Eu espero que você pense assim também.

O SILÊNCIO GERA INSEGURANÇA

Patricia é a única mulher na equipe executiva repleta de homens de uma empresa de biotecnologia. Apesar de ter um doutorado em engenharia biomédica e um currículo impressionante como veterana da área, seus colegas sempre dizem que ela é muito emotiva, muito dispersa, muito empática. Com o tempo, a narrativa de que ela não tem "jeito para liderança" se solidificou. Sempre que levanta uma questão sobre a cultura do trabalho em reuniões, a reação de seus colegas é "Lá vai a Patricia de novo". Mas então, na avaliação de desempenho, dizem que ela não se envolve o bastante nas pautas executivas.

Ter que provar constantemente seu valor faz Patricia duvidar do que ela tem a oferecer. Mas a verdade é que *ela* é o melhor atributo da empresa. É *ela* quem apresenta as ideias criativas das quais a empresa dispõe, e *ela* é a principal executiva na confiança e retenção dos funcionários. Mas seria impossível saber disso participando das reuniões. Com o tempo, ela escolheu o silêncio porque é o que gera menos críticas por parte dos outros.

Em casa, a situação não é melhor. Desde organizar as agendas até conseguir que alguém finalmente conserte o vazamento da pia, é Patricia quem faz a família funcionar —

apesar de ter, como o marido, uma exigente carreira em tempo integral. Mesmo reconhecendo seu privilégio de poder contar com ajuda paga, é ela quem recebe todas as ligações — da escola, do médico, do passeador de cães, da babá, da arrumadeira, dos amigos e da família. E, inevitavelmente, é ela a culpada quando não há comida pronta na mesa ou quando as crianças se comportam mal.

Sempre que Patricia tentou negociar uma divisão mais igualitária do trabalho doméstico com o marido, ele recuou: "Não está vendo como *eu* estou cansado?". De alguma forma a conversa se transforma, e qualquer conflito vira culpa de Patricia. Aparentemente, é ela a ingrata, que tem expectativas irrealistas e não contribui o suficiente. No fim, ela se sente ignorada e desrespeitada, principalmente porque já silenciou muitas das próprias esperanças, sonhos e necessidades para cuidar da família. Com o tempo, ela para de tentar conversar. Sua frustração se transforma em raiva, e a raiva, em ressentimento.

Nos piores dias, sendo bombardeada no trabalho por sinais de que suas ideias não são suficientes e em casa por manifestações de que seus esforços não são suficientes, Patricia começa a duvidar de si mesma a cada instante. *Talvez eu esteja exagerando. Talvez eu seja sensível demais. Talvez eu tenha interpretado mal. Talvez eu simplesmente não entenda como as coisas funcionam aqui. Talvez o problema seja eu.* Ela começa a pensar que não é boa o suficiente.

Assim como Patricia, quando as pessoas não reconhecem nossas contribuições e ignoram nossos pensamentos, começamos a questionar se somos nós o problema. Duvidamos de nossos instintos. Começamos a imaginar que a intuição, a capacidade analítica e a tomada de decisões de outras pessoas são mais válidas do que as nossas. Esquecemos que nossos valores e nosso sentido-aranha (tal qual o de Peter Parker) estão programados para detectar ameaças e que nossas percepções são válidas. Com o tempo, nossa intuição e nosso instinto ficam tão sufocados que não conseguimos ouvi-los. Em vez de olharmos para o que pode estar errado fora de nós, começamos a pensar que nós mesmos estamos equivocados.

Ao sermos constantemente diminuídos e ignorados, esquecemos que somos dignos de respeito, dignidade, pertencimento e amor. Esquecemos que nosso valor não é determinado pelo que conseguimos fazer ou alcançar, mas que, pela natureza de sermos humanos, merecemos respeito, dignidade, pertencimento, amor — e muito mais.

Portanto, isso pode contrariar tudo o que seus colegas, familiares e o sistema lhe dizem em palavras e ações, mas preciso dizer:

Você é importante.

Seus pensamentos, preocupações, dúvidas, medos e preferências são importantes.

O SILÊNCIO INFRINGE A DIGNIDADE

Diversos estudos sociológicos demonstram que pessoas com identidades mais dominantes exercem mais poder em um sistema. Em grande parte do mundo, isso significa ser branco, rico, não ter uma deficiência, ser cisgênero e homem. Aqueles com identidades mais dominantes têm uma vantagem intrínseca, ditam as regras e recebem o benefício da dúvida. Suas vozes são aceitas categoricamente porque são a norma. Aqueles com identidades mais subordinadas começam em desvantagem, precisam seguir as regras prevalecentes e, por não terem a identidade dominante, são vistos como deficientes, ou como o outro.[10] Esse perfil é instruído a absorver a cultura das normas dominantes. Fazer com que sua própria voz — e não uma versão simplificada e culturalmente apropriada da sua voz — seja ouvida é em si uma batalha difícil.

Veja Hadiyah, por exemplo.

Filha de uma das primeiras cirurgiãs cardiotorácicas negras dos Estados Unidos, Hadiyah sempre foi ensinada a celebrar sua ancestralidade negra. Durante a faculdade, suas colegas de irmandade mantiveram seus pés no chão. Quando Hadiyah conseguiu seu primeiro emprego como coordenadora de marketing em uma agência de publicidade, seu gerente recomendou que ela alisasse o cabelo crespo natural para parecer mais "profissional". Não querendo ser marcada pelo RH desde o primeiro dia, Hadiyah trocou os brincos de argola por acessórios pequenos e discretos, e seus adorados tênis de cano alto por sapatilhas "práticas". Quando levou sobras de cordeiro condimentado e arroz para o almoço, alguém comentou em voz alta sobre o cheiro e borrifou aromatizador pelo escritório. Hadiyah começou a sentir que a única maneira de se sair bem seria sendo outra pessoa. Estava claro que seu verdadeiro eu não era apreciado.

Para funcionários como Hadiyah, muitas vezes parece que a única maneira de ficar no emprego conquistado com tanto esforço é se misturar. E, mesmo assim, seu lugar não é garantido.

Ser levado a reprimir ou corrigir as partes de você que são diferentes dos outros é uma forma de silenciamento. O "feedback construtivo" que Hadiyah recebe tem o intuito de fazê-la parecer e agir de determinada maneira com base nas expectativas daqueles que estão no poder. Muitas vezes feita sob o pretexto de adequação cultural ou de cumprir as expectativas daquele cliente difícil, a sugestão de que Hadiyah mude silencia a sua singularidade. Ouvir que partes de quem você é precisam ser ajustadas faz supor que seu valor está na sua utilidade, e não na sua humanidade.

> ## CONFORMIDADE É CONTROLE
>
> Alguns de vocês podem estar pensando: pedir às pessoas que mudem de comportamento não é apenas parte de preparar alguém novo para o mercado? Há uma maneira de fazer as coisas aqui, e o que você está fazendo não está certo. Você não está certo. Se quiser ficar aqui, você precisa se encaixar.
>
> Em suma, o silêncio pode ser uma estética — uma preferência pela forma como as coisas são feitas e um meio de manter essa forma.[11] O que para uns é alegria, para outros significa barulho. Quando algumas pessoas ou grupos decidem o que é aceitável e permitido, o silêncio passa a ser uma questão de controle.

Eu sou realista. E parte de ser realista é reconhecer que cada organização, equipe, família e sistema tem um conjunto de normas preexistentes. Muitas vezes são invisíveis, mas não menos influentes. Portanto, embora seja talvez um sonho derrubar normas tão longevas quanto os degraus de mármore da torre inclinada de Pisa, ter consciência do que pedimos uns aos outros e o porquê desses pedidos nos permite examinar o motivo de essas normas existirem, para início de conversa. As normas que apoiamos são as que queremos? Elas fortalecem a cultura e o mundo que estamos tentando construir — em nossa equipe, nosso sistema, nossa família? Como estamos usando o silêncio para apagar as pessoas?

O SILÊNCIO APAGA O NOSSO SENSO DE INDIVIDUALIDADE

A maternidade tem me dado as maiores lições de humildade da minha vida. Nunca estive tão cansada ou desorientada — ou tão coberta pelo vômito de outra pessoa. A criança passa a ser o centro de tudo. *Ele está alimentado? Está respirando? Está bem? Do que ele precisa?*

Botar outro ser humano na roda dos malabarismos, além de todos os que você já tinha que administrar antes, não é uma tarefa fácil — não é de admirar que tantas mulheres digam ter perdido o senso de si próprias nos primeiros dias com um filho.[12] O bebê faminto que precisa ser amamentado à meia-noite não se importa com o relógio biológico. Meu filho chama às onze da noite, às 3h37 e às 5h45. Seus longos gemidos de "Mããããããeeeee" são adoráveis e enlouquecedores. Faz cinco anos desde que dormi uma noite inteira, e meu filho tem apenas quatro. Na escolha aparentemente impossível entre estar com ele e minhas próprias necessidades, fui condicionada a acreditar que a opção certa é, claro, cuidar dele. Afinal, uma boa mãe é altruísta e abnegada.

E não acontece só com as mães. As mulheres são socializadas desde muito jovens para acreditar que cuidar dos outros é função sua.[13] Espera-se que sacrifiquem seu tempo, sua ambição e seu senso de identidade em nome disso.[14] Como observa a socióloga Jessica Calarco: "Outros países têm redes de assistência social. Os Estados Unidos têm as mulheres".[15] Quando as famílias, as escolas (olá, reuniões de pais e mestres!), as comunidades e as sociedades dependem da abnegação das mulheres para funcionarem, é esperado que silenciemos nossas próprias necessidades em prol de um bem maior.

Quando passamos tanto tempo resolvendo os problemas dos outros e os amparando, nossas próprias necessidades e preferências ficam confusas. Tem-se falado muito sobre a jornada dupla do trabalho invisível e bastante real que as mulheres realizam em casa depois do trabalho formal. Mas o que pouco se fala é como silenciamos nossas próprias necessidades. Quando você aprende a colocar todos antes de si mesma — como faz a maioria das mulheres ao redor do mundo —, mal tem tempo para tomar banho, muito menos para aproveitar a solitude, refletir ou cuidar de si mesma. E ninguém mais foi ensinado ou condicionado a se preocupar com as nossas necessidades. Então damos conta de tudo sem que elas sejam atendidas.

Quando o mundo não gira ao seu redor, é fácil esquecer que você tem necessidades, que tem uma voz. O silenciamento — verbal ou estrutural, por meio do condicionamento social — nos faz esquecer que cuidar de nós mesmas é uma opção.

O SILÊNCIO REDUZ A CAPACIDADE DE PENSARMOS POR NÓS MESMOS

Thiago era o neto mais velho de uma família brasileira muito unida. Sem dúvida sua avó estava no comando — eles a chamavam de Lala , mas era "a bruxa" quando não estava por perto. Na infância, Thiago observara o pai seguir todas as ordens de Lala. Mesmo quando tinha uma opinião diferente, ele cedia às orientações. *Confie em quem já viveu bastante*, ela dizia. *Nós sabemos o que é melhor*. Ele viu o quanto a obediência custou a seu pai e jurou não fazer o mesmo. Lala não tinha muito bom senso, mas isso não valia de nada. As pessoas que a questionaram se tornaram folclore na família. Quando ela faleceu, todos deram um suspiro de alívio. Mas seus princípios permaneceram. Quando Thiago não conseguiu atingir a meta de cadastro de novos clientes no trabalho, o gerente lhe disse para arredondar os números para cima. Isso não parecia ético, mas ele pensou que o gerente já estava no setor havia mais tempo e sabia o que estava fazendo. Sem perceber, Thiago estava vivendo de acordo com as regras de Lala: confiar em quem já viveu muito. Ele arredondou os números. A equipe comemorou a meta batida. "Bom trabalho fazendo o melhor para a equipe", festejou o gerente.

De vez em quando, Thiago pensava: *Isso não parece certo*. Mas o gerente tinha dito para ele não se preocupar e, quando olhou em volta, todos os seus colegas estavam fazendo a mesma coisa. A direção ficou feliz. Eles foram elogiados como a filial de crescimento mais rápido da empresa. Thiago foi promovido.

Só anos mais tarde os auditores descobriram os erros e multaram a empresa, e Thiago se perguntou por que dera ouvidos ao gerente. Por que não questionara aquela prática no momento em que, pensando bem, as diferenças entre o certo e o errado eram tão claras?

Todos nós gastamos nosso tempo resolvendo questões relativas aos interesses e prioridades das pessoas ao redor, principalmente quando ocupamos cargos iniciais ou sentimos o peso de agradar a outras pessoas. Nos orientamos pelo que vemos a liderança fazer porque esses são os comportamentos recompensados. Atuamos como representantes das organizações para as quais trabalhamos e das pessoas que amamos. Não estamos sozinhos: dos mais de 58 mil funcionários do Facebook na época, Frances Haugen foi a única que optou por tornar públicas as preocupações sobre a falta de controle da empresa em relação ao ódio e às atividades ilegais.[16]

Mesmo quando enfrentamos conflitos internos sobre o que as pessoas ao redor estão fazendo, muitas vezes há incentivos para reprimir as vozes incômodas. Desde a denúncia de materiais radioativos[17] até a fixação de preços, passando por violações de segurança e discriminação, ao longo da história o custo da denúncia incluiu retaliação, assédio, inclusão em listas proibidas, perda do emprego e ameaças de morte. É mais seguro não arriscar o pescoço. Então nos silenciamos e seguimos em frente.

Mas morder a língua ou escolher obedecer não gera consequências apenas nas situações em que optamos por não falar: causa também o enfraquecimento dos nossos instintos com o passar do tempo. Depois de anos resolvendo os problemas dos outros, e muitas vezes sendo recompensados por isso, esquecemos que temos valores, processos de pensamento e opiniões próprias. Perdemos o poder da nossa voz porque esquecemos que a possuímos.

A pergunta que falta é: O que *eu* acho? Não o que a autoridade pensa, o que o líder pensa ou o que eles fariam. Mas: O que eu acho? O que eu vou fazer?

O SILÊNCIO AGRAVA O SOFRIMENTO EXISTENTE

Andrew era um educador de ascendência hispânica, ativo em sua comunidade universitária rural e querido pelos alunos. A cada semestre, as avaliações elogiavam: "Andrew é o melhor. Ele deu vida aos conceitos da engenharia de uma forma prática e acessível"; "O curso mudou a minha vida"; "Nunca soube que poderia dominar conceitos técnicos. Andrew tornou o aprendizado divertido e me ajudou a acreditar em mim mesmo".

Apesar das críticas positivas e da conexão social estável, Andrew lutava contra uma ansiedade constante. Parecia que o seu coração ia sair do corpo. Era difícil respirar. Nas aulas, ele fechava as mãos para esconder o tremor. Como era bom no que fazia e carismático em público, ninguém sabia dos ataques de pânico que, em particular, deixavam Andrew prostrado.

O que vão pensar de mim se souberem? Já estão falando em cortes orçamentários. Não posso dar motivo para me demitirem. Não posso me dar ao luxo de perder o emprego. Não quero ser um fardo. Não quero que pensem que não consigo. Criado em um lar onde compartilhar dificuldades era um sinal de fraqueza, Andrew guardou suas preocupações para si.

Em um dos jogos Mario Kart, os participantes podem comprar um distintivo chamado "Double Pain", dor em dobro. Se Mario estiver usando o emblema, qualquer dano causado a ele será duplicado.[18] Me impressiona a frequência com que nós, como Andrew, usamos emblemas Double Pain ao permanecer em silêncio.

Seja ao recebermos uma nota decepcionante em uma prova, um diagnóstico médico indesejado ou uma interrupção na programação planejada com todo o cuidado, a vida nos dá golpes. Esses golpes já doem o bastante. Mas sentir que temos que continuar como se tudo estivesse bem e que não podemos contar com ninguém — que precisamos guardar segredo e carregar o peso sozinhos — é outro nível de dor.

Em termos de redução do tempo de vida, o isolamento social é comparável ao tabagismo e à obesidade.[19] A solidão afeta a saúde, aumentando o risco de doenças cardiovasculares, pressão arterial elevada e declínio funcional.[20] Os laços sociais — ser reconhecido pelos outros e não fazer tudo sozinho — fornecem uma proteção contra o estresse e a ansiedade.[21] Não quer dizer que conversar não tenha seus custos, mas carregar tudo sozinho não ajuda.

Muitos de nós acreditamos no mito de que temos que enfrentar tudo sozinhos. Aprendemos, muitas vezes por um bom motivo, a não confiar nossa dor às pessoas próximas. Mas a repressão das emoções também suprime nosso sistema imunológico, tornando-nos mais vulneráveis a doenças que vão desde resfriados a câncer.[22] Estudos de pacientes com câncer demonstram que aqueles que mascaram suas experiências e sentimentos têm maior probabilidade de morrer, apesar do tratamento, do que aqueles que expressam suas experiências e sentimentos.[23] Foi constatado que o grau de alívio da dor e desconforto relatado por pacientes com doenças crônicas é proporcional a quanto eles podem expressar profunda e autenticamente suas emoções.[24]

Claro que há um componente cultural nisso. Indivíduos de culturas que valorizam o coletivo em detrimento do individual têm maior probabilidade de reprimir as emoções do que aqueles de culturas que valorizam o individual em detrimento do coletivo.[25] Por exemplo, ásio-americanos têm historicamente classificado demonstrações de emoção como menos apropriadas do que americanos de ascendência europeia,[26] e somos mais relutantes em procurar apoio social porque não queremos deixar os outros sobrecarregados.[27] Não são as emoções que causam vulnerabilidade a doenças, e sim a dependência prolongada da regulação emocional que permite que elas se desenvolvam.[28]

Felizmente, Andrew quebrou o silêncio. Depois de meses sofrendo sozinho, ele pegou o celular e começou a escrever uma mensagem para um amigo. "Olá, estou passando por um momento difícil. Não sei bem o que é. Não espero que você me cure, mas queria que pelo menos alguém soubesse o que está acontecendo." Ele apagou e digitou várias vezes. E finalmente clicou em enviar. A resposta veio quase na mesma hora. "Obrigado por me avisar. Não tenho respostas, mas quero apoiar você. Estou aqui." A dor em dobro foi reduzida.

Certamente, há momentos em que faz sentido guardar as coisas para si mesmo, e no próximo capítulo exploraremos os benefícios do silêncio. Embora não haja soluções rápidas para a dor ou os danos decorrentes dela, a comunicação pode ser um bálsamo para a dor em dobro do isolamento e do que às vezes é um silêncio autoimposto.

Com quem você poderia compartilhar o que está sentindo? Em quem você confiaria? Ao procurar essa pessoa, diga qual papel você deseja que ela desempenhe, ou o que você sabe ou não sabe. O objetivo não é encontrar uma resposta, e sim aliviar a dor de ter que sofrer em silêncio.

O SILÊNCIO MOLDA A NOSSA PERCEPÇÃO DA REALIDADE

Jerome fundou um grupo fitness em sua região. Tendo se mudado para a cidade sem conhecer ninguém, ele queria se conectar com as pessoas. Apreciador de longa data de atividades físicas, Jerome sempre estimou a camaradagem e a responsabilidade de treinar junto, e, surpreso por não haver grupos organizados, decidiu criar um. Ele deixou anúncios em quadros locais e organizou encontros semanais com diferentes treinos. Começar algo do zero e lidar com estranhos exige muita vulnerabilidade, mas, à medida que as pessoas apareciam, ele começou a ver a recompensa.

Jerome sempre se orgulhou de ser positivo. Gostava de animar as pessoas. Quando as coisas ficavam difíceis, ele mudava o método. Era quem fazia você superar a dor e a tensão da quinta série de agachamentos e do último quilômetro da corrida. Quando as pessoas reclamavam, ele dizia que tudo fazia parte do processo de fortalecimento. Quanto mais as pessoas reclamavam, mais ele apontava o que era bom no exercício.

Com o tempo, as pessoas deixaram de aparecer. A princípio, Jerome pensou que fosse só por causa da mudança de estação. Mas, com o passar dos meses e ao se ver sozinho no ponto de encontro no parque, Jerome sentiu sua motivação para organizar o grupo murchar. Se as pessoas não se importavam o bastante para serem consistentes, por que ele se importaria?

Quando encontrou alguns participantes do grupo na cidade, eles foram educados, mas logo encerraram a conversa. Jerome começou a se perguntar o que estaria acontecendo. Era só um grupo de treinos, pelo amor de Deus.

Um dia, ao encontrar uma ex-participante na cafeteria, ele perguntou: "Ei, o que aconteceu? Por que você parou de ir?".

"Você quer mesmo saber?", ela questionou.

Intrigado, Jerome falou: "Quero, claro".

"Você é positivo demais. Tudo tinha que ser ótimo, bom ou fantástico. O grupo parecia tóxico."

"Mas por que ninguém disse nada?", rebateu Jerome, tentando conter a frustração.

"Não parecia que você queria saber."

Jerome ficou atônito. Ele dedicou todo aquele tempo e energia para criar uma comunidade e as pessoas não tinham respeito o bastante para dizer algo na cara dele? Quando foi que ser muito positivo passou a ser um problema? Se a maneira como ele levava as coisas era tão ofensiva, por que ninguém disse nada?

Silenciamento não é apenas calar ou interromper as pessoas. O que Jerome não percebeu é que, sempre que uma única perspectiva domina, informações importantes são deixadas de fora — mesmo quando essa perspectiva pretende ser encorajadora. Jerome criou um ambiente em que as pessoas não se sentiam confortáveis em lhe contar o que de fato estava acontecendo. Seu entusiasmo, por mais bem-intencionado que fosse, deixava os outros desconfortáveis *e* silenciava os membros do grupo a respeito do que precisava mudar. Em vez de falar, a comunidade de Jerome simplesmente parou de aparecer.

Esta é uma dinâmica comum. Fazer com que as pessoas partilhem o que pensam é uma dança cautelosa, um tango entre a vontade de pedir feedback, a receptividade ao que elas têm a dizer, a história do silêncio aprendido e um nível de investimento na relação. Não podemos saber de algo se as pessoas não estiverem dispostas a partilhar, e as pessoas em geral não estão dispostas quando se sentem silenciadas por nós ou quando foram silenciadas por outros. Assim como Jerome, sem a informação e a capacidade de ouvir, somos deixados no nosso próprio senso distorcido da realidade.

Vivemos em um mundo onde podemos fazer a curadoria das informações que consumimos e das pessoas com quem interagimos. O que aconteceu com o grupo de Jerome acontece todos os dias na internet. Ser capaz de ocultar opiniões com as quais não concordamos e pessoas de quem não gostamos é interessante porque torna mais fácil evitar o envolvimento com coisas que nos desafiam. No entanto, o efeito da câmara de eco de silenciar outras vozes nos deixou mais divididos e menos capazes de lidar com as diferenças.[29] Quando não vemos ou não interagimos com ideias (ou pessoas) que não se enquadram perfeitamente em nossa visão de mundo, também perdemos a capacidade de nos envolvermos com pessoas e perspectivas diferentes das nossas. É fácil demonizar o outro quando não estamos na frente dele e simplesmente deslizamos o dedo pela tela do celular.

Essa curadoria é importante porque o que vemos e ouvimos molda profundamente nossa compreensão do mundo. O que é silenciado pela sociedade também tende a ficar ausente da mídia que consumimos. Considere que 90% dos duzentos filmes de maior bilheteria lançados entre 2017 e 2019 nos Estados Unidos e nos países britânicos da Comunidade das Nações não continham nenhum personagem muçulmano. De todos os papéis com fala nesses filmes, apenas 1,6% era de muçulmanos. A maioria deles estava em situações ambientadas no passado, não falava inglês ou, quando falava, era com sotaque estrangeiro, e eram perpetradores ou vítimas de violência.[30]

O que os críticos chamam de "epidemia da invisibilidade" é um silenciamento de seres humanos complexos e multifacetados. Essa representação molda e sustenta a narrativa de que os muçulmanos são terroristas, pessoas do passado, perpetuamente estrangeiros e que as mulheres, se estiverem presentes, são definidas pelos homens. Essa forma de silenciamento cultiva estereótipos, influencia a percepção pública de grupos e alimenta consequências no mundo real. O que é visto e celebrado é normal. O que é silenciado — não visto e não celebrado — torna-se anormal.

A compreensão do que é normal com base nos meios de comunicação e nos acontecimentos da vida também molda nossa compreensão do que é aceitável. Que vozes poderíamos ter silenciado e que estão distorcendo a nossa visão do mundo? Quais perguntas que não estamos fazendo estão moldando a nossa realidade? Fazer perguntas e ser capaz de ouvir diferentes perspectivas não é apenas uma questão de tratar as pessoas com dignidade; é uma forma de nos precaver. Somos mais fracos quando nos faltam informações. Sem informações, não podemos aprender.

O SILÊNCIO GERA MAIS SILÊNCIO

Marianna mordeu a língua enquanto Chad, o CEO, acabava com a sua apresentação — e ela só estava no segundo slide.

"Isso é irrelevante."

"Isso é baseado em especulação, não em fatos."

"Como podemos confiar em você para aconselhar a empresa se você nem consegue entender a empresa?"

O resto da reunião passou como um borrão enquanto Marianna tentava manter a compostura.

Depois daquilo, os colegas a procuraram em particular para saber como ela tinha ficado.

"Eles não te prepararam para isso."

"Foi completamente desnecessário."

"É impressionante como ele foi grosso."

A cada ligação, o que mais chocava Marianna era o fato de nenhum desses colegas agora tão preocupados ter dito algo *durante* a reunião.

Silêncio gera silêncio.

Ao não dizermos nada publicamente, passamos a mensagem de que só falamos sobre as coisas em particular, se é que falamos. Nossas escolhas no momento desafiam ou reforçam as normas culturais preexistentes. Justificamos (às vezes com razão) que o silêncio é necessário para nossa autopreservação ou para evitar que sejamos alvos de hostilidade. Só que esquecemos o impacto adicional: quanto menos as pessoas se manifestarem, menor será a probabilidade de alguém se manifestar. Mais especificamente, quanto menos as pessoas *no poder* se manifestarem, menos as outras se manifestarão. Isso não quer dizer que algumas coisas não devam ser tratadas de forma reservada, e sim que as conversas públicas são as que passam a constituir a cultura.

Mais tarde, Marianna perguntou a seu colega Jing: "Por que você não falou nada na reunião?". Ele não tinha uma boa resposta. Por mais que não quisesse que Marianna fosse alvo da ira de Chad, ele certamente não queria ser um alvo também. Como ainda não era sócio na empresa, seu lugar à mesa era instável e ele tinha outras prioridades no trimestre além da causa de Marianna. Ele precisava do bom humor de Chad para aprovar o orçamento. Além disso, todos sabiam que Chad tinha lá seus dias. Ele era tão volátil quanto intenso. E eram essa intensidade e esse comprometimento que levariam a empresa a uma IPO de sucesso, ou pelo menos era a história que todo mundo contava.

Embora o cálculo de Jing seja compreensível, seu silêncio, tal como o silêncio dos funcionários da Enron e do Facebook, sinalizou consentimento ao comportamento de Chad. Nosso silêncio deixa as pessoas que foram atacadas vulneráveis e isoladas. Nosso silêncio diz que tal comportamento é aceitável e que permitiremos que continue.

O professor e escritor Boaz Munro observa que o silêncio faz parte de um padrão antigo e tóxico que permite o genocídio. Surgem tensões políticas e um grupo é atacado. As pessoas viram as costas e o desastre acontece.[31] Em momentos individuais de silêncio pode não parecer que estamos virando as costas ou que estamos perpetuando o racismo, mas o efeito cumulativo é letal.

O silêncio apaga a nossa sensibilidade. Ignoramos as ofensas porque, se parássemos para avaliar cada uma, não seríamos pessoas funcionais. *Os homens são assim mesmo. É o fim do ano fiscal; eles estão muito sobrecarregados. Não vale a pena se estressar.* Justificamos comportamentos e escolhas. Mas essas justificativas são um mecanismo de enfrentamento. Quando temos menos poder na equação, nossas emoções cooperam com o cérebro para moderar o insulto e a raiva que sentimos. Na medida adequada, essa colaboração reduz o atrito potencialmente prejudicial. Se for utilizada em excesso, desenvolvemos uma confiança infundada em figuras de autoridade, o que significa que permanecemos em silêncio e não questionamos suas atitudes. Esse silêncio permite o abuso, tolera a violência e perpetua a opressão.[32]

Raramente uma pessoa sozinha define uma cultura. No entanto, os comportamentos de todas as pessoas aniquilam ou perpetuam uma cultura de silêncio.

* * *

Como vimos, existem problemas reais no silêncio e em ser silenciado. O silêncio destrói nosso senso de identidade e apaga o que é único e valioso em cada um de nós. Ele piora o sofrimento — e Deus sabe que já existe sofrimento suficiente neste mundo. O silêncio limita a nossa capacidade de triunfar e de criar um lugar em que as pessoas que nos rodeiam também possam triunfar.

Então, se você está procurando soluções rápidas, lamento desapontá-lo. Se levamos décadas para aprender o silêncio, ele não desaparecerá da noite para o dia. Mas o que posso oferecer é isto: se conseguirmos enxergar os contornos do silêncio com mais clareza, poderemos perceber quando e por que ele acontece, e então começar a escolher caminhos diferentes daqui em diante.

PERGUNTAS PARA REFLEXÃO

De que modo o silenciamento moldou a forma como você usa a sua voz?

Como você vê o silenciamento impactando as pessoas ao seu redor?

Que partes suas você talvez esteja silenciando atualmente?

3. Quando o silêncio faz sentido

Como a única advogada racializada no escritório de advocacia, Grace estava exausta. Não fisicamente, mas emocionalmente exausta.

Ela não queria ter que explicar — mais uma vez — que o mito da minoria-modelo era na verdade uma construção social feita para criar uma divisão entre negros e asiáticos e reforçar a supremacia branca. Ela não queria ter que explicar o peso que sentia por seus pais trabalharem 24 horas por dia, sete dias por semana, por um salário abaixo do mínimo, para que ela pudesse ir para a faculdade e "ter um futuro melhor". Não queria expor por que era ofensivo que os colegas a chamassem "acidentalmente" de Jessica, o nome da única outra pessoa asiática no escritório. Ela queria gritar: *Jess é coreana e veio da Califórnia. Meu nome é Grace, sou chinesa e moro em Nova York. Somos duas pessoas diferentes, de dois estados diferentes, a quase cinco mil quilômetros um do outro!*

Os colegas, assim como o gerente de Grace, diziam sempre que ela era muito quieta e que precisava falar mais. Seus amigos diziam que, se ela quisesse que as coisas mudassem, teria que ser a mudança que queria ver. Mas quando ela tentava expressar sua opinião, era como se ninguém ouvisse.

E, se ouviam, a resposta era um feedback sobre *ela*. Parecia bobagem ter que esclarecer, *mais uma vez*, que ela não era Jessica. Afinal, sempre fora confundida com a única outra aluna asiática ou de aparência asiática da classe. "Não tem problema, eu também atendo quando me chamam de Jennifer", ela dizia rindo de leve, lembrando-se da outra menina asiática da escola. Agindo assim, ela era considerada agradável e tranquila. Seus colegas a convidavam para ir ao bar depois do trabalho. Ela sentiu que finalmente se encaixava. Ou pelo menos era o que pensava.

Depois de Grace completar dois anos na empresa, o RH solicitou que todos os funcionários fizessem um treinamento sobre preconceito inconsciente abordando microagressões. No início do treinamento, alguém apontou que as microagressões não eram tão micros assim. Na verdade, cada uma delas era uma violação da dignidade. Quando Grace começou a prestar atenção, percebeu que as violações aconteciam em vários momentos. Aquela reunião em que a cliente presumiu que ela era a assistente e não a advogada? O elogio de que era muito articulada? Ser exibida sempre que a equipe precisava demonstrar diversidade, e esquecida quando não precisavam dela?

De alguma forma, Grace tinha saudade dos dias em que não percebia as violações, porque a ignorância era de fato uma bênção. Agora que já tinha visto, não podia deixar de vê-las. Ela precisava fazer algo a respeito. Queria fazer parte da solução em vez de perpetuar o problema. Então começou a denunciar as violações, oferecendo feedbacks individuais, usando a retórica que aprendeu em um curso de liderança: "Quando você disse isso... o impacto em mim foi...".

Às vezes as pessoas estavam abertas a ouvir, outras ficavam na defensiva. Mas, para Grace, era sempre exaustivo. As violações aconteciam com tanta frequência que denunciá-las, explicar por que eram ofensivas e por que as pessoas deveriam se importar, lidar com as reações negativas e arcar com o esforço emocional estava se transformando em um trabalho de tempo integral. E ela já tinha um emprego de tempo integral — como advogada.

Todos já vivemos a tensão que Grace sentiu.

Se não fizermos críticas, é improvável que as pessoas saibam que algo aconteceu ou que seu comportamento teve um impacto negativo. Quando criticamos ações (ou pedimos apoio), é necessário ter energia mental, emocional e interacional, recursos limitados para cada um de nós. E se falarmos com franqueza não há garantia de que as pessoas vão aceitar bem; pode até piorar a situação. É por isso que apenas um terço dos funcionários conversa com os gestores antes de pedir demissão, mesmo que 52% deles acreditem que os gestores poderiam ter feito algo para impedi-los de deixar o emprego.[1] E é em parte por isso que apenas metade das pessoas afirma sempre falar o que pensa no trabalho.[2] Se você precisa dedicar tempo e energia para levantar uma questão e não sabe se isso fará uma diferença positiva, por que *faria* isso?

Desaprender o silêncio não significa falar abertamente sempre — o mundo é muito barulhento e complexo para isso. Desaprender o silêncio é ter consciência de quando você está em silêncio e perceber se esse silêncio foi escolhido por você ou para você.

UMA OBSERVAÇÃO SOBRE A CULPA

Se você está se sentindo culpado pensando "Eu deveria ter dito alguma coisa...", "Não acredito que não fiz mais...", "Se eu tivesse dito algo, teria sido diferente...", por favor, deixe isso de lado. Se você tivesse se manifestado, talvez fizesse alguma diferença. E, dependendo da sua posição, esse pode ou não ser o seu dever.

A professora e psiquiatra Pooja Lakshmin observa que a culpa é resultado de expectativas contraditórias de que devemos servir aos outros sem sermos vistos. A culpa crônica é mais uma forma de silenciar os próprios pensamentos e sentimentos.[3]

Cada indivíduo faz um pouco de diferença no mundo, mas não existe um único responsável. Então, por favor, liberte-se do fardo da autoflagelação. Não desejo que a culpa ou o "deveria ter feito" seja mais um peso sobre você. "Deveria ter feito" não serve a ninguém, a menos que você transforme a culpa em ação, e a ação que você escolher dependerá de um conjunto de fatores que só você pode avaliar.

TRÊS QUESTÕES COM AS QUAIS NOS DEBATEMOS

De maneira intuitiva, costumamos lutar com três questões ao decidir se faz mais sentido falar ou ficar em silêncio: 1) Quais são os custos de falar? 2) Quais são os benefícios de ficar em silêncio? 3) Dados os custos e os benefícios, o que faz sentido para mim? Neste capítulo, explorarei cada questão para validar as — talvez muitas — vezes que escolhemos o silêncio. Se você nunca viveu conflitos em relação ao silenciamento e se vê julgando aqueles que têm, espero que este capítulo esclareça a complexidade dos fatores que levam as pessoas a agir assim e que o ajude a analisar quando você faz o mesmo. (No capítulo 9, você encontrará dicas concretas de como refazer esse cálculo para compreender se faz sentido que as pessoas escolham falar em vez de ficar em silêncio.)

QUAIS SÃO OS CUSTOS DE ESCOLHER USAR A SUA VOZ?

Cada decisão sobre usar sua voz ou ficar em silêncio inclui cálculos conscientes ou inconscientes para compreender se os custos de falar são aqueles que você pode — ou deseja — suportar. Além dos custos óbvios de ter que lidar com a reação, de ouvir alguém dizer que você está errado ou de sofrer retaliação, os custos de enfrentar o desconhecido, de lidar com as regras de outra pessoa e de perder o controle também influenciam nossas decisões. Qualquer um deles por si só pode ser suficiente para nos levar ao silêncio.

LIDANDO COM O DESCONHECIDO

Jim era charmoso. Como um homem branco que foi a estrela de todos os times de lacrosse dos quais fez parte, adorava os holofotes. Quando o colocavam na frente de uma multidão, ele conseguia arrecadar fundos como ninguém. O problema era que Jim também era incrivelmente desorganizado, nunca respondia aos e-mails e defendia o que muitos acreditavam ser teorias da conspiração. Melissa tentou abordar o assunto, mas nunca obteve sucesso. "Sério, Melissa, tudo isso faz parte do meu brilhantismo", Jim dizia. Sua incapacidade de trabalhar com outras pessoas era um incômodo. Mas ele conseguia arrecadar muito dinheiro para a organização sem fins lucrativos de terapia esportiva de Melissa, por isso valia a pena mantê-lo. Até que um dos coordenadores do evento contou que Jim havia tratado mal os participantes do último evento. Preocupada com a reputação da entidade, Melissa jurou nunca mais procurar Jim. Não iria assumir as responsabilidades decorrentes de trabalhar com ele.

No entanto, à medida que a campanha da primavera se aproximava, os membros do conselho perguntaram: "E o Jim?". Melissa pensou: *É, talvez*. Ninguém sabia contar a história da fundação de forma tão envolvente. Talvez ele fosse mais sensível aquele ano. Talvez não ficasse reclamando nos bastidores. *Ou mesmo que fizesse tudo isso, pelo menos já sabemos como ele é*, pensou Melissa.

Better the devil you know than the devil you don't [Mais vale um mal conhecido do que um mal por conhecer] é um provérbio comum nos Estados Unidos. Captura a expressão latina *Nota res mala, optima*, ou "Uma coisa ruim conhecida é melhor". Dizemos a nós mesmos que pode não ser o ideal, mas é mais fácil ao menos sabermos com o que estamos lidando.

Mudar é difícil. Desbravar uma nova situação, um novo relacionamento e os contornos de um novo contexto é um verdadeiro trabalho. A incerteza ressalta o quanto uma situação parece ameaçadora porque inibe nossa capacidade de evitar ou mitigar a ameaça.[4] Tanto é que os pesquisadores têm questionado se o desconhecido é mesmo o medo primordial.[5] Assim como Melissa, se pelo menos soubermos o que estamos enfrentando, nosso cérebro pode se preparar. Tentar fazer Jim mudar foi uma perda de tempo. Tentar encontrar alguém que fosse tão bom na arrecadação também foi infrutífero. Fazia mais sentido que Melissa permanecesse em silêncio sobre os riscos de contratar Jim e trabalhasse com o mal que já conhecia.

Há momentos em que enfrentar o desconhecido parece custoso demais. Por menos que gostemos da situação atual, sabemos como funciona. Falar abertamente e tentar algo novo traz incerteza. O silêncio é familiar.

LIDANDO COM AS REGRAS DE OUTRA PESSOA

Recentemente, uma executiva me disse: "Não me importo que as pessoas se manifestem, desde que falem de maneira respeitosa, profissional, na hora e no lugar certos".

O comentário dela diz tudo. As pessoas no poder determinam as regras e normas para usarmos nossa voz. *Quando* deveríamos falar. *Se* deveríamos falar. *Como* deveríamos falar. Tenho permissão para falar, mas só nos *seus* termos. Ter que avaliar se cada palavra que eu digo se encaixa no seu modelo mental de como devo me manifestar é exaustivo. E o que é "profissional" muitas vezes não passa de um código de práticas no local de trabalho que privilegiam os valores dos funcionários brancos e ocidentais.[6] O que é considerado um comportamento respeitoso será diferente em cada cultura. As regras de interação muitas vezes não são ditas e estão sujeitas a alterações. Portanto, o silêncio oferece um lugar seguro quando você não pode ou não quer se conformar com as preferências da outra pessoa — ou quando ela sempre muda as regras para você.

Muitos de nós enfrentamos o que o psicólogo social Adam Galinsky chama de duplo vínculo de pouco poder — se você não falar, passará despercebido; se falar, será rejeitado, tudo porque está fora da esfera aceitável de comportamento.[7] Mas quem decide qual é o comportamento aceitável? Melhor ainda, quem decide o que inclui toda a esfera de comportamento aceitável? Ou se você pode expandir o alcance do que é aceitável?

A resposta? Normalmente as pessoas que detêm o poder.

Lembre-se de que aqueles com identidades dominantes tendem a ter mais poder. Para que você não pense que este é apenas mais um discurso contra homens cisgênero brancos sem deficiência, ressalto que desaprender qualquer coisa requer tão somente o reconhecimento da realidade.

Neste caso, a realidade é que as mulheres representam 51% da população dos Estados Unidos, mas apenas 8,1% dos CEOS das empresas Fortune 500.[8] No momento em que este livro foi escrito, apenas duas — ou 0,04% — dessas CEOS eram mulheres racializadas. Somente 40% das mulheres — menos de metade — estão satisfeitas com os processos de tomada de decisão nos lugares em que trabalham.[9] E mesmo que os dados mostrem que equipes diversas, sobretudo as com liderança diversa, superam financeiramente as organizações sem políticas de diversidade, o progresso é lento.[10] Por quê? Porque é difícil abrir mão do poder. É difícil compartilhar o poder. E o poder é muitas vezes invisível para aqueles que já o detêm.[11]

A alternância de códigos — ajustar a linguagem, o estilo, a fala, o comportamento e a aparência para otimizar o conforto dos outros e buscar um tratamento justo[12] — é exaustiva. Evitar ou desafiar estereótipos consome energia e pode prejudicar o desempenho.[13] É desgastante tentar fingir que você se conforma quando isso não é verdade.[14] É um trabalho invisível que nós fazemos — o tempo inteiro. Esse trabalho é útil para as pessoas que carregam as identidades mais subordinadas — e que quem tem identidades dominantes nem sequer percebe. Afinal, as coisas sempre foram assim.

Para deixar claro, como consultora que trabalha em vários setores, organizações e fronteiras, cabe a mim adaptar meu estilo. Ser capaz de diminuir as defesas das pessoas, ajudá-las a se sentir conectadas e ouvir o que precisam ouvir é o que me torna boa no meu trabalho. E, como um ser humano que se esforça para ser gentil e atencioso, cabe a mim "entender o espaço", reconhecer os dados que os outros me fornecem e levar isso em consideração.

O que não cabe a mim é a necessidade constante e implacável de calcular imediatamente o que vou dizer, se vou dizer, quanta rejeição haverá, se estou com energia ou capacidade para aguentar, que impacto isso terá na minha carreira ou como mudará o relacionamento na minha própria casa ou na minha equipe *por causa* das minhas identidades. Cabe a todos criar um espaço para que os custos não sejam desproporcionalmente suportados por aqueles que têm mais trabalho a fazer.

Quando visito meus amigos mais próximos, a interação é fácil. Não há necessidade de explicar por que você tira os sapatos ao entrar em casa. Não há dúvida de que limparia os restos de comida do ralo da cozinha. Não há nenhum momento estranho para sabermos se vamos agradecer antes de uma refeição. Ninguém torce o nariz para o molho de feijão-preto fermentado — apenas reconhecemos que é delicioso. Talvez por isso as pessoas tendam a procurar quem é semelhante a elas.[15] Existe uma facilidade que vem com normas e compreensão partilhadas. Você não precisa se explicar. Não precisa negociar as regras ao se chocar contra as expectativas sobre como deveria se expor. Você não precisa implorar para que as pessoas vejam e valorizem sua humanidade. Não precisa suportar os custos de descobrir as regras não escritas e decidir se deve desafiá-las, ajustá-las ou agir de acordo com elas.

PERDENDO O CONTROLE

Eu queria que você nunca tivesse nascido. Continuar com a gravidez foi a pior decisão que já tomei.

O arrependimento veio antes que Sara terminasse de falar. Ela não queria dizer aquilo. Estava tão frustrada. Tão brava. Tão desgastada. Não era justo ter que criar a criança sozinha. Que o pai simplesmente tivesse desaparecido um dia e seguido como se nada tivesse acontecido, como se uma vida não tivesse vindo ao mundo. Ela se esforçava tanto para fazer dar certo — trabalhando em vários empregos, em turnos extras, estourando o limite dos cartões de crédito. Pedia favores a pessoas que mal conhecia para que alguém cuidasse de Theo enquanto ela tentava dar um jeito na vida.

Mesmo sem olhar nos olhos do menino de oito anos ela sabia que as coisas nunca mais seriam as mesmas depois daquelas palavras. O dano estava feito. A expressão vazia nos olhos dele seria uma imagem gravada em seu coração. Talvez ele fosse muito pequeno para entender o que aquilo significava. Talvez não se lembrasse. Talvez ajudasse se ela comprasse o brinquedo que ele queria, pensou. Nada ajudou.

Não era a vida que ela pretendia ter. Tendo crescido com a instabilidade de lares de acolhimento, Sara estava decidida de que as coisas seriam melhores para os filhos que tivesse. E as coisas deveriam melhorar. O dinheiro deveria começar a entrar. Mas os pagamentos nunca vinham. Às vezes, ela se arrependia mesmo de ter tido o filho, mas também sabia que era uma daquelas coisas que provavelmente não deveria ter dito, pelo menos não para ele.

Aquele momento moldou a forma como Theo via o mundo; como ele via a si mesmo. Depois disso, o menino se isolou. *Se meus próprios pais não me querem, quem vai me querer?* Isso afetou seus relacionamentos e sua habilidade de estar neles. Passariam décadas até que a dor da rejeição e do distanciamento começasse a ser curada.

Aquele momento também assombrou Sara. Como as diferentes maneiras pelas quais tentou melhorar a situação não ajudaram, ela parou de tentar. Pelo menos Theo já era adulto e tinha saído de casa. Mas mais tarde, ao refletir sobre aquele momento, ela percebeu que, naquela situação, o que realmente quis dizer foi: *Não sei se consigo fazer isso. Não sei se posso criar você sozinha.*

As emoções confundem o nosso discernimento. E o estresse piora a situação. É bom liberar e processar esses pensamentos. No entanto, nem sempre é prudente se abrir com a pessoa diretamente relacionada a eles. Porque uma vez que as palavras saem, você não pode recuperá-las.

Expor nossas ideias e viver da maneira mais autêntica possível significa nos abrirmos às contribuições de outras pessoas. Não podemos controlar o impacto que teremos naqueles que estão ao nosso redor e como vão reagir, mas podemos controlar o que falamos. Escolher usar a voz significa que você pode perder o controle.

QUAIS SÃO OS BENEFÍCIOS DE FICAR EM SILÊNCIO?

A segunda questão que analisamos ao escolher entre usar a voz ou permanecer em silêncio tem relação com os benefícios do silêncio. Tanto no que vivemos como no que sentimos, o silêncio é muitas vezes o que nos permite sobreviver, cuidar de nós mesmos e nos proteger. Ou seja, ele se torna uma escolha estratégica, que nos permite manter a sanidade mínima, a capacidade de realizar as tarefas da vida cotidiana e uma aparência de dignidade.

O SILÊNCIO PERMITE A SOBREVIVÊNCIA

Gloria vivia nas sombras. Ela se lembrava das flores cor de laranja brilhantes, das montanhas verdes e dos aromas doces da casa da sua família em El Salvador. Também se lembrava do terror dos guerrilheiros batendo à porta e do medo constante de que ela e sua família fossem mortas. Depois da última vez que homens invadiram sua casa e exigiram que seu pai se entregasse, a família decidiu que era o momento. Eles caminharam por semanas. Não pararam até chegarem aos Estados Unidos. Sua garganta doeu de sede. Beber água de um bebedouro de cavalos no meio de uma tempestade de poeira era algo que ela nunca esqueceria.

Gloria e sua família conseguiram. Do outro lado da fronteira, estavam seguros. Poderiam ter uma vida melhor. A mãe ganhava a vida limpando casas, recebia em dinheiro. O irmão cuidava de manter chiques os quintais das casas chiques. Eles conseguiam enviar dinheiro aos parentes. Não tinham carro nem computador, mas tinham uns aos outros. Era muito melhor do que serem mortos.

Mas havia uma nova ameaça: a de serem descobertos. Gloria e sua família cruzaram a fronteira sem documentação. Se fossem denunciados, seriam detidos e separados uns dos outros. Ou pior, Gloria seria mandada de volta para um país onde era improvável que chegasse aos dezoito anos. As crianças na escola falavam sobre aqueles ilegais — como eram terríveis, violentos e como estavam roubando o país. Gloria mantinha a boca fechada. Seus pais haviam deixado bem claro que nunca deveriam mencionar como haviam chegado ali. Não podiam criar problemas e nunca deveriam atender a porta se alguém batesse. Era a única maneira de sobreviverem. Para que Gloria e sua família permanecessem vivos e juntos, deveriam ficar em silêncio sobre seu status e sua história.

Qualquer que seja a nossa opinião sobre o complexo tema da imigração, todos nós fazemos escolhas que mantêm vivas as pessoas que amamos, nossas carreiras, esperanças e sonhos. O que guardamos para nós mesmos ou compartilhamos com os outros nos permite — de maneira literal ou figurativa — viver mais um dia. O silêncio permite que os outros acreditem no que quiserem a respeito de nós em situações em que criaríamos uma barreira se disséssemos a verdade. O silêncio nos permite uma negociação na área cinzenta.

Há lugares e momentos em que nosso bem-estar, sustento e futuro estão em risco. Existe uma ameaça inerente em usar nossa voz — dizer algo, ser algo diferente do status quo — porque é um comportamento movido pela mudança. Representa uma tentativa de reivindicar algo e, para que essa reivindicação funcione, também deve ser aceita pelos outros. Mas só poderemos mudar a situação atual se isso estiver alinhado com as expectativas dos outros sobre nós.[16] Não é de espantar que muitas empresas de grande porte tentem ativamente impedir a sindicalização dos trabalhadores e que nem todos os países concedam a seus cidadãos o direito de votar. Quando pergunto às pessoas as principais razões pelas quais não se manifestam abertamente, as respostas costumam ser uma combinação de não querer prejudicar um relacionamento, perder um emprego ou arriscar uma dinâmica existente, ou não ter que lidar com a reação de outra pessoa. O silêncio nos proporciona o benefício de evitar todas essas coisas.

Pouquíssima gente nos culparia por fugir de um prédio em chamas para salvar nossa vida. Na verdade, a maioria apoiaria essa escolha. Afinal, estaríamos em risco. O que não conseguimos perceber é que, no que diz respeito a nosso cérebro, a segurança psicológica — definida como a ausência de medo interpessoal[17] — é tão importante quanto a segurança física. Em situações não ameaçadoras, o córtex pré-frontal está no comando e nos permite pensar de forma racional e lógica. Quando nosso cérebro detecta uma ameaça, a amígdala cerebral — ou a parte emocional do cérebro — assume o controle enquanto o córtex pré-frontal para de intervir.[18] Quer a ameaça seja um incêndio de fato ou um e-mail, nosso cérebro age de forma semelhante, pronto para enfrentar a ameaça percebida e lutar, fugir, congelar ou ceder.[19] Na verdade, um ataque à segurança psicológica de alguém pode ter um impacto mais profundo e duradouro no cérebro do que um soco no rosto.[20]

O SILÊNCIO PROTEGE A MINHA ENERGIA

Já se passou mais de uma década dessa conversa, mas ainda me lembro bem da sensação. Eu estava superanimada para encontrar minha amiga e botar o papo em dia. Ao caminharmos juntas, falamos de coisas típicas de pessoas solteiras na casa dos vinte anos: trabalho, amizades, quem estávamos namorando ou com quem tínhamos acabado de terminar. Quando contei que a pessoa com quem eu estava saindo na época ainda não se sentia confortável para ir comigo a um casamento que aconteceria em breve, minha amiga respondeu: "Caramba, por que ele não assume logo? O que você vê nele mesmo?!".

Assim que ela disse isso, me arrependi de ter contado qualquer coisa. Agora ela está atacando a pessoa de quem eu gosto e preciso defender minhas escolhas. Eu queria responder: "Você entendeu mal, sou eu quem deve desabafar, não você". Em vez de a nossa amizade ser um espaço seguro para me abrir sobre o que pareciam ser questões normais em relação a "conhecer alguém", senti que tinha que me defender — minha escolha de ficar com essa pessoa, de investir nela, conhecê-la. Minha habilidade de decidir, meu caráter e meu bom senso pareciam estar em jogo. Eu estava reagindo de maneira exagerada aos comentários da minha amiga? Talvez. Mas é preciso energia para lidar com as reações dos outros — para decidir se você deve se envolver, permitir ou negociar o impacto do que vão dizer. É necessária uma energia que muitas vezes não temos ou que não gostaríamos de investir nessa causa em particular.

Ao compartilharmos informações, abrimos espaço para comentários. Em vez disso, pode parecer mais fácil não contar nada a ninguém. O silêncio na forma de divulgação seletiva é uma forma de evitar julgamentos ou críticas.

Embora isso aconteça às custas da intimidade — conhecer e ser conhecido a fundo por alguém —, nem todos os relacionamentos precisam ser íntimos. A alguns basta que sejam apenas funcionais. Ter que lidar com julgamentos e reações pode esgotar o estoque limitado de energia de que dispomos para levar o dia a dia.

O SILÊNCIO É AUTOCUIDADO

Eu estava naquele mercado havia mais de uma década e não deveria ter ficado surpresa com o pedido. Depois de anos sem reconhecer a questão racial, um colaborador branco mais velho perguntou: "Você pode me contar mais sobre como é ser uma pessoa racializada? Vou liderar uma reunião na próxima semana para pessoas racializadas e preciso saber como dialogar com elas".

Ao ouvir a pergunta, não tive nada de agradável a dizer. Juntar todos no mesmo grupo, presumir que uma pessoa poderia falar em nome da maioria global ou que uma conversa faria com que aquele homem fosse minimamente capaz de parar de causar danos era pura arrogância. Extrair minha experiência de vida em benefício próprio no momento que queria era puro privilégio. Eu quis gritar: *Minhas histórias e minha vida não estão aqui para o seu consumo! Existe algo chamado Google. Pesquise.*

Não ajudou o fato de alguns dias antes eu ter recebido uma mensagem de um amigo confessando: "Sei tão pouco sobre questões raciais, é uma vergonha". E outra de um membro de uma família branca: "Li este artigo e percebi que as minorias em nosso país têm muito em comum entre si. Seria ótimo falar sobre isso com você".

É claro que não. Excluir mensagem. Ignorar mensagem.

O que eu queria responder em cada situação, mas não tive energia para isso, foi: que bom que você está desenvolvendo consciência de uma dinâmica pela qual as pessoas passam todos os dias. Não quero um lugar na primeira fila do seu despertar racial. Estar em um relacionamento com você significa que terei que testemunhar seu processo, mas ficarei sentada na galeria — na última fila, por favor.

Levei muito tempo para chegar a essa lucidez. Passei anos como uma das poucas pessoas racializadas no campo muito branco da educação corporativa. Quando precisávamos de fluência intercultural nos eventos, eu era a pessoa certa. Quando precisávamos demonstrar que a torre de marfim não era só para brancos, meu nome surgia. Quando os clientes queriam mais diversidade no repertório de palestrantes, todos homens brancos, eu era uma solução fácil. Exceto, é claro, quando eu não era "diversa" o bastante por não ser negra.

Por anos acreditei na ideologia *color-blind* (a atitude racista de não levar em conta cor e/ou raça). Cresci acreditando no ideal dos Estados Unidos como um meritocrático caldeirão multiétnico. Fosse no trabalho ou na escola, eu estava acostumada a ser a única pessoa pertencente à minoria. De um jeito torpe, era bom sentir que precisavam de mim. Ao tolerar tudo aquilo, eu sentia como se tivesse sobrevivido. Tinha aprendido a me diminuir para aceitar ser útil. Para permanecer no jogo, eu deveria ignorar a questão racial — não de maneira explícita, obviamente. Mas de modo implícito. Porque perceber a maneira como a desigualdade está inserida em um sistema torna a vida diária insustentável — quando você tem a opção de sair. Uma vez que você enxerga a desigualdade e a ignorância, elas esmagam sua alma.

Quando uma equipe da qual faço parte estava remodelando o site do grupo, alguém notou que parecíamos uma equipe muito branca — porque, na época, a maior parte da equipe e toda a liderança, exceto esta que vos escreve, eram de pessoas brancas. A sugestão? Aumentar minha foto na landing page. Como se o tamanho de uma foto resolvesse o que é problemático tanto em termos de percepção quanto de realidade.

Até então eu não tinha percebido o quanto estava cansada de tentar permanecer em espaços brancos. Sempre pensei que soubesse me ajustar a eles. Na verdade, eu tinha orgulho disso. Podia imitar os padrões de fala, o senso de humor e a postura de pessoas brancas bem-sucedidas ao meu redor. As escolas que frequentei, a classe social e o nível de liderança ao qual tive acesso me deram muitos privilégios. Mas nada disso nos protege das pequenas farpas que podem provocar um colapso.

Ser "o único" em qualquer contexto é um tipo especial de dor leve. Você se diminui para se adaptar, porque se adaptar parece uma entrada para a aceitação. Você é celebrado pela diferença quando é conveniente e dispensado quando não é mais necessário. Você se perde porque é difícil sustentar a singularidade quando o que traz recompensas é a conformidade. Você questiona seu valor. Você se questiona. Você sente que precisa representar toda a sua raça, seu gênero ou sua identidade porque as pessoas tiram conclusões a respeito dessas populações com base nas interações que têm com você.

E, às vezes, não vale a pena compartilhar quem você de fato é por causa da dor que isso pode acarretar. Se outros vão desafiar algo tão fundamental, tão essencial para quem somos, e ainda nos destroçar, por que iríamos nos expor? Se nossas explicações e esforços de informar são rejeitados por qualquer motivo que escolham, por que vamos tentar?

Não somos exercícios intelectuais.

Os desafios que enfrentei — e que muitos enfrentam com uma intensidade ainda maior — não são assuntos interessantes para debater em seu momento de lazer. São a realidade vivida no dia a dia. Para permanecermos sãos, funcionais, para termos uma parte de nós da qual possamos cuidar, precisamos, às vezes, permanecer em silêncio — para traçar limites que protejam o que sobrou de nós.

Audre Lorde afirma: seu silêncio não vai proteger você. Embora isso seja verdade, além de um princípio fundamental deste livro, às vezes é o que basta para preservar o que sobrou de você para chegar ao dia seguinte.

O trauma no ambiente de trabalho é real.

O trauma racial é real.

A homofobia é real.

O sexismo é real.

A xenofobia é real.

O capacitismo é real.

O classismo é real.

Todas essas influências solapam partes de quem somos. O esforço cognitivo e emocional necessário para mudar de código e contexto é um trabalho que fazemos inconscientemente e que é invisível para aqueles cujas próprias ações são a causa do nosso desconforto. Analise e combine essas influências através das lentes da interseccionalidade e logo ficará claro por que a autopreservação é necessária.

A autopreservação é a habilidade fundamental que humanos e animais têm para se protegerem de danos ou da morte e maximizarem as probabilidades de sobrevivência.[21] É o instinto de escapar de situações perigosas ou de predadores. Para as lebres, isso significa fugir das raposas. Para os humanos, pode significar dizer não, pedir uma ordem de restrição ou não responder a um e-mail. Mas nossos instintos podem ficar adormecidos. Nosso corpo encontra maneiras de lidar com a situação. Nossos sistemas de alarme são recalibrados. Nossa capacidade de sentir e imaginar diminui.[22] Andamos por aí como cascas das pessoas que poderíamos ser. Em um mundo capitalista que vai consumir e usufruir de nós tanto quanto estivermos dispostos a oferecer, a preservação é a base.

Embora a autopreservação seja uma questão de existência — ser capaz de manter algo inteiro —, o verdadeiro autocuidado é uma questão de nutrição — ser capaz de fornecer as condições de crescimento que nos impeçam de chegar ao esgotamento. O Partido dos Panteras Negras promoveu o autocuidado entre pessoas negras para que priorizassem a própria saúde e o bem-estar, pois era necessário permanecer resilientes frente ao implacável racismo estrutural e médico.[23] Isso significa que o autocuidado não pode ser apenas tomar banho de espuma, fazer massagem e "se mimar". É se permitir ficar em silêncio quando for necessário criar as condições para a sua própria nutrição. Preservar-se é sobreviver; cuidar é prosperar. Todos nós merecemos ambos os tipos de autocuidado.

As mulheres racializadas representam apenas 39% da população feminina nos Estados Unidos, mas são donas de 89% das novas empresas pertencentes a mulheres. Hostilidade no ambiente de trabalho e perpétua desigualdade salarial (as mulheres negras continuam a receber 37% menos do que os homens brancos pelo mesmo trabalho) as levam a abandonar o ambiente corporativo.[24] Porque, se você não consegue um lugar à mesa ou se esse lugar não significa nada e você quer preservar sua dignidade, autoestima e sanidade, precisa construir sua própria mesa.

Não vale a pena se virar do avesso dia após dia para talvez pegar os restos do que os outros podem estar dispostos a lhe jogar. Não vale a pena ter que distorcer sua fala, seus valores, seu estilo e seus pensamentos para ficar. Não vale a pena perder a si mesma para fazer com que as demonstrações de lucros e perdas pareçam melhores no final do trimestre. Então nos preservamos ao não nos expormos. Traçamos limites para os assuntos que não discutiremos. Para relacionamentos nos quais não nos envolveremos. Para as partes da nossa vida nas quais não vamos deixar você entrar ou de que não vamos falar. É uma forma de permanecer suficientemente inteiros e criar uma vida que ainda valha a pena ser vivida.

A constante enxurrada de comentários mal-informados em meio a sistemas que priorizam as necessidades e desejos de certas populações em detrimento de outras tem como consequência que aqueles com identidades subordinadas precisam traçar limites que apoiem nossa própria existência e cuidem do nosso bem-estar. Às vezes isso significa não responder a uma mensagem. Às vezes significa exercitar o controle emocional.[25] Às vezes significa manter distância.

Às vezes significa ficar em silêncio.

ISTO NÃO É UMA AUTORIZAÇÃO

Nós, seres humanos, muitas vezes interpretamos mal uma mensagem, a tiramos do contexto e eliminamos pequenos e importantes detalhes de coisas que são difíceis de ouvir. Portanto, vou ser o mais transparente possível: saber que o silêncio pode fazer sentido não nos dá autorização para silenciar. O silêncio pode fazer sentido e precisamos questionar quando e onde o escolhemos.

Não estamos todos no mesmo patamar. Para pessoas com identidades historicamente oprimidas e subestimadas, o silêncio é uma estratégia de sobrevivência. Defendo que façamos escolhas em nome da sobrevivência, da sanidade e do autocuidado. Atravessar realidades destrutivas que seguem acontecendo, curar e tentar mudar o mundo ao mesmo tempo é pesado. Priorize o que você precisa em cada momento e estação.

Dito isso, peço àqueles que têm privilégios — e me incluo nesse grupo — que questionem o que escolhemos de fato quando optamos por permanecer em silêncio. Escolhemos nosso próprio conforto e status em detrimento da dignidade de outra pessoa? E é essa a escolha que queremos fazer?

Seja sincero: você tem o privilégio de ser homem, não ter uma deficiência ou ter pele clara (isso inclui as pessoas brancas, mas não está limitado a elas!)? Você tem o privilégio de ocupar um alto cargo ou de ter economizado um valor que pode custear seis meses de despesas ou de não ter pessoas dependendo dos seus cuidados? Isso não é uma crítica à sua identidade. Na verdade, ter privilégio(s) significa que os riscos de usar sua voz não são tão altos. Quando temos privilégios e encontramos repercussão, provavelmente contamos com uma boa retaguarda. Então, para aqueles de nós que têm privilégios: como usaremos isso para o bem?

O SILÊNCIO É ESTRATÉGICO

Mateo sempre quis ser médico. Esse era o seu sonho desde a época em que brincava com um estetoscópio de brinquedo no apartamento que dividia com os pais e cinco irmãos mais novos. Ele trabalhou arduamente durante quatro anos no curso de pré-medicina. Fez estágios não remunerados para compensar as baixas notas nas provas e potencializar suas chances de ser aceito. O dia em que recebeu uma carta de aprovação foi o mais feliz da sua vida.

Ao chegar ao terceiro ano de residência, Mateo já não tinha tanta certeza sobre a profissão, sobre o sistema e se iria ou não conseguir concluir aquela etapa. Ele ainda adorava cuidar dos pacientes e conseguia aguentar os turnos de 28 horas. Era a falta de respeito e humanidade com que o médico assistente tratava os residentes que o revoltava.

Quando as orientações desse médico assistente não corresponderam aos desejos de uma família, Mateo se manifestou: "Este procedimento não está alinhado com os objetivos de atendimento do paciente".

"Com quantos pacientes você já trabalhou de fato?", o médico assistente rebateu.

Mateo não insistiu. Não valia a pena.

No início da residência, ele foi instruído a tratar o assistente como um deus: "Se você o irritar, cai fora". Ele deixou passar as decisões médicas das quais discordava, dizendo a si mesmo que fazia parte do treinamento; tentou abstrair os comentários homofóbicos. Faltavam seis meses para terminar a residência. Sem o apoio do médico assistente, nunca conseguiria a bolsa da qual precisava. Depois de quase uma década de estudos e treinamento e mais de 264 mil dólares em dívidas estudantis, ele não arriscaria a carreira que vinha construindo fazia tanto tempo.

Quando eu estiver no comando as coisas serão diferentes, pensou Mateo. Ele sonhava com o dia em que seria o médico assistente e poderia cultivar um ambiente que acolhesse as diferentes perspectivas da equipe. Pensou nas mudanças táticas que iria implementar — padronizando os sistemas de cuidados, diversificando os ensaios clínicos e eliminando os preconceitos estruturais presentes na área da saúde. Mas nada disso seria possível se não terminasse a residência.

Por enquanto, mordia a língua e passava para o próximo paciente.

Cada um de nós faz cálculos constantes de como as decisões de usar ou não a nossa voz afetarão nossos interesses de curto e longo prazo. Há momentos em que precisamos ficar em silêncio para continuar no jogo. Cumprir as regras por certo tempo até obter credibilidade suficiente e daí ter influência. Desempenhar o papel necessário. O silêncio em determinado momento pode nos permitir resolver questões que serão importantes mais à frente.

Muitos de nós pensamos: *Quando eu for financeiramente independente dos meus pais, direi o que realmente penso.* Ou: *Quando eu for promovido, arriscarei o pescoço por uma causa.* Mas será verdade? Também precisamos ser honestos — estamos de fato criando estratégias ou apenas evitando a conversa? Até que ponto nos tornamos cúmplices na perpetuação do problema em vez de acumularmos capital social para combatê-lo? O equilíbrio entre satisfazer as próprias necessidades de curto e longo prazo é complexo. Ao nos perguntarmos "Estou de fato criando estratégias ou apenas evitando o problema?", podemos ser honestos quanto a nossas motivações e escolhas.

DADOS OS CUSTOS E BENEFÍCIOS DE USAR A VOZ E FICAR EM SILÊNCIO, O QUE FAZ SENTIDO PARA MIM?

Para resumir: se os custos de usar sua voz forem muito elevados, o silêncio faz sentido. Se os benefícios de permanecer em silêncio superam os de usar sua voz, o silêncio faz sentido. Mas existem outros fatores que detalham melhor nossa compreensão de quando o silêncio faz sentido.

NOSSOS PRECONCEITOS

A essa altura, você pode ter se dado conta de alguns fatores faltando no cálculo. Por mais que haja custos para escolher usar sua voz e benefícios para permanecer em silêncio, o que dizer dos custos para permanecer em silêncio e dos benefícios de escolher usar sua voz? Por que não estamos falando sobre isso?

A propósito: se você não percebeu, não se preocupe. Você está no caminho certo e acabou de provar meu ponto de vista.

Nossa conversa não foi pautada nos custos de permanecer em silêncio e nos benefícios de escolher usar sua voz porque não é por essa perspectiva que costumamos pensar quando tentamos decidir se devemos permanecer em silêncio. Em vez disso, nosso cérebro se concentra nos custos de usar a voz e nos benefícios supostamente garantidos de permanecer em silêncio. Nós nos concentramos nesses fatores devido a dois vieses: o viés com base no presente e o viés pessoal.

Viés com base no presente

Na teoria, sabemos que, com o tempo, entre os custos de permanecer em silêncio, estão o fato de nada mudar, de as pessoas nem sequer saberem dos desafios e frustrações que enfrentamos e de o silêncio perpetuar os danos e a violência. Sabemos também que, entre os benefícios de escolher usar a voz, estão a conexão, a diminuição do isolamento e verdadeiras mudanças pessoais e sociais. Mas os custos de permanecer em silêncio e os benefícios de escolher usar a voz são em geral vivenciados depois de semanas, meses e anos, ao passo que os custos de escolher usar a voz e os benefícios de permanecer em silêncio são sentidos e desfrutados de imediato. Se eu escolher usar minha voz, terei que lidar com a sua resposta mordaz agora? Não, obrigada. Se ficar calada, receberei o meu salário no fim do mês? Sim, por favor. O viés com base no presente significa que a maioria de nós prefere obter benefícios de curto prazo supostamente garantidos e evitar custos a apostar em benefícios de longo prazo que parecem mais difusos.[26]

Viés pessoal

Por mais altruístas que nos consideremos, é próprio da natureza humana se concentrar nos custos e benefícios que trazem impactos individuais, e não nos coletivos. Seguindo o que Amy Edmondson, professora da Harvard Business School, chama de "cálculo de silêncio e voz", o silêncio em geral vence porque os indivíduos colhem o benefício pessoal de assim permanecerem por não terem que suportar a fúria ou os custos da mudança. As vantagens de ficar em silêncio são imediatas, em sua maioria garantidas, e pessoais.[27] Por outro lado, os benefícios de escolher usar a voz favorecem a sociedade ou um grupo ao longo do tempo, enquanto os custos de usar a voz são absorvidos de forma individual. Como naturalmente nos concentramos primeiro no que será bom para nós, ficar em silêncio faz sentido.

NOSSA PERCEPÇÃO

Desde muito jovem, Nadeem sabia que era diferente dos outros rapazes da sua comunidade de imigrantes paquistaneses na Grã-Bretanha. Embora se sentisse atraído pelas meninas da sua classe, também se interessava pelos meninos. Seus pais sempre deixaram bem claro que ele poderia amar quem quisesse, desde que fosse uma garota de uma boa família muçulmana que conhecessem. Eles teriam um casamento tradicional, ofereceriam um bom *mehr*, o presente em dinheiro à noiva, e teriam muitos netos para deixar a família orgulhosa.

Quando Nadeem foi aceito em um programa de pós-graduação da Ivy League, sua família ficou nas nuvens: ter uma educação em uma universidade de ponta significava que ele estaria com a vida garantida. Foi lá que Nadeem conheceu as pessoas que mais amou. Quando estavam em público, as pessoas muitas vezes faziam cara feia para o grupo — todos aqueles estilos diferentes e tantas cores de pele. Independente das aparências, essas eram pessoas em quem Nadeem confiava de todo o coração. Ele as protegia e era protegido por elas. Juntos, construíram uma vida linda, com plantinhas em vasos, revezamentos no jantar, filhos de quatro patas e jantares veganos hindus de sabá todas as semanas. Ele sabia que seus pais não aprovariam, mas esse não era mais o seu objetivo.

Ajudava bastante o fato de que a vida que ele construiu estava a mais de 6500 quilômetros de distância de onde seus pais idosos moravam. Os telefonemas eram fáceis, pois ele conseguia se concentrar nos assuntos que sabia serem seguros: como sua carreira estava progredindo, o que havia comido no jantar e, não, ele não tinha conhecido ninguém. As videochamadas, que aconteciam quase todo mês, também não eram ruins. Afinal, ele sabia se vestir para agradar aos parentes. Até a visita anual à casa da família era possível, pois o trabalho sempre o exigia de volta depois de alguns dias. Ele não precisava do julgamento ou da opinião dos pais sobre a sua vida.

De tempos em tempos, os amigos de Nadeem perguntavam se algum dia ele contaria aos pais que era pansexual. Nadeem não via motivo para isso. Ele sabia que estar em um relacionamento com alguém fora do universo de seus pais já era uma grande decepção para a mãe idosa — ele viu o alvoroço quando uma de suas irmãs se casou com um branco ateu. Encontrar as palavras para explicar uma vida que era tão estranha à família demandava uma energia que ele não queria gastar. As notícias também se espalhavam pela comunidade como um incêndio, então não era apenas a reação dos pais que ele teria que enfrentar, mas a dos tios e tias com quem tinham contato. Era mais fácil para todos se concentrarem apenas no seu doutorado e considerá-lo apenas mais uma pessoa da sua geração que trabalhava muitas horas por dia.

Assim como aconteceu com Nadeem, a análise que fazemos dos custos e benefícios de usar a voz ou ficar em silêncio se baseia tanto no que é real como na nossa percepção da realidade. Se Nadeem decidir partilhar mais da sua vida com os pais, terá custos reais de investir energia buscando palavras que expliquem a situação a eles. Sua decisão também é moldada pelo que ele considera serem os custos potenciais, com base na reação ao casamento da irmã e no que ele conhece das crenças religiosas e culturais da família. Embora seus pais possam reagir de maneira diferente do que ele espera, o fato de Nadeem escolher usar sua voz ou ficar em silêncio cabe apenas a ele.

Os custos reais são aqueles que vivemos quando escolhemos usar nossa voz ou ficar em silêncio. Os custos projetados são aqueles que tememos ou antecipamos com base em nossas experiências e observações. Afirmar a alguém que é seguro falar abertamente ou que essa pessoa pode revelar quem é quando a experiência de vida lhe ensinou o contrário é uma forma de gaslighting, ou manipulação.

No entanto, se de fato queremos que as pessoas escolham usar sua voz, precisamos reduzir os custos reais e projetados dessa escolha, mudando a forma como reagimos e respondemos.

Se quisermos mudar o cálculo para que escolher usar nossa voz faça mais sentido do que ficar em silêncio, precisamos tornar a escolha pela voz menos difícil. A menos (e até) que os benefícios de escolher usar a voz superem os de permanecer em silêncio, simplesmente faz sentido escolher o silêncio.

A DIFERENÇA? AGÊNCIA

Quando um sócio do escritório de advocacia soltou que Grace só estava na equipe porque precisavam de diversidade, ela chegou ao limite e apresentou sua demissão sem ter outro emprego em vista. Ela não podia mais trabalhar em um ambiente que se recusava a reconhecer seu valor, que a usava quando era conveniente e que a diminuía. Em sua entrevista de desligamento, Grace ressaltou que o comportamento xenófobo do sócio foi um motivo para a saída.

Os amigos a elogiaram: "Uau, você é muito valente. Tem que ter tido muita coragem para pedir demissão".

Era verdade. Ela precisara de coragem. Mas, para Grace, não fora apenas uma questão de coragem; houve um cálculo. Depois de pagar a dívida estudantil e guardar grande parte do salário ao longo dos anos, ela podia se dar ao luxo de se afastar dos colegas e do sistema que a atormentavam todos os dias. Contava com os meios financeiros para fazer uma escolha que priorizasse o seu bem-estar emocional, mental, físico e psicológico. Não era uma decisão que pudesse ter sido tomada por seu colega que sustentava três filhos e pais idosos com o mesmo salário e que contava com o visto patrocinado pela empresa para estar no país.

Para escolher usar a voz é preciso coragem, mas só isso não basta. Para alguns, ou em alguns momentos da vida, simplesmente não é possível suportar os custos de usar nossa voz. Logo, faz sentido ficar em silêncio.

Há momentos em que o silêncio tem valor e utilidade. Nosso cérebro e nosso corpo são sábios para analisar os custos de falar abertamente, descobrir se iremos permanecer intactos e determinar se e quando poderemos suportar esses custos. Se o silêncio é aditivo ou opressivo, depende se você o escolheu ou se foi escolhido para você.

Qual é a diferença? Agência. A agência é o sentimento de controle que temos sobre ações e consequências.[28] Contar com um local de controle interno nos permite exercer uma influência que provoca mudanças no mundo. Munidos do que o psicólogo de Stanford Albert Bandura descreve como intencionalidade, antecipação, autorregulação e autorreflexão, somos mais capazes de criar o mundo em que queremos estar.[29] Decidimos se queremos emprestar nossa voz a uma causa ou a uma situação, ou se é algo que não queremos enfrentar — agora ou nunca. A decisão de escolher é importante.

O mundo é um lugar barulhento. *Você precisa falar! Silêncio é violência. O que você não muda você aceita.* Embora, em diferentes contextos, cada uma dessas afirmações seja válida, só você sabe o que pode fazer — hoje, amanhã e depois — para seguir na luta, para permanecer vivo, para continuar respirando e estar presente, para si mesmo, para as pessoas que você ama e para a sua comunidade.

É você quem tem que viver o presente e apostar no futuro. Ocupe espaço quando precisar. Como um ato de fé, como um ato de protesto, como um ato de autossustentação. Que o seu objetivo seja decidir se você escolherá ficar em silêncio ou usar sua voz.

PERGUNTAS PARA REFLEXÃO

Pense em uma situação na qual você está em silêncio. Pode ser não dizer a seus familiares que não quer viajar de férias com eles ou não falar sobre uma política da empresa que tenha um impacto excludente. Responda a estas três perguntas para avaliar se você deseja escolher o silêncio:

1. Quais são os custos de se manifestar?
Procure identificar: Quais desses custos são conhecidos? Quais deles são baseados na sua percepção? Considere também: Quais são os custos a longo prazo de ficar em silêncio?

2. Quais são os benefícios de permanecer em silêncio?
Pergunte a si mesmo: Quem se beneficia com o meu silêncio? Se você consegue sobreviver, cuidar de si e permanecer inteiro o bastante, considere usar sua voz.

3. Dados os custos e benefícios da voz e do silêncio, o que faz sentido para mim?
Rompa com seus vieses ao analisar: Quais benefícios de longo prazo de usar a voz você não está conseguindo reconhecer? Como a escolha entre usar sua voz ou ficar em silêncio impacta outras pessoas ou grupos? Como sua escolha se alinha com a forma como você deseja se posicionar no mundo?

4. Como silenciamos a nós mesmos

Christina estava prestes a perder o controle.

Tinha chegado ao limite com André.

Embora já o tivesse considerado um amigo, passados seis meses como colegas de quarto Christina não tinha nada além de reclamações sobre ele.

Depois de se conhecerem por um amigo em comum, André e Christina resolveram dividir um apartamento. O amor que compartilhavam por R&B, filmes independentes e comida boa fez parecer que seria fácil morar com ele — talvez até divertido. Por dividirem o espaço, os dois puderam pagar o aluguel alto da cidade que amavam. O apartamento era bem localizado, cheio de detalhes encantadores e, infelizmente, pequeno o bastante para tudo parecer um pouco apertado.

André era um assumido colecionador de qualquer coisa. Detalhes do dia a dia e administração doméstica não eram seu forte. Christina era minimalista. Dos dois, era ela quem prestava mais atenção às contas que precisavam ser pagas, à louça que precisava ser lavada e ao espaço que precisava — na opinião dela — ser limpo.

No início, cada um tinha seu próprio pedaço no apartamento, e isso parecia resolver o problema. Mas à medida que a coleção de livros de André enchia as prateleiras e as bugigangas se acumulavam espalhadas pela área comum, a frustração de Christina começou a crescer. Quando ele deixava a casa acesa durante a noite, ela mandava uma mensagem: "Pode apagar as luzes? A conta vai vir nas alturas". Quando ela chegou um dia e viu moscas-das-frutas em volta de um pote de geleia aberto no balcão, tirou uma foto e escreveu: "Você tem que guardar as coisas". Às vezes ele respondia. Às vezes, não.

Como ela trabalhava de dia e ele à noite, era comum passarem semanas sem se verem pessoalmente. Ela começou a deixar bilhetes para André debaixo do seu querido ímã de gato na geladeira, dizendo "Por favor, arrume as suas coisas" e "Lembre-se: nós compartilhamos este espaço". Ela desabafou com o amigo que tinham em comum, que disse que ela deveria pegar leve com André. Afinal, ele ainda estava mal com o fim do último relacionamento.

"Não se importe com coisas pequenas", ela dizia a si mesma enquanto tentava ignorar o que estava acontecendo. "Não é tão importante assim." Mas, com a mesma rapidez, pensava: "Qual é o problema de querer viver em um lugar limpo? É minha casa também". Era tão raro eles se verem que, quando estavam juntos, Christina buscava manter o clima agradável. Eles conversavam sobre o calor escaldante do verão e sobre como tinham gostado da *laksa* do novo restaurante. Para preservar a amizade, Christina não disse nada sobre o estado do apartamento ou o ressentimento que sentia. Depois de todo aquele tempo, ela se preocupava com a possibilidade de que, se dissesse algo, seus pensamentos saíssem com uma acidez e uma veemência que ela não pretendia.

Ela tentou manter a paz.

Assim como aconteceu com Christina, se temos a intenção de expor uma ideia ou algo inovador, rejeitar uma estratégia que achamos que não vai funcionar ou ter uma conversa difícil com um amigo, falar abertamente pode custar caro. Para tomar uma decisão, precisamos ponderar se vamos dizer algo e como podemos fazer isso. A maioria de nós também antecipa e calcula os impactos emocionais e nos relacionamentos que o comentário terá sobre a outra pessoa, sobre nós mesmos e sobre os sistemas em que vivemos e trabalhamos.

Depois de uma década oferecendo consultas para profissionais aprenderem a lidar com conversas difíceis, percebi uma dinâmica peculiar. Poucas pessoas são tão claras quanto acreditam que são. Seja maquiando uma situação, censurando a si mesma ou evitando respostas diretas, a maioria não é tão direta ou sem filtros como poderia ser caso não existissem os custos de como poderíamos ser interpretados. Isso sem falar nos 45% de norte-americanos, inclusive eu, que repreendem a si mesmos com frequência por medo de que, ao expressar sua opinião, sejam isolados e afastados dos outros.[1]

O que dizemos — e o que não dizemos — gera impacto na qualidade das atribuições que recebemos no trabalho, na reputação que construímos e, na pior das hipóteses, se temos como nos manter ou desfrutamos de segurança física. Neste capítulo, descrevo as armadilhas comportamentais nas quais tropeçamos e que reduzem a força e o impacto da nossa voz, muitas vezes sem percebermos que estamos nos diminuindo. Trago exemplos de práticas que as pessoas costumam seguir para que você possa perceber se também as segue — e se elas lhe são úteis.

O PROBLEMA É VOCÊ OU SÃO OS OUTROS? PROVAVELMENTE AMBOS

Não há dúvida de que a intensidade da nossa segurança psicológica e a percepção de quando devemos ou não falar abertamente são influenciadas por relacionamentos e ambientes criados pelos outros. No entanto, também podemos questionar se há algo que possamos mudar por nós mesmos, independente da mudança dos outros.

Espere aí, por que estamos nos questionando quando obviamente é deles a culpa por não criarem um ambiente seguro? Por nos silenciarem várias e várias vezes? Por nos apoiarem com palavras, mas não com ações? Porque temos muito mais controle sobre as coisas que fazemos e nossas contribuições com um sistema relacional do que sobre os outros. A mudança de comportamento exige que as pessoas se desfaçam de hábitos ao mesmo tempo que desenvolvem um novo conjunto de ações — e isso normalmente leva mais tempo do que gostaríamos.[2] Pode levar de dezoito a 254 dias para alguém criar um novo hábito, e uma média de 66 dias para que um novo comportamento se torne automático.[3]

Deixando claro: questionar o que podemos mudar não significa tirar a responsabilidade das outras pessoas. É uma questão de garantir que apertamos todos os botões possíveis para gerar a mudança, incluindo aqueles sobre os quais nós próprios temos mais controle. O que você poderia mudar, sem que ninguém mais precisasse modificar algo, e que faria diferença para que sua voz fosse ouvida, suas necessidades fossem atendidas e você fosse reconhecido? Se essas mudanças unilaterais forem

> uma possibilidade, vale a pena tentar. Afinal, geralmente é muito mais fácil fazer algo diferente por nós mesmos do que tentar fazer com que outra pessoa mude.
>
> Não estou dizendo que tudo depende de nós, porque não é verdade. Mas, na tentativa de verificar todas as possibilidades, vamos ao menos considerar o que podemos fazer, já que esperar que os outros decidam mudar é um exercício muito mais difícil e normalmente menos frutífero.

ACREDITAMOS QUE A NOSSA VOZ NÃO TEM IMPORTÂNCIA

Penduradas nas paredes verde-sálvia da sala de reuniões estavam as palavras *inovação*, *colaboração* e *criatividade*, como se incorporar esses termos à decoração fosse transformar os conceitos em realidade. A reunião deveria ser prolífica: novos artistas compartilhariam suas ideias e pessoas de todos os níveis poderiam oferecer sugestões sobre o storyboard do filme. Mas Vinay ficou em silêncio. Ele era um membro júnior do departamento de arte, não um especialista. Estava no estúdio havia exatos três meses — tempo bastante para observar que, independente das ideias que as pessoas apresentavam nas reuniões, Jeff, o diretor criativo, acabava fazendo o que queria. Mesmo quando outros perguntavam: "Vinay, o que você acha?", ele ficava quieto, imaginando que não tinha nada a acrescentar.

Quando o gerente perguntou a Vinay, em uma conversa individual, por que não estava contribuindo nas reuniões de storyboard, ele ficou confuso. "Sou a pessoa mais nova na equipe e na posição mais baixa na hierarquia. Não é meu trabalho observar? Não quero ofender ninguém." Para o gerente aquela conversa foi esclarecedora, pois ele via as coisas de forma diferente: tanto ele como o estúdio acreditavam que a perspectiva de todos era importante. Que não importava o tempo que alguém tivesse de estúdio; essa pessoa poderia ver elementos que tornariam a história melhor.

"Mesmo que você não seja um cineasta com vinte anos de carreira, sua visão única do mundo e da experiência humana ajuda a dar vida aos personagens de forma realista", explicou o gerente. "Na verdade, o novo olhar que você traz para a mixagem ajuda o estúdio a não ficar preso na mesma maneira de fazer as coisas."

Comparando sua própria perspectiva com a do gerente, Vinay ficou impressionado com a diferença e, para falar a verdade, um pouco cético em relação ao que ouviu. Ele seguiu por muito tempo as regras tácitas da hierarquia, acreditando que, quanto maior a posição de alguém, mais essa pessoa teria a oferecer. O que seu gerente estava dizendo era interessante, mas também um paradigma completamente diferente do que Vinay conhecia. Para seguir essas novas regras, ele teria que correr alguns riscos ao expor seus pensamentos e assumir uma postura diferente nessas reuniões. Teria que olhar criticamente para o storyboard em vez de observar a dinâmica do grupo e descobrir como as coisas funcionavam por ali. O último empregador incutira nele a certeza de que funcionários novos não sabiam de nada; eram uma lousa em branco. Levaria algum tempo para se acostumar com a visão desse estúdio, segundo a qual todos tinham uma perspectiva valiosa.

"Se o estúdio valoriza mesmo todas as perspectivas a respeito do storyboard, por que parece sempre que Jeff acaba fazendo o que quer?", perguntou Vinay. O gerente não tinha uma boa resposta para a pergunta, mas conseguiu se lembrar de diferentes momentos em que Jeff e outros diretores fizeram mudanças por causa das perspectivas de outras pessoas. O fato de os diretores terem considerado o feedback era uma informação que Vinay não tinha. E as observações de Vinay foram uma ferramenta útil para verificar se havia uma desconexão entre o que o estúdio declarava e como as pessoas, incluindo Vinay, poderiam estar vivenciando a cultura e as normas.

Todos temos diferentes concepções acerca do valor da nossa voz e das regras tácitas sobre quem pode falar e qual é o resultado disso:

Minha voz não tem importância.
Falar não vai ajudar.
Só especialistas podem dizer o que pensam.

E essas concepções acabam por conduzir nossos comportamentos. Conhecido como cofundador do desenvolvimento organizacional, o teórico empresarial e professor Chris Argyris apresentou o conceito de aprendizagem de circuito duplo na década de 1970. A aprendizagem de circuito único analisa apenas o feedback de uma ação para rever uma decisão. A aprendizagem de circuito duplo questiona os pressupostos internalizados que, antes de tudo, orientam as decisões. Se quisermos de fato mudar os resultados, precisamos observar não apenas os comportamentos que levaram a esses resultados, mas também os pressupostos por trás deles.[4] Por exemplo, se eu ficasse em silêncio em uma reunião e as coisas não acontecessem do meu jeito, de acordo com a aprendizagem de circuito único, minhas escolhas a partir de então seriam me manifestar ou permanecer em silêncio — nenhuma das quais parece viável ou satisfatória. Mas, se eu olhar para os pressupostos que me fizeram ficar em silêncio, perceberei que não acho que vale a pena me manifestar porque estou convencida de que os gestores nunca ouvem. A partir do momento em que conseguimos identificar os pressupostos, nos tornamos capazes de verificá-los e desafiá-los para constatar se ainda nos são úteis e incentivam as pessoas que queremos ser. Até que façamos uma pausa para identificá-los e questioná-los, os pressupostos continuam a ser as forças invisíveis que nos conduzem.

Chegar em um ambiente novo ou dar início a um relacionamento é difícil. Como as coisas funcionam aqui? Qual é a coisa certa a fazer? Como vou me manter seguro? O que vai funcionar? Ao não reconhecermos e desafiarmos nossos pressupostos, usamos experiências passadas como referência para deduzir quem, o quê, onde, quando e como podemos falar sobre as coisas. Embora essas suposições possam ter sido válidas ou úteis em outros contextos, podem não ter a mesma serventia no atual momento. Se não pararmos e questionarmos os pressupostos, vamos perpetuar a forma como eles nos silenciam.

Sabemos que usar a voz é importante para nós individualmente, para as pessoas ao nosso redor e para o mundo. Mas, com o tempo, começamos a acreditar que nossa voz não tem importância.

Como isso acontece?

NÓS NOS CONCENTRAMOS DEMAIS NAS EXPECTATIVAS ALHEIAS

Pessoas cujos pais se mudaram para um país diferente a fim de proporcionar "um futuro melhor" aos filhos geralmente seguem um caminho predeterminado: compensar o sacrifício dos pais ao aproveitar ao máximo as oportunidades. Na maioria das vezes, isso significa conseguir um emprego que pague bem e alcançar estabilidade socioeconômica. A pergunta a ser respondida não é o que quero fazer, mas o que *devo* fazer. Escolher uma carreira, um cônjuge ou um rumo na vida não é uma questão de cultivar paixões ou viver sua verdade, e sim de corresponder às expectativas que os outros têm de você.

Compreender as expectativas alheias é uma qualidade importante para ser um bom familiar, colega de trabalho e ser humano. Mas muitos de nós levamos essa premissa a tal ponto que tudo gira em torno de outras pessoas. Como resultado, esquecemos que nossas próprias necessidades e preferências são importantes. Encontrar a própria voz é uma oportunidade para se recalibrar e considerar: o que é importante para mim? No que eu desejo investir energia, tempo e esforço?

NÓS CEDEMOS À PRESSÃO ALHEIA

Depois de anos trabalhando como confeiteira profissional, Gabby abriu seu próprio negócio. Tudo o que ela queria era trazer ao mundo as alegrias do açúcar, da manteiga e da farinha. Mas, como proprietária de uma pequena empresa, Gabby se viu desempenhando todas as funções: tinha que inovar, limpar, cuidar do marketing, da contabilidade.

Depois de algumas reportagens em vários jornais e blogs, o negócio de Gabby começou a progredir. Ela conseguiu aumentar sua equipe. Gabby sabia como era ter que trabalhar em três empregos só para pagar o aluguel e não queria que outros fizessem o mesmo, então decidiu que pagaria mais do que o valor normal por hora. Apesar de contratar novos funcionários, ainda se sentia sobrecarregada. Seu irmão sugeriu que ela conversasse com um consultor, alguém que não sabia nada sobre confeitaria, mas muito sobre negócios. O consultor ofereceu algumas soluções úteis: treinar outras pessoas para fazer a trabalhosa decoração personalizada e reorganizar a vitrine de maneira mais convidativa.

"Como sua empresa é pequena e você está tentando fazê-la crescer, o dinheiro deveria ser investido no próprio negócio", explicou o consultor. "Você pode pagar às pessoas o valor de mercado." Ele também argumentou que, por ser um negócio pequeno, ela tinha justificativa para pagar menos do que uma confeitaria maior.

O conselho era tentador. Com mais dinheiro, seria mais fácil fazer as outras mudanças. Gabby poderia contratar mais pessoas se pagasse menos. Poderia pagar a primeira parcela da conta para trocar o piso.

Ela estava dividida. Sabia como era trabalhoso atuar na indústria alimentícia. Com a loja própria, deveria poder fazer as coisas do seu jeito. Só porque podia pagar menos não significava que quisesse fazer isso. Ela queria agir de maneira diferente. Queria deixar a própria marca na indústria.

Seu irmão não tardou em lembrá-la: "Você é confeiteira, não empresária".

Gabby deu ouvidos a ele. Na contratação seguinte, reduziu o valor do pagamento por hora, dizendo a si mesma que era a decisão certa para a empresa. Foi o que o consultor dissera. Meses depois, os funcionários a questionaram. "Por que Rachel recebe menos do que nós? Fazemos o mesmo trabalho. Pensamos que podíamos confiar em você." Gabby se sentiu desmascarada. Balbuciou a explicação do consultor sobre como sua confeitaria era menor, mas não conseguiu convencer nem a si mesma. Não apenas criou desigualdade na equipe, mas também comprometeu seus próprios valores e aquilo que defendia.

Quando cedemos constantemente à pressão alheia para agir de determinada maneira, diminuímos a importância das nossas preferências e da necessidade de nos manifestarmos. Nós nos silenciamos quando concordamos com o que os outros querem para nós, mesmo que o que eles queiram não nos pareça certo. Com o tempo, aceitar conselhos que não nos agradam acaba atenuando nossos instintos a ponto de não pensarmos mais que eles sejam valiosos. Começamos a acreditar que nossa voz não tem importância.

NÓS VALORIZAMOS A CONFORMIDADE NO LUGAR DA SINGULARIDADE

O mimetismo — a tendência inconsciente de imitar — é um fenômeno comprovado entre os seres humanos. Quando dependemos dos outros, quando nos sentimos próximos ou queremos ser apreciados por eles, inconscientemente imitamos seu comportamento.[5] Em geral, as pessoas têm opiniões mais positivas, se dispõem a ajudar e dizem sim às pessoas que as imitam.[6] Isso é tão real que os livros sobre influência recomendam a imitação como uma forma de criar boa impressão e ter relacionamentos positivos com os outros.[7]

Existe uma lógica nos efeitos do mimetismo: afinal de contas, é mais fácil interagir com quem age como nós. Imitar o que os outros já estão fazendo parece menos arriscado do que trilhar um novo caminho, porque já existe um histórico de comportamento. Ao ingressar em um novo ambiente de trabalho ou grupo familiar, é aconselhável tirar um tempo para observar o sistema. Sobretudo quando se está em um posto de subordinação, pois seu lugar no sistema já é mais frágil.

Ao mesmo tempo, o mimetismo — e principalmente ser recompensado por ele — atrofia nossa maneira singular de nos manifestarmos. Começamos a nos perguntar se nosso valor e eficácia estão ligados à forma como imitamos os outros. Se nosso valor está na semelhança, por que consideraríamos que vozes próprias são importantes? No entanto, sem a diferença, a aprendizagem e a inovação são impossíveis.

Quando comecei a trabalhar com educação corporativa, eu imitava o que os fundadores da empresa tinham feito. Afinal, eram professores eméritos de Harvard e autores de um livro best-seller do *New York Times*. A maneira como tinham desenvolvido negócios, trabalhado com clientes e ministrado cursos deu origem a um histórico comprovado de sucesso: já havia um selo de aprovação no modo como eles faziam as coisas. Aprendi a descrever conceitos e a interagir com os clientes como eles faziam, tanto que um cliente notou que tínhamos a mesma dicção. No meu entendimento, meu trabalho era canalizar a voz deles para causar seu impacto.

Quando as pessoas me solicitaram para trabalhar com clientes, acreditei que era porque eu era uma boa imitação dos fundadores, só que mais em conta. Até que um dia uma cliente disse que não queria um deles para o trabalho. Na verdade, ela me queria por causa da minha personalidade e do meu ponto de vista.

A ideia de que alguém me quer pelo que sou, não porque faço uma imitação decente de outra pessoa, ainda é algo que estou aceitando. Ainda é um pouco surreal que eu — um indivíduo singular — tenha algo a dizer. Que a minha voz possa ter importância.

Aos poucos, mas com firmeza, estou optando por assumir a minha peculiaridade em vez de escondê-la. Estou começando a acreditar que minha voz é importante. Com base na agência, na capacidade e na oportunidade de tomar decisões, qual será a *minha* estratégia?

NÓS CENSURAMOS A NÓS MESMOS

Eles deveriam se conter.
Eu não quero ser como essas pessoas.
Eles sugam toda a energia do lugar.

Esse é o tipo de coisa que pensamos quando não tão secretamente julgamos as pessoas ao nosso redor que falam e se expõem demais.

Nosso medo de sermos desagradáveis ou de dominarmos a conversa não é infundado. Em uma típica reunião de seis pessoas, mais de 60% da conversa é conduzida por apenas duas delas.[8] A conexão entre o tempo de conversação e a autoridade percebida está tão bem estabelecida que alguns teóricos a chamam de "hipótese da liderança tagarela". De maneira consciente ou não, as pessoas falam para tentar demonstrar liderança. E muitas interpretam o tempo de uma fala como sinal de liderança ou de potencial de liderança.[9]

Mas se você se preocupa em parecer desagradável, é mais provável que não seja nem um pouco. Afinal de contas, para começar, você tem consciência o bastante para se preocupar. Em vez disso, você provavelmente se censura em uma correção excessiva que prejudica sua capacidade de se defender e contribuir para o mundo.

Pesquisadores definiram a autocensura como o ato de omitir a verdadeira opinião de alguém que discorda do nosso ponto de vista.[10] Por que censuramos a nós mesmos? Porque, se estamos acostumados a ser censurados pelos outros, censurar a nós mesmos não parece algo tão diferente. Porque não temos certeza se os custos de falar abertamente serão maiores que os benefícios. Porque nos convencemos de que é melhor não abrir a boca. O que muitas vezes parece ser uma decisão intuitiva de uma fração de segundo nos leva a concluir que o ônus de falar não vale a pena.

Durante anos, Patreeya não conseguiu encontrar uma maneira de fazer seu relacionamento com a mãe funcionar. A mãe tinha se sacrificado muito, trabalhando em três empregos e deixando seus parentes na Tailândia para que Patreeya pudesse ter oportunidades diferentes na vida. Sem a mãe, Patreeya não estaria onde estava. Mas ela sentia como se não tivesse controle sobre a própria vida e nenhuma liberdade para explorar as diferentes opções que sua educação e ambiente lhe proporcionavam. As conversas pareciam ter como foco as maneiras como Patreeya poderia melhorar, o que ela estava fazendo de errado ou o que precisava fazer.

Pedir à mãe que lhe desse espaço pareceria ingratidão. Então Patreeya concordava — mesmo revirando os olhos durante o telefonema — e não dizia nada quando a mãe a importunava sobre qualquer assunto que fosse. Sempre que Patreeya falava com a mãe, desligava se sentindo desanimada e esgotada. A lista do que era necessário mudar naquela dinâmica estava muito clara na sua cabeça: preciso de espaço para cometer meus próprios erros. Preciso que você entenda que eu não tenho mais nove anos. Preciso que você reconheça os meus acertos. Preciso saber que você vai me amar e me aceitar, não importa o que eu fizer.

Mas Patreeya não se sentia no direito de falar. Afinal, não queria parecer egoísta ou exigente.

Talvez você consiga identificar o que há de errado nos argumentos rodopiando na mente de Patreeya. Assim como ela, nós criamos e antecipamos réplicas para evitar lidar com o problema — mesmo que as respostas da outra pessoa não necessariamente sejam como as que imaginamos. Ficamos presos no que vivenciamos como um dilema. Patreeya negou as próprias necessidades e se tornou cada vez mais amargurada e distante porque não conseguia o que precisava, em parte por causa da proibição autoimposta de dizer o que queria e precisava da mãe.

Então o que podemos fazer de diferente? Expor o dilema em vez de deixar que o dilema seja uma razão para não dizermos nada. Patreeya poderia dizer à mãe: "Mãe, eu te amo e quero que tenhamos um bom relacionamento. Sou muito grata pelo que você sacrificou por mim. Também é muito doloroso ouvir o tempo todo o que você acha que estou fazendo de errado, sem saber o que você acha que estou fazendo bem ou certo. Nossas conversas podem ser mais equilibradas?".

A palavra "mas" é conhecida há muito tempo como a "enorme borracha". Conectar dois pensamentos com um "mas" tem o impacto de apagar o pensamento que o precede. Em vez disso, considere o "e". Quando usamos "e" para conectar pensamentos, conseguimos expor a tensão que estamos sentindo e ressaltar a complexidade natural da vida. Porque nós — e o mundo — somos de fato complexos.

Eu te amo e você está me deixando louco.

Estou entusiasmado com o potencial cliente e desencorajado com a tarefa que temos pela frente.

Quero apoiar o plano e estou preocupado com a abordagem.

Duas afirmações, ou todas elas, podem ser verdadeiras ao mesmo tempo. Pensamentos diferentes fazem parte da complexidade do ser humano. Quando editamos partes dessa complexidade, nos tornamos versões menos completas de nós mesmos. Retemos informações essenciais para o desenvolvimento de soluções holísticas e sustentáveis. Censurar é ser unidimensional em um mundo multicolorido e plural.

Às vezes, angustiados pensando se devemos ou não nos manifestar, demoramos tanto para decidir que o momento de falar na reunião já passou. Em outras, o silêncio é tão habitual que nem percebemos que tomamos a decisão implícita de permanecer em silêncio naquela hora. Além disso, até dez segundos antes de percebermos que tomamos uma decisão, nosso cérebro já decidiu por nós. Ao observar a atividade cerebral, pesquisadores conseguem prever qual escolha as pessoas farão antes mesmo que elas próprias percebam.[11] Em que situações você pode estar tão acostumado a censurar a si mesmo que nem percebe que poderia escolher um caminho diferente?

NÓS MITIGAMOS O NOSSO DISCURSO

Tive a sorte de viajar com meu irmão no verão depois de me formar na faculdade. Compramos passes Eurail para as viagens de trem e procuramos os hostels mais baratos. Lembro de uma vez em que meu estômago roncou e eu perguntei: "Você está com fome?". Ao que ele respondeu: "Não". E seguimos caminhando.

Fiquei furiosa por um tempo, chateada por ele não pensar em mim.

Por que não podíamos achar um lugar para comer naquela hora?

Por que sempre tínhamos que fazer as coisas do jeito dele?

Por que ele não conseguia ler a minha mente e saber que eu estava com fome?

Fiquei aborrecida, remoendo aquilo em silêncio, antes de perceber que não havia nenhuma razão (além do meu desejo pessoal de que todos ao redor lessem a minha mente e atendessem às minhas necessidades da maneira que eu gostaria, sem que eu tivesse que dizer as coisas) para ele saber que "Você está com fome?" na verdade significava "Estou com fome, podemos procurar um lugar para comer?". Ou melhor ainda: "Estou com fome, vou comer".

Ao pensar nisso agora, é fácil perceber a lacuna entre a mensagem que eu queria transmitir e as palavras que saíram da minha boca. Consigo também assimilar por que meu irmão não estava entendendo. Com que frequência existe uma lacuna entre o que queremos dizer e o que dizemos de fato?

O autor Malcolm Gladwell popularizou o termo "discurso mitigado", definindo-o como qualquer tentativa de minimizar ou atenuar o significado do que está sendo dito.[12] Atenuamos a força ou a dimensão do que dizemos para facilitar a maneira como a outra pessoa vai ouvir. Há muitos anos, os linguistas estudam o discurso mitigado, sobretudo entre indivíduos com diferenças de poder percebido.[13] Nós, mulheres e pessoas racializadas, aprendemos a mitigar a nossa fala para nos tornarmos mais palatáveis às pessoas no poder — para depois nos criticarem por não sermos tão claras quanto deveríamos.

Por que haveria uma diferença de poder entre mim e meu irmão? Porque fui a filha caçula em uma família imersa no patriarcado implícito. Por mais que meus pais tentassem garantir a paridade entre nós dois na nossa vida nos Estados Unidos, a preferência pelos filhos homens está profundamente enraizada na cultura chinesa. Durante milhares de anos, as famílias chinesas preferiram os filhos às filhas porque os homens tradicionalmente tinham mais capacidade de fazer dinheiro do que as mulheres, podiam dar continuidade ao nome da família, contribuir com a força de trabalho, proporcionar segurança à velhice dos pais e realizar ritos ancestrais.[14] Ainda que tentássemos combater essa preferência, eu continuava internalizando a condescendência proveniente do gênero e da idade. Ao reconhecer meu discurso mitigado, consegui desvendar o que estava causando tensões. Isso me ajudou a preservar a viagem, que era uma oportunidade única para criar laços entre irmãos e explorar o mundo juntos.

Agora, pensando melhor, minha conversa com meu irmão parece boba. Mas aquela percepção foi significativa para mim. Em que outros contextos eu caí na armadilha do discurso mitigado? Quantas outras vezes fiquei frustrada porque as pessoas não conseguiam ler a minha mente quando eu não lhes tinha oferecido muito para me compreender?

Agora, criando uma criança pequena, costumo dizer a meu filho: "Você pode usar as palavras?". Essa pergunta também funciona para adultos. Podemos usar as palavras? Podemos ser diretos o suficiente sobre o que de fato pedimos e então dizer em voz alta para a pessoa que precisa ouvir? Para usar as palavras, preciso me dar permissão para expor minhas próprias necessidades. O fato de eu estar com fome e precisar fazer algo a respeito não precisava depender da fome do meu irmão naquele momento. Em culturas regidas por interações em grupo, pode parecer estranho ou egoísta defender e resolver as próprias necessidades. Mas é fato que teremos necessidades diferentes das outras pessoas. Cabe a nós sermos capazes de identificá-las e decidir como expressá-las.

Então como comunicamos nossas necessidades? Aqui é útil observar os diferentes graus de mitigação na forma como nos comunicamos — o mais indireto sendo uma pista, o mais direto sendo uma ordem.[15] Cada nível de objetividade tem sua utilidade, principalmente em uma comunicação entre diferentes culturas, e os níveis podem ser combinados para alcançar o efeito desejado. A seguir demonstro uma análise dos diversos níveis de objetividade envolvidos no discurso mitigado, usando o exemplo do meu desejo de procurar algum lugar para comer na viagem com o meu irmão.

Nível de objetividade	O que é	O que parece que é
Ordem	Dizer aos outros o que fazer.	Nós vamos comer já.
Proposta	Endossar uma opção.	Vamos comer agora?
Sugestão	Expor uma opção.	O que acha de comermos?
Pergunta	Fazer uma pergunta.	Está com fome?
Observação	Fazer uma observação.	Faz tempo que a gente comeu.
Pista	Fazer uma indicação indireta.	A comida aqui é diferente da de casa.

Os contextos culturais e nossos papéis dentro desses contextos exigem frequentemente diferentes níveis de objetividade. É por isso que os norte-americanos são muitas vezes considerados toscos na França, ou as pessoas que vivem em Iowa podem se irritar com a franqueza de um nova-iorquino. No trabalho, se você estiver em um cargo mais baixo e der uma ordem a um sênior em uma reunião, não vai cair bem. Se estiver conhecendo os pais de seu parceiro em um jantar na casa deles, será melhor fazer observações e perguntas do que dar ordens a eles em sua própria casa. Ao mesmo tempo, se você não consegue ser ouvido, pode ser porque seu estilo de comunicação esteja fora de sincronia com as normas da cultura e do contexto em que você está inserido.

Em que momento você não foi tão claro quanto poderia? Quando isso pode ajudá-lo a expandir as opções de como pode se comunicar? Em suma: Escolha o nível de objetividade que, na sua opinião, atende melhor a seu propósito no momento.

Caso você continue com dificuldade para ser direto e se defender, dois truques mentais podem ajudar. Se fomos treinados para pensar no bem coletivo e não no individual, podemos priorizar nosso bem individual ao perceber que o próprio bem-estar é, na verdade, um bem coletivo. Ao viajar com meu irmão, é do nosso interesse coletivo que eu não sinta fome. Serei uma versão melhor de mim mesma se estiver alimentada. Serei uma companhia melhor, menos ressentida e capaz de contribuir para aproveitar a viagem. Ao nomear minhas necessidades podemos resolvê-las, o que resulta em uma viagem melhor para todos.

Eu gostaria que o fato de ter necessidades fosse suficiente para que eu pudesse expô-las e resolvê-las. Que eu não tivesse que vincular minhas necessidades individuais a um bem coletivo para perceber que elas têm valor. Mas, ao ser encurralada pelo peso do paradigma dominante, fico feliz em usar um truque mental para chegar ao resultado.

O segundo truque é uma mudança de mentalidade. De acordo com a teoria clássica da negociação, cada parte tem um conjunto de interesses. Se eu for impactada por uma decisão, então também terei um conjunto de interesses, necessidades, objetivos, esperanças e preocupações que precisaremos resolver coletivamente. Não porque eu seja especial ou carente, mas porque a negociação é o processo de resolver os interesses de todas as partes. Todos os envolvidos precisam resolver minhas necessidades, assim como eu resolveria e cuidaria das necessidades deles. Posso esclarecer quais são minhas necessidades? Aparentemente, naquele momento era ter acesso a comida e me sentir levada em consideração.

A pesquisadora Brené Brown popularizou o slogan "O que é claro é agradável".[16] Podemos negociar para reescrever a narrativa de modo que ser claro seja gentil e não ser claro seja cruel? Então podemos ser transparentes de fato? Podemos disfarçar e nos limitar menos? Podemos perceber a desconexão entre o que pretendemos dizer e o que de fato dizemos? Não podemos controlar como as pessoas ouvem o que dizemos, mas temos controle sobre o que de fato falamos.

NÓS NUNCA FALAMOS PRIMEIRO

Além de saber se o que dissemos foi tão claro quanto precisávamos ou pretendíamos que fosse, há a questão mais fundamental de saber se de fato falamos com a pessoa certa.

Quando estamos chateados com alguma coisa, costumamos desabafar com pessoas em quem confiamos. Nós remoemos o assunto. Ficamos bravos em silêncio. Às vezes, repassamos a situação várias vezes na cabeça.

O desafio da memória é que, à medida que descrevemos e reclamamos de algo para *todas as outras pessoas* na nossa vida, nossas lembranças começam a reescrever a história. Começamos a achar que de fato falamos com a pessoa mesmo quando isso não aconteceu.

Os psicólogos chamam isso de "ilusão da verdade". Quanto mais uma afirmação é repetida, maior é a probabilidade de acreditarmos que é verdadeira. Mesmo afirmações altamente implausíveis tornam-se mais plausíveis quando as repetimos muitas vezes.[17] Uma explicação para esse efeito é que é mais fácil para o nosso cérebro processar e compreender afirmações repetidas. A facilidade com que uma informação é processada é interpretada como sinal de verdade.

Esse efeito é profundamente perturbador e, ao mesmo tempo, é um motivo para fazer uma pausa. Repetir uma informação falsa não a torna verdadeira, mas aumenta a probabilidade de acreditarmos nela. Acaba se tornando a nossa verdade, a menos que paremos para refletir e questionemos: será que eu de fato disse isso para aquela pessoa? Descrevi a minha versão dos acontecimentos para todos os outros — meus amigos, familiares, vizinhos e até o funcionário do supermercado quando ele perguntou como foi o meu dia. Mas eu conversei de fato com a pessoa que precisa ouvir isso? Não.

As peças que o cérebro prega em nós estão relacionadas aos mecanismos de defesa. As defesas mais adaptativas são aquelas que permitem gratificação. Não gostamos da realidade distorcida, por isso a mudamos — nem sempre conscientemente. Desabafar é uma forma de gratificação instantânea que pode substituir os sentimentos reais causados pelo conflito.[18]

Durante anos, a empresa de Tara pagou um funcionário em tempo integral para criar todas as artes gráficas. Ter uma pessoa dedicada exclusivamente a isso sempre pareceu um mau uso de recursos para ela, ainda mais quando quem fazia o trabalho não tinha experiência ou talento. Tara achava as ilustrações da empresa constrangedoras. Conhecia designers freelancers que podiam fazer o trabalho de maneira mais rápida, melhor e por um valor menor do que supunha que a empresa pagava a seu colega.

Tara sabia que terceirizar o serviço era uma decisão que economizaria tempo e dinheiro para a empresa e resultaria em elementos visuais com melhor desempenho no mercado. Mas sempre que pensava em fazer essa sugestão, descartava a ideia. O colega que não fazia um bom design adorava o emprego. A única vez em que ele perguntou sua opinião, ela murmurou algo sobre o design não ser do seu gosto. Ao ver a expressão desanimada no rosto do colega, ela logo emendou: "Mas não sou eu quem toma as decisões aqui". Tara tinha voltado ao mercado depois de criar três filhos e não queria deixar transparecer que não sabia trabalhar em equipe. Então, várias e várias vezes, deixou a crítica de lado.

Quando amigos perguntavam a Tara se a empresa havia superado a fase dos clip-arts, ela balançava a cabeça e dizia que não estavam dispostos a fazer isso. Toda vez que via aquelas artes, encolhia-se de vergonha e dizia a si mesma que não iria comprar a briga.

Em vez disso, Tara desabafou com amigos sobre o quanto a empresa era atrasada. Sobre como a decisão de deixar essa pessoa trabalhar em um projeto importante parecia nepotismo, causando prejuízo à imagem da empresa. Ela ficou revoltada com isso. Mas nunca sugeriu terceirizar o design diretamente aos líderes que poderiam resolver o problema. Ela supôs qual seria a resposta da liderança, em vez de deixar que eles mesmos respondessem.

Não é diferente de muitas dinâmicas no ambiente de trabalho, nas quais os indivíduos reclamam com os colegas sobre algum problema. Eles podem até levar a questão ao gestor da pessoa, mas é raro falarem diretamente com o indivíduo sobre o assunto em si. De certa forma, é mais confortável manter a narrativa na cabeça, pois é aí que você tem controle sobre ela. Com isso, as outras pessoas não têm a oportunidade de desfazer o personagem que você imaginou ou escolher um caminho diferente.

Alguns anos mais tarde, um jovem branco se juntou à equipe de Tara. Uma de suas primeiras sugestões foi que a empresa terceirizasse o design gráfico em vez de utilizar recursos em tempo integral, pois isso economizaria tempo e energia da empresa. A liderança concordou.

Uma coisa é dizermos algo mas os outros optarem por não ouvir. Outra coisa é eles não ouvirem porque não dizemos nada.

Existem muitos casos do primeiro cenário, mas, se você estiver no segundo, fazer uma sugestão ou expor sua ideia às pessoas que podem resolver a questão é um passo fundamental para aumentar a probabilidade de que a ouçam.

Se analisarmos a comunicação de forma prática, há apenas alguns possíveis pontos de falha dos quais precisamos nos proteger: se vamos dizer algo, como vamos dizer, para quem vamos dizer e se as pessoas vão ouvir. Não temos muito controle sobre o que as pessoas vão escolher ouvir, mas temos muito mais controle sobre os três primeiros pontos. Neste capítulo, examinamos as maneiras como nossas pressuposições internalizadas, autocensura, discurso mitigado e truques mentais podem nos silenciar — mesmo sem percebermos. Desafio você a refletir se esses são padrões que você desenvolveu como parte do silêncio que aprendeu, mas também que você experimente rompê-los. Afinal, temos mais controle sobre o silenciamento que impomos a nós mesmos do que sobre aquele provocado pelos outros.

No final das contas, podemos optar por ser mais diretos e menos mitigados. Podemos dizer o que precisa ser dito a quem precisa ouvir. E a pessoa ainda assim pode não ouvir — por causa das suas próprias suposições ou preconceitos em relação a alguém que tenha uma idade diferente, uma raça diferente, ou alguém como você e eu. Da mesma forma, podemos não ouvir tudo ou todos — um desafio que abordaremos no próximo capítulo.

PERGUNTAS PARA REFLEXÃO

Que pressupostos você tem sobre o valor da sua voz?

Em que momento você pode ter perdido o ímpeto de usar sua voz?

Com quem e em que contextos você se censura?

Quais níveis de objetividade você costuma usar? Como pode ampliar seu alcance para aumentar a probabilidade de as pessoas ouvirem você?

5. Como silenciamos os outros

Não podemos falar de silenciamento sem considerar também como silenciamos os outros.

Você pode estar pensando: *Espere aí, eu não tenho nada a ver com o problema. Fui silenciado. Jamais silenciaria alguém. Sou uma pessoa boa. Claro, existe gente que cala os outros, mas eu não sou assim.*

E eu respondo a você que nós *somos*, em grande parte, pessoas boas. E mesmo assim, intencionalmente ou não, calamos os outros. Eu também faço isso.

Você pode ser uma boa pessoa e, ainda assim, ter alguém na sua vida que se sente invisibilizado, ignorado, não ouvido e desvalorizado por você. Você pode ser um líder excelente e não saber como lidar com funcionários cuja aparência, fala e modo de trabalhar sejam diferentes dos seus.

Você pode ser a favor de um mundo onde todos tenham conversas francas que solucionem crises e gerem crescimento e ainda assim conviver com pessoas pisando em ovos e ocultando informações de você. Você pode ser confiável e mesmo assim haver gente com medo de que você vá acabar com elas.

Muitos de nós temos ótimas intenções. Esforçamo-nos para promover equipes saudáveis, criar famílias afetivas e comunidades unidas. Pode ser desanimador e desmotivador saber que nossos maiores esforços não têm resultado. É nesse ponto que o silêncio se torna uma boa e ilusória opção. Conservando as coisas como estão, o silêncio oferece previsibilidade, estabilidade e uma sensação de controle em um mundo que muitas vezes parece fora do nosso domínio. Se eu não ouvir que minhas ações não agradam a você, posso deduzir que está tudo bem. Se ninguém disser que enxerga as coisas de forma diferente, então não há razão para pensar que talvez exista outra maneira de ver a situação ou que a mudança seja necessária. O silêncio nos proporciona o luxo da ignorância.

Como seres humanos, nos concentramos (ou nos fixamos) nos momentos em que fomos silenciados, nos sentimos ignorados ou mandaram que nos calássemos. É da nossa natureza lembrar dos espaços onde fomos agredidos e evitar pensar naqueles em que agredimos outras pessoas. Nosso cérebro deixa de priorizar a codificação e a recuperação de memórias indesejadas para ajudar a nos manter funcionais.[1] Psicólogos e economistas da Universidade Yale constataram que as pessoas tendem a se lembrar de terem sido melhores para os outros do que de fato foram. Nosso cérebro adapta as memórias para que possamos evitar nos sentirmos mal por nosso comportamento. Adulterar as lembranças dos momentos em que não agimos tão bem assim é uma forma de preservar nossa autoimagem moral.[2]

Quando as pessoas ficam em silêncio, ou quando nós as silenciamos, não precisamos ver ou reconhecer as partes potencialmente desagradáveis em nós mesmos. Mas, se quisermos criar um mundo que ofereça apoio às pessoas, essas são partes nossas que precisamos enfrentar.

Neste capítulo, convido todos nós a baixar a guarda. Dados os muitos papéis que desempenhamos e os relacionamentos que cultivamos, nós podemos, ao mesmo tempo, ser silenciados e silenciar pessoas. Nas seções a seguir, irei identificar padrões tão comuns que os consideramos parte da natureza humana. Elucidarei os impactos indesejáveis que causamos nas pessoas ao nosso redor para que essas mesmas pessoas não precisem passar pelo trabalho emocional de nos ensinar por que estamos cometendo erros ao mesmo tempo que sofrem com as consequências deles. Durante a leitura, pergunte-se: em que contexto posso ter praticado esses padrões? Estou fazendo isso agora? O que poderia fazer de diferente?

Tentarei escrever com o máximo de compaixão e clareza possível. Minha esperança é que essa consciência se torne um estímulo para a reflexão pessoal e a ação intencional. A seguir, enumero os padrões que adquirimos e que têm o impacto de silenciar as mesmas pessoas que muitas vezes queremos apoiar.

NÓS SUBESTIMAMOS A DIFICULDADE

Steve contratou Maribel porque viu seu talento natural. A nova função era provavelmente um pouco além das suas habilidades, mas Steve estava empenhado em dar às pessoas oportunidades de crescimento. Particularmente, ele detestava ser monitorado, então fazia questão de dar espaço para que sua equipe fizesse as coisas da maneira que achasse melhor. Ele também deixava claro que, se precisassem de algo, ele estaria pronto para ouvir.

Maribel queria se sair bem no novo cargo e estava muito grata. A empresa apostara nela. O emprego oferecia benefícios, férias remuneradas e, futuramente, fundo de pensão.

Ela estava determinada a provar que eles tinham tomado a decisão certa ao contratá-la. No entanto, era a primeira em seu círculo a cursar a universidade, por isso estava constantemente insegura em relação ao mundo corporativo. Quando visitava a família nos fins de semana, os amigos com quem crescera faziam piadinhas: *E o emprego de grã-fina? Não fica achando que agora é boa demais para nós.* Ela se sentia deslocada ao habitar um mundo diferente daquele em que cresceu. Se as coisas não dessem certo no trabalho, ela não tinha como voltar.

Maribel viu as pessoas que entraram na empresa depois dela serem promovidas. De alguma forma, conseguiam cargos e oportunidades dos quais ela nem ficava sabendo. Onde eram publicadas as ofertas de emprego? Como as pessoas descobriam essas coisas? Era como se existisse uma rede secreta à qual ela não tinha acesso.

A avaliação anual de desempenho aconteceria em breve. Era a chance de Maribel descobrir como a empresa achava que ela estava se saindo e de perguntar por que outras pessoas estavam sendo promovidas antes dela. Não ia desperdiçar essa chance.

Na conversa, Steve perguntou se Maribel mudaria algo no cargo que ocupava.

Vai, Maribel. É só falar!, ela pensou. Mas, quando tentou, as palavras ficaram presas em sua garganta. Suas mãos estavam suadas, seu rosto, corado, e sua mente ficou em branco.

Quando ela praticou na frente do espelho, as palavras saíram de forma relativamente fácil. Ela queria saber se era a única que trabalhava à noite e nos fins de semana. Queria saber por que não recebia pelas horas extras. Queria saber também por que os colegas eram promovidos e ela não. Mas todos esses pensamentos ficaram presos ali dentro.

Para Maribel, era difícil pedir mais, por vários motivos. Sua família lhe ensinara a não questionar autoridades, a ser grata por todas as oportunidades e que o trabalho árduo seria recompensado. Ela acreditava que as pessoas que estavam no mercado havia mais tempo e que ocupavam posições de maior influência fariam boas escolhas para a empresa e os funcionários.

Maribel balançou a cabeça negativamente e Steve prosseguiu. Ele supôs que o silêncio dela significava que estava tudo bem. Afinal, ele fez a pergunta, e ela disse não.

Assim como Steve, nós silenciamos os outros ao não percebermos o quanto falar abertamente é difícil para algumas pessoas. Quando não temos dificuldade em nos manifestar, parece estranho que os outros enfrentem esse bloqueio. Se nunca sentimos a necessidade de esperar um convite antes de dizer o que pensamos, não é intuitivo que outras pessoas estejam esperando pelo incentivo. Pessoas que cresceram com suas vozes sendo celebradas e vendo seus esforços recompensados têm referências diferentes daquelas que não viveram a mesma coisa. Nós guardamos referências de momentos em que falamos, de quando fomos ouvidos e quando houve aceitação e até mesmo mudança como resultado disso. Nem todo mundo tem essas experiências. Como resultado, subestimamos a dificuldade que os outros possam ter para se manifestar ou até mesmo ignoramos que falar pode ser uma dificuldade. Não temos empatia pela dificuldade e não fazemos nada para torná-la mais fácil.

Quando questionados, dois terços dos profissionais entrevistados responderam que nunca ou raramente são intimidadores para os funcionários em cargos mais iniciantes.[3] No entanto, em um estudo diferente, seis em cada dez pessoas relataram se sentir intimidadas demais para abordar um problema com o chefe ou gestor.[4] Embora o cálculo não seja perfeito, os estudos mostram uma desconexão entre o modo como nos enxergamos e como os outros nos enxergam. Costumamos pensar: *Sou a pessoa mais agradável, mais acolhedora e menos intimidadora que conheço*. Mesmo assim os outros não partilham dessas percepções sobre nós, principalmente levando em conta as relações de poder. Embora seja frustrante perceber essa desconexão, é também uma oportunidade para questionar: como de fato somos vistos? O que poderíamos fazer de diferente para causar o impacto que queremos? O que podemos fazer para não subestimar as dificuldades alheias?

Muitas coisas. Podemos lembrar como, para alguns, é difícil falar abertamente. Podemos perguntar às pessoas como apoiá-las. Podemos incentivar suas vozes com mais frequência. Podemos reafirmar as contribuições das pessoas quando elas compartilham suas perspectivas. Podemos especificar as maneiras disponíveis para levantar questões, dispensando as pessoas de terem que se dar ao trabalho de descobrir. Podemos construir confiança com o tempo; então, em vez de nos enxergarem como a realização de todos os piores pesadelos que tiveram sobre alguém na nossa função, possam nos ver como pessoas.

NÓS DIZEMOS QUE QUEREMOS OUVIR OPINIÕES QUANDO NA VERDADE NÃO QUEREMOS

Quando adolescente, Nathan trabalhou como assistente em um acampamento de ciências para alunos do ensino fundamental. Todo dia, depois das atividades, o diretor pedia a cada membro da equipe que compartilhasse algo que tinha funcionado bem e algo que gostaria que a equipe fizesse de forma diferente. Enquanto alguns membros do grupo davam de ombros e murmuravam respostas sem entusiasmo, Nathan pensava muito em como iria contribuir, sobretudo em relação ao que a equipe poderia fazer de diferente. Ele queria ser professor quando crescesse e aprendera com a família a sempre agir com sinceridade. Havia observado que alguns alunos se sentiam constrangidos quando eram chamados para falar durante as atividades, por isso recomendou que o diretor avisasse com antecedência quando isso fosse acontecer. O diretor concordou com a sugestão e a incluiu na lista. Mas, no dia seguinte, continuou a chamar as crianças sem aviso prévio. No final do dia, Nathan repetiu a sugestão. E mais uma vez não houve mudança.

Um dos outros assistentes disse a ele: "Nossa, Nathan, relaxa. Deixa isso pra lá. Não tem tanta importância assim". Nathan aprendeu a lição. Na próxima vez que lhe perguntassem o que achava, ele não investiria tempo pensando em sugestões para apresentar. Aparentemente, as opiniões não eram tão bem-vindas ou valorizadas no acampamento.

Seja no trabalho, em nossas comunidades ou à mesa de jantar, existe uma pressão para sermos inclusivos. Devemos dar espaço a outras perspectivas e promover consenso quando pudermos. Muitas vezes, fingimos ter uma abertura que pensamos ser necessária em vez de sermos honestos sobre o quanto realmente estamos dispostos a ouvir. Acreditamos que valorizar um indivíduo é o mesmo que ter que valorizar sua opinião sobre determinado assunto. Na melhor das hipóteses, essa incongruência leva à confusão. Na pior das hipóteses, a falta de reciprocidade leva à manipulação ou à indução a uma falsa sensação de segurança. Nós silenciamos as pessoas quando fingimos querer a opinião delas e até as convidamos a contribuir porque é isso que achamos que deveríamos fazer. Mas se não estivermos de fato interessados nas ideias ou não pudermos aceitá-las, solicitar a opinião alheia deixa as coisas complicadas para todos, confunde o processo e prejudica o nível de confiança na relação.

Ouvir as pessoas não é o mesmo que ter que aceitar todas as sugestões. Mas se vamos pedir opiniões e não as colocar em prática, precisamos esclarecer a realidade de que nem todas as sugestões serão implementadas. E quando algo não for aceito, precisamos comunicar por que não, ou por que não naquele momento. Na ausência de conversa e comunicação, as pessoas deduzem motivos superficiais. Poucas coisas são mais desmotivadoras do que se esforçar para se manifestar e ver que a mensagem desapareceu no vazio.

TRÊS BALDES

Um dos conceitos de liderança que mais uso nos treinamentos é o dos três baldes. Seja planejando refeições em casa ou elaborando projetos no trabalho, cada empreitada divide as pessoas em três grupos: aquelas que decidem, aquelas que são consultadas e aquelas que precisam ser informadas.[5] A intenção de separar em baldes é aumentar a transparência na comunicação, na colaboração e no trabalho em equipe. Com expectativas claras sobre quem está em qual grupo, todos podem saber como gastar sua energia. Por mais que nos esforcemos, nem todos podem estar no balde das decisões. O consenso não é uma opção em todos os casos,[6] mas a transparência em relação a quem toma a decisão sim. Por mais que as pessoas queiram dar e receber sugestões, é impossível consultar todos sobre tudo. Como consequência, quem não estiver no balde das decisões ou da consulta estará no balde da informação.

Balde	Expectativa
Decidir	• Tomar a decisão. • Comunicar os motivos aos outros.
Ser consultado	• Expor francas perspectivas e informações. • Argumentar pelo resultado que você considera melhor. • Aceitar e respeitar a decisão final.
Ser informado	• Ouvir a pessoa que tomou a decisão. • Decidir se vai negociar ou dar feedback.

Um excelente exemplo dos três baldes é o papel que os outros desempenham nas decisões sobre a pessoa que você namora. Antes de conhecer meu esposo, meus pais nunca tinham conhecido ninguém com quem eu havia namorado. Isso porque, quando eu contava aos meus pais que estava com alguém, lá vinha a inevitável enxurrada de perguntas. Quem é? Quantos anos tem? O que faz? Como você sabe que a pessoa é quem diz ser? Era mais fácil (mas não necessariamente mais sensato) dizer que não estava saindo com ninguém.

Quando desabafei com uma colega sobre as preocupações dos meus pais, ela disse algo que nunca vou esquecer. "Seus pais não devem decidir quem você namora. Namoro não é como um esporte coletivo." Mesmo naquele momento, lembro-me de ter respondido: "Ah, você com certeza não é da minha família".

Na minha cultura, o namoro é como um esporte coletivo. Se a minha família não gostasse da pessoa que eu estava namorando, o relacionamento estava condenado. Nunca pensei que namorar pudesse ser um esporte individual.

Ao me sentir frustrada com a forma como as pessoas se intrometiam na minha vida, me dei conta de que, se eu escolhia me expor, seria bom deixar claro qual papel esperava que elas desempenhassem — e analisar como minhas expectativas sobre a função que essas pessoas exerceriam se comparavam com a função que elas gostariam de ter.

O namoro é um esporte individual ou coletivo? Depende. Pela teoria dos baldes, meus pais (ou quaisquer outras partes interessadas) devem tomar a decisão junto comigo sobre a pessoa que eu namoro ou com quem me caso? Eles serão consultados? Ou apenas informados? Estabelecer essa distinção de funções teria ajudado todos nós a evitar os atritos e me auxiliaria a entender melhor como interpretar os inevitáveis comentários de que as pessoas com quem saí eram obviamente erradas para mim.

Tentar dar ouvidos a todos sobre tudo é uma tarefa impossível. O atrito surge quando falta alinhamento sobre o balde onde achamos que estamos, incluindo o conteúdo e a maneira como nos comunicamos. Se soubermos o balde ao qual pertencemos, poderemos negociar explicitamente para mudarmos de balde ou gerir melhor nossas expectativas em relação à função que vamos desempenhar. Assim, todos têm uma ideia mais clara de onde e como investir energia.

Silenciamos as pessoas quando não somos realistas, sinceros e verdadeiros conosco e com elas em relação à opinião que desejamos. Se você de fato não quer ouvir o que elas têm a dizer ou não pode aceitar mais opiniões, não diga "Sou todo ouvidos" ou "Pode falar à vontade". Você talvez se sinta uma boa pessoa ao fazer essas afirmações, mas, se não vai conseguir dar abertura, só estará piorando as coisas. Não estabeleça expectativas que você não poderá cumprir.

NÓS CONTROLAMOS A NARRATIVA

Quando era pequeno, Leon demorou a falar. Segundo os pediatras, as crianças devem falar cerca de cinquenta palavras aos dois anos, mas nessa idade Leon só pronunciava meia dúzia de vocábulos. Preocupados, os médicos recomendaram terapia fonoaudiológica. O culpado? Seu irmão mais velho. Com quatro anos a mais que Leon, Yianni antecipava e traduzia os grunhidos do irmão. Quando alguém perguntava ao caçula: "O que você quer?", Yianni respondia. No início era adorável, e os pais enalteceram Yianni por cuidar do irmão. Mas, no fim das contas, a melhor maneira de ajudar era deixar Leon falar por si mesmo.

Leon não é o único. Crianças que têm irmãos mais velhos costumam apresentar menos competências linguísticas. Pesquisadores atribuem essa diferença aos irmãos mais velhos, que competem pela atenção dos pais e falam em nome dos caçulas.[7]

O padrão de falar em nome de outra pessoa ocorre com frequência entre os adultos. O setor de comunicação se encarrega das mensagens. O líder fala em nome do grupo. Juramos segredo porque nossos amigos não querem que outras pessoas saibam o que está acontecendo. Embora obter uma narrativa consistente seja importante para a coesão, o preço das ações e a eficácia, controlar a narrativa também pode causar o impacto de silenciar outras pessoas — por vezes, de maneira intencional. Nós precisamos de narrativas coesas. Mas existe espaço para expressar diferentes experiências e perspectivas em vez de apenas seguir uma linha partidária? Deixar de questionar ou adicionar detalhes à narrativa dominante não é apenas destrutivo porque aniquila as vozes, mas também porque deixa de fora dados que poderiam ser úteis.

A economista e pesquisadora do mundo do trabalho Nadiya encaminhou uma breve biografia aos organizadores da conferência. Quando viu a publicação final, percebeu que em algum momento entre o envio da biografia e a impressão haviam sido incluídas algumas linhas sobre o quanto ela se preocupava em promover a diversidade no setor. Obviamente, Nadiya se importava com a presença de perspectivas diferentes. Como mulher tonganesa em uma indústria predominantemente masculina e branca, era a favor do aumento da representatividade. Mas por que os organizadores não a consultaram antes de fazer esse acréscimo à sua biografia? Não havia menção a nada parecido nas descrições de nenhum dos outros palestrantes. Por que os organizadores acrescentaram à dela?

Nadiya odiava ser usada como validação. Queria se apresentar do modo como havia definido. Com palavras postas em sua boca, ela se sentia um fantoche. Tanto quanto pudesse controlar, queria ter certeza de que seria vista como parte da programação por seu conhecimento técnico, em vez de apenas romper com a homogeneidade dos palestrantes homens brancos. Se fossem acrescentar detalhes à sua descrição, o mínimo que poderiam fazer seria consultá-la em vez de fazer mudanças unilaterais na forma como ela estava sendo apresentada. Ao adicionarem informações e editarem o texto sem o seu consentimento, mesmo com um detalhe com o qual ela concordava, diminuíram o impacto da sua voz original.

O consentimento é importante. Colocar palavras na boca de alguém sem autorização é uma forma de silenciamento. Mudanças fazem parte do trabalho conjunto, mas consultar se todos concordam com elas é uma forma de respeito. Algumas pessoas podem argumentar que concordar em fazer parte da conferência dá aos organizadores a permissão para apresentar o palestrante como desejarem. Mas melhor seria questionar os impactos e preconceitos à medida que se manifestam. Os organizadores poderiam ter consultado Nadiya: "Gostaríamos de adicionar alguns detalhes para que os participantes saibam que podem fazer perguntas, tudo bem para você?". A conversa teria então se estendido para onde estariam os acréscimos, por que eram necessários e qual impacto teriam em Nadiya.

O consentimento também se torna complicado quando contar nossa própria história esbarra no desejo de privacidade de outra pessoa. Como nossa vida está indissociavelmente ligada à vida dos outros, pode ser difícil entender se podemos falar sem expor outra pessoa.

Jeong foi diagnosticado com câncer em estágio 4. Ele não queria compartilhar o diagnóstico com ninguém além da esposa. Não queria que os filhos adultos se preocupassem com ele. Não queria ser um fardo para ninguém. Ele queria que as pessoas se lembrassem dele como a pessoa forte, saudável e amante de aventuras que era antes do câncer. Quando amigos da família perceberam que Jeong havia perdido peso, ele atribuiu esse fato ao estresse. Quando seu cabelo começou a cair, ele parou de encontrar os amigos. Estes imaginaram que ele andava ocupado, pois Jeong e a esposa, Anna, estavam se mudando para uma casa menor. Anna o conhecia bem o suficiente para querer respeitar sua privacidade. Queria fazer o que estivesse ao seu alcance para tornar aquela fase o mais suportável possível para ele.

Ao mesmo tempo, sem poder contar a ninguém o que de fato estava acontecendo, Anna começou a se sentir distante. Fazer uma cara feliz e fingir que tudo estava normal era exaustivo. Como não gostava de mentir, ela não tinha desculpas para cancelar um almoço ou negar tempo para uma visita. Anna deixou de ser uma pessoa muito sociável para se tornar uma cuidadora cansada. Havia dias em que queria gritar. Os banhos quentes eram seu único consolo; ali ela imaginava a água lavando as lágrimas e cobrindo seus soluços silenciosos. O desejo de privacidade de Jeong silenciou Anna.

Um dia, quando chegou ao limite, ela disse: "Jeong, sei que você não quer que as pessoas saibam, mas preciso contar a alguém. Só vou contar à minha melhor amiga e a um vizinho para que eles possam me ajudar". Usar a voz e ficar em silêncio não precisam ser excludentes. Jeong pode ter a privacidade de que precisa enquanto Anna recebe o apoio necessário para continuar.

Silenciamos os outros quando não deixamos que contem sua versão da história. Pedir às pessoas, de maneira explícita ou não, que permaneçam em silêncio é uma forma de priorizar nossas necessidades em detrimento das delas. Não há como negar que, ao partilharmos histórias, damos abertura a todos os tipos de comentários. No entanto, ao contarmos nossa história — o nosso lado da história —, damos forma ao mundo em que vivemos e ao peso que carregamos. Reflita sobre como seu desejo de silêncio afeta a necessidade de outra pessoa usar a voz — e analise se, como na situação de Anna, existe uma forma de honrar ambas as partes.

NOSSAS REAÇÕES AUTOMÁTICAS SÃO FALHAS

Uma das decisões profissionais das quais mais me arrependo é um e-mail que enviei enquanto voltava para casa do supermercado. Foi em um fim de semana quente de verão. Verifiquei minha caixa de entrada e havia uma mensagem de uma colega. Nossa equipe estava elaborando uma descrição de cargo para uma nova contratação, e no texto afirmávamos que a empresa valorizava a diversidade e a inclusão. Ao revisar a descrição do cargo, minha colega perguntou: "E como promovemos diversidade e inclusão?".

Meus polegares rebateram uma mensagem rápida. "Posso pensar em pelo menos dez maneiras de fazer isso. Terei o prazer em abordar o tema semana que vem!"

Sinto vergonha de não ter parado para perguntar o motivo da pergunta, qual era a sua preocupação real ou para considerar que só fazer aquela pergunta já poderia parecer um grande risco.

Às vezes ainda quero acreditar que minha atitude não foi tão equivocada. Minha colega fez uma pergunta e eu respondi. Posso justificar minha reação de várias maneiras diferentes — que eu estava apenas agindo conforme a cultura existente e reforçando as normas. Que eu estava incorporando o entusiasmo esperado da nossa equipe. Que a resposta, na verdade, não foi *tão* ruim assim: foi compatível com o tom otimista promovido pela liderança. Sugeri que o assunto do e-mail fosse transferido para uma conversa presencial. Eu não pretendia silenciá-la.

Mas a realidade é que fiz isso.

Não houve na minha réplica uma curiosidade em relação ao questionamento por trás da pergunta. Minha rapidez e precisão na resposta a deixaram ainda mais deslocada da equipe.

A medida do sucesso na comunicação não está no que pretendemos dizer, e sim no que os outros escutam. O sucesso não está em atingir o alvo da nossa boa intenção, mas no impacto que causamos. E foi aí que eu falhei.

Todas as minhas explicações e justificativas não apagam o fato de que o dano foi feito. Minha resposta fez com que ela sentisse que não foi ouvida e que eu não estava aberta ao que ela pudesse tentar questionar ou dizer. Minha colega assumiu o risco de se manifestar, e eu não me esforcei para entender o que ela estava de fato dizendo.

Você pode estar pensando: *Bem, você respondeu à pergunta. Por que cabe a você pedir a ela que fale mais? Foi ela que não disse o que queria.*

Em algum momento, nossa comunicação vai desencontrar. Eu quero e preciso assumir minhas contribuições para a conversa e os impactos que tenho sobre os outros. Nesse caso, resistir ao hábito de disparar uma resposta imediata e então parar para pensar sobre a questão mais profunda por trás daquela pergunta teria ajudado a cultivar a cultura de diálogo aberto que desejo cultivar.

Compartilho este exemplo na esperança de que ele evite que você silencie outras pessoas com respostas sobre as quais não pensou muito bem. A cultura do imediatismo criada pela hiperconectividade tecnológica nos coloca em risco de interações breves e frágeis e de tomadas de decisões reativas. Espero que você esteja menos condicionado do que eu, que leio mensagens no celular enquanto paro no sinal vermelho ou enquanto caminho da estação de trem para casa. Aperto o botão de responder 42 segundos antes de entrar na próxima reunião. Infelizmente, faço parte do grupo de norte-americanos típicos que pegam o telefone mais de oitenta vezes por dia, o que simboliza uma média de 2600 deslizadas, toques e cliques diários.[8] A conexão constante com os dispositivos em nossos pulsos, nossos bolsos e nossas mãos criou uma expectativa de que estaremos sempre on-line e vamos fornecer e esperar respostas imediatas. Para lidar com as expectativas, nosso cérebro recorre a tomadas de decisões reativas, em vez de reflexivas.

A tomada de decisão reflexiva é lógica, analítica, deliberada e metódica. A tomada de decisão reativa é rápida, impulsiva e intuitiva.[9] Normalmente usamos a primeira para resolver questões importantes, como aceitar um novo emprego, mudar de cidade ou continuar em um relacionamento. A tomada de decisão reativa não é ruim; é uma adaptação evolutiva que nos permite evitar o cansaço que resulta da tomada contínua de decisões. O problema não é apenas das escolhas erradas, é que muitas vezes nem sequer temos consciência de que há escolhas a serem feitas.[10]

Nosso cérebro deixa o inconsciente encarregado da tarefa de fazer a grande maioria das escolhas relacionadas ao comportamento. Apenas cinquenta dos 10 milhões de bits — ou 0,0005% — da informação que o nosso cérebro processa a cada segundo são dedicados ao pensamento deliberado.[11] Ao entrar no piloto automático, conseguimos realizar tarefas sem pensar muito nelas.[12] O piloto automático tem sua utilidade. Não precisamos ativar os circuitos de como amarrar os sapatos ou escovar os dentes. Não funcionaríamos tão bem se tivéssemos que deliberar sobre cada ação a ser feita. Nossa mente consciente constrói bancos de dados para filtrar nossas interações em tempo real. O desafio é que as nossas bases de dados são influenciadas por pensamentos tendenciosos inconscientes e hábitos automáticos desencadeados por estes. Quando não paramos para pensar e escolher uma resposta, somos governados pelos preconceitos incorporados em nossos bancos de dados.

Permanecer no piloto automático é perpetuar as normas existentes sobre quem tem voz e quem é silenciado, incluindo as normas incorporadas em nossas próprias respostas. Podemos melhorar nossa tomada de decisão reflexiva ao desacelerar e fazer escolhas conscientes em nossas respostas.[13] Podemos parar de agir como fomos condicionados e escolher um caminho diferente.

NÓS NOS CONCENTRAMOS EM NÓS MESMOS

Se os seres humanos são inerentemente egocêntricos é um debate de longa data entre filósofos e antropólogos. Seja qual for a teoria, precisamos apenas olhar para a pessoa que está ao nosso lado (ou para nós mesmos) para saber que as pessoas giram em torno daquilo que serve às próprias conexões, preferências e padrões. Pesquisadores do Duke Institute for Brain Science descobriram que os seres humanos não conseguem evitar a priorização de estímulos associados a si mesmos. Nosso cérebro literalmente responde mais rápido quando ouvimos nosso próprio nome do que quando ouvimos o nome de outra pessoa.[14] Se alguém começar a falar sobre mim em uma reunião, é muito mais provável que eu preste atenção na conversa. Naturalmente nos concentramos e priorizamos o que é bom para nós.

Quando trabalhamos e nos dedicamos a tarefas que privilegiam nossos pontos fortes, gastamos menos energia cognitiva e emocional. O inverso também é real: trabalhar e se dedicar a tarefas que exigem habilidades que não temos requer mais energia. Silenciamos os outros quando nos apegamos a nossos próprios padrões em vez de escolher o tempo, os meios e os estilos de processamento que favorecem outras vozes.

O HORÁRIO

Sabrina detestava ir para o bar depois do trabalho. Ela não bebia e as pessoas sempre escolhiam lugares barulhentos, onde nunca dava para ouvir ninguém. Mas o maior problema era o horário: eles sempre marcavam para começar às 17h e terminar às 18h, toda quinta-feira, e acabavam ficando até as 19h30, quando o obstinado grupo partia para continuar a socialização em um restaurante. Ninguém parecia entender que ter compromissos de trabalho fora do horário comercial poderia prejudicar a vida pessoal de Sabrina. Mesmo que ela conseguisse alguém para buscar os filhos e botá-los para dormir, eles iriam ficar agitados por dias. O happy hour depois do trabalho significava uma ressaca familiar de vários dias.

No entanto, era nesses encontros que as relações eram construídas e aconteciam as negociações informais. Era com vários uísques (ou, no caso de Sabrina, tônica com limão, que parecia um gim-tônica) que se ficava sabendo das mudanças e se descobria quem poderia oferecer a chance de concretizarem o próximo projeto importante.

Em um mundo que exige trabalho em equipe entre fusos horários, marcar uma reunião pode ser uma gincana. Não há como evitar a realidade de que 9h em Nova York são 18h30 em Bangalore, 21h em Pequim e 23h em Sydney. Em um mundo global, não existe um horário perfeito. Os funcionários de filiais há muito tempo costumam atender chamadas fora do horário comercial sob o suposto privilégio de trabalhar para uma empresa multinacional com sede em um país diferente. Fazer com que diferentes profissionais flexibilizem sua agenda é uma forma de garantir que nem sempre seja a mesma pessoa "se sacrificando".

Mas podemos parar de fingir que todos os horários são iguais. Os horários em que os eventos são agendados limitam quem pode participar, as escolhas que as pessoas fazem para estar presentes e se o contexto as favorece. O horário do dia que escolhemos para uma reunião pode silenciar ou fortalecer diferentes pessoas com base em quem consegue comparecer sem atrapalhar nem um pouco o tempo de sono, ou quem terá mais energia naquele momento do dia. Mesmo que um indivíduo esteja presente, o horário escolhido pode silenciar ou prejudicar sua contribuição.

Carey Nieuwhof observa que todas as pessoas têm zonas de energia verde, amarela e vermelha durante o dia. As zonas verdes acontecem quando você consegue se concentrar melhor e é mais produtivo. As zonas amarelas, quando você é capaz de realizar coisas, mas não as melhores. As zonas vermelhas ocorrem quando você está cansado e tem dificuldade de se concentrar. Nieuwhof compartilha o exemplo da reunião de equipe que estava marcada para as 13h, horário local, que acabou na zona vermelha de todos os participantes. Mudar o encontro para um horário diferente resultou em muito mais produtividade, conectividade e colaboração.[15] Fazer uma reunião durante a zona verde de alguém é fortalecer sua voz. Fazer uma reunião durante a zona vermelha aumenta a probabilidade de essa pessoa ser silenciada ou optar pelo silêncio.

Já participei de reuniões com a câmera desligada, enquanto amamentava no meio da noite, porque era o único horário em que pessoas em um fuso horário diferente do meu podiam se encontrar. Algumas dessas escolhas são o custo de fazer negócios ao redor do mundo. Fique sabendo que, se você agendar uma reunião para as 4h ou 23h do meu fuso horário, não vai conseguir o meu melhor. Esse resultado pode ser a melhor das opções disponíveis, mas não vamos fingir que é o que mais favorece a minha voz, ou a de outras pessoas.

Pode ou não haver um horário perfeito que seja verde ou mesmo amarelo para todos, sobretudo quando as pessoas estão espalhadas por tantos fusos horários, mas existem momentos melhores e piores. Por exemplo, nunca há um bom momento para dizer a alguém que o produto do seu trabalho é horrível ou que você quer terminar com ela. Mas há uma razão pela qual as demissões costumam acontecer às sextas-feiras e por não ser comum terminar um relacionamento no aniversário da outra pessoa.

Em nossa cultura internalizada de imediatismo, quero resolver os problemas o mais rápido possível. Poucos de nós desejamos ficar sentados pensando em estratégias para resolver um problema. Queremos sair do turbilhão e nos sentir bem. Não queremos que as pessoas pensem que estamos ansiosos. E há uma vantagem em abordar os problemas antes que muito tempo passe e nossas memórias falhem: se adiarmos alguma conversa, também corremos o risco de a vida excluir o assunto e nunca mais voltar a ele. Ao mesmo tempo, devemos considerar se esse é um momento decente também para a outra pessoa.

Enquanto escrevo isto, tenho na cabeça o refrão do meu filho: "Mas eu quero *agora*!". Com que frequência agimos para saciar nossa vontade do momento? Não me refiro a adiar o assunto por duas semanas. Mas será que poderíamos esperar — e a conversa e o relacionamento se beneficiariam disso — vinte minutos? Só porque você está pronto para ouvir não significa que a outra pessoa esteja pronta para falar. O ideal é que vocês decidam juntos quando abordar um assunto ou iniciar uma conversa. Decidir o momento de maneira unilateral normalmente significa escolher um horário que funciona para você, o que leva a outra pessoa ao silêncio, mesmo antes de a conversa começar.

MEIOS DE COMUNICAÇÃO

Rabiyah adorava reuniões de grandes grupos. Para ela, nada era tão estimulante quanto ver pessoas unidas em torno de um interesse comum. Música alta, luzes chamativas e ter que falar a plenos pulmões eram a norma em um evento seu. À medida que os amigos se mudavam para diferentes partes do mundo, ela tentava manter a conexão com reuniões anuais e videochamadas mensais. Mas não era a mesma coisa. Digitar era lento. Seus olhos doíam de ficar encarando uma tela por muito tempo. A internet sempre tinha delay. Ela entendia que os chats ajudavam o grupo a permanecer conectado, mas detestava ter que clicar nas conversas e não saber quando receberia uma resposta. Pelo menos se falasse com a pessoa por telefone, saberia imediatamente a resposta dela.

Em contrapartida, Omar, o irmão de Rabiyah, detestava as grandes reuniões. Ele sabia que a família era importante e que, para manter as conexões, os encontros eram necessários, mas na verdade todo aquele falatório, a música e o barulho eram exaustivos. Sobrecarga sensorial, como dizem os livros. Ele ficou aliviado quando Rabiyah se mudou e ele não precisou mais ter que escolher entre ir às festas (nas quais nem conseguia falar com ela) e ser visto como um irmão ruim. Fazia muito tempo que não passava vários dias se recuperando de aparecer em um evento para prestigiar Rabiyah. Ler um e-mail no grupo e responder quando se sentia emocionalmente estável era muito mais fácil do que ouvir todas as tias falando com ele ao mesmo tempo. Mandar um emoji em vez de ter que pensar nas palavras certas para transmitir uma emoção? Isso ele podia fazer. A família sempre o criticou por se esconder atrás do celular, mas, na verdade, era mais fácil para ele organizar os pensamentos, digitar o que estava pensando e fazer uma última leitura antes de enviar em vez de todo o alvoroço de uma conversa ao vivo.

A comunicação é uma habilidade e uma arte — e cada meio de comunicação requer sua própria habilidade e arte. Ser capaz de se comunicar de forma assíncrona por mensagem de texto requer diferentes tipos de habilidades em comparação a falar por telefone, por vídeo ou em pessoa. Cada meio de comunicação tem sua utilidade, e a combinação de todos os meios nos permite permanecer conectados, construir relacionamentos e trabalhar juntos.

Costumamos escolher os meios de comunicação que nos são mais familiares e que condizem com o nosso perfil. No entanto, para quem não compartilha das mesmas habilidades, pode ser difícil. Em geral, as pessoas que se vangloriam de sua capacidade de compreender os outros preferem se encontrar ao vivo, e certamente os neurônios-espelho, que favorecem a empatia e a formação dos relacionamentos em nosso cérebro, são mais ativos pessoalmente.[16] Entretanto, os encontros presenciais silenciam aqueles que não podem se deslocar ou estar fisicamente presentes. A comunicação via texto tem sido criticada por sua capacidade limitada de transparecer o tom da fala, mas também permite que as pessoas tenham tempo para pensar, dá a oportunidade de elaborar mensagens e funciona como registro para aqueles que transferem suas memórias para caixas de entrada ou que se preocupam com responsabilidades legais.

Precisamos adequar o modo ao propósito da comunicação e perceber, com essas escolhas, quais vozes são amplificadas e quais são silenciadas. Para isso, precisamos compreender como nos conectamos, quais meios facilitam ou dificultam o uso da nossa voz e como esses mesmos meios apoiam ou silenciam as pessoas ao nosso redor. A escolha de um encontro presencial prioriza a voz de Radiyah e tem o potencial de silenciar Omar. Isso não quer dizer que cada um deles não deva aprender outras habilidades, mas que precisamos levar em conta o impacto do meio ao escolher uma forma de comunicação.

ESTILOS DE PROCESSAMENTO

Annette tem uma personalidade forte e um processador externo. Ela pensa melhor conversando em tempo real. Todo mundo sabe tudo sobre Annette, porque aparecer é a marca dela. Seu superpoder é enxergar uma questão através de todos os ângulos, então os problemas são entendidos por uma perspectiva mais ampla depois de uma conversa com ela. A vantagem? Ela tem uma visão geral. A desvantagem? Ela suga a energia dos espaços.

Kai é o oposto. Profundamente introspectivo e ponderado, ele processa melhor quando não é interrompido. Dê a Kai um problema complexo e duas horas de silêncio e você obterá uma análise totalmente formada com um plano de ação diferenciado. Coloque Kai sob pressão, espere uma resposta verbal imediata e ele pifa. Kai é um pós-processador; seu melhor pensamento virá depois da reunião.

Kai também se preocupa em criar espaço para os colegas, para atender suas preferências e desejos. Então, quando Annette fala sem parar, ele não a impede.

Quando Kai e Annette trabalham juntos, é sinônimo de desastre. Quanto mais Annette fala — e ela realmente fala —, mais Kai se afasta. Quanto mais Kai se afasta, deixando um vão na conversa, mais Annette preenche o espaço. Se fosse um reality show, o resto da equipe assistiria com fascínio e pediria mais um pouco de pipoca. Mas, como é a vida real, todos se sentem constrangidos, sabendo que estão desperdiçando horas de trabalho.

No caso de Annette e Kai, suas respectivas formas de interação e preferências criam um ciclo que se autoperpetua e que amplifica a voz de Annette e diminui a de Kai. Pode-se pensar que essa dinâmica funciona a favor de Annette, mas ser conhecida como aquela que está sempre falando e "suga a energia do lugar" não é nada favorável. Ao pensar *Lá vem ela de novo*, as pessoas passam a ignorá-la. Apesar de todos buscarem ser inclusivos e colaborativos, a equipe inteira se vê presa em um ciclo improdutivo.

Questionar qual estilo de processamento é melhor é uma pergunta infrutífera. A diversidade também compreende o modo como os diferentes cérebros funcionam. A neurodiversidade é o reconhecimento de que existem muitas maneiras de as pessoas processarem o mundo. Dada a forma como as pessoas são diferentes, não é surpresa que o cérebro de cada uma delas também pense, se comporte, aprenda e sinta de maneira diversa dos demais.

A questão principal é como podemos criar relacionamentos, equipes e organizações em que diferentes pessoas possam progredir. É um desafio e uma oportunidade traçar padrões de comunicação que aproveitem os pontos fortes e mitiguem os fracos de todas as pessoas. Esse padrão poderia ser uma reunião em que as perguntas são enviadas com antecedência, para que Kai possa processá-las internamente.

Durante o debate, Annette ajudaria dizendo "Estou apenas pensando em voz alta" e sendo explícita ao falar "Eu acho isso" para que as pessoas saibam que ela chegou à conclusão depois de uma longa e sinuosa jornada.

NÓS DESVIAMOS O FOCO PARA NÓS MESMOS

Desde que conseguia se lembrar, cuidar da mãe sempre fora o foco da vida de Dan. Agora ela estava com 87 anos e seu marca-passo a mantinha viva. Muitas vezes precisava respirar por aparelhos. Ele passava os dias coordenando especialistas, brigando com seguradoras e lidando com a dor que ela sentia. As enfermeiras que chegavam para prestar atendimento domiciliar chamavam sua mãe de "a gata com nove vidas", pois qualquer que fosse a complicação ela sempre superava. Para Dan, não era um fardo cuidar dela. Afinal, era sua mãe.

Dan era o mais novo de três irmãos. O mais velho havia morrido em um acidente de carro anos antes. Nina era a filha do meio — a diva e a favorita da mãe. Sempre sonhara em viajar pelo mundo. Quando economizou o suficiente para uma passagem de avião, foi embora. Muitas vezes ninguém da família tinha notícias dela por meses. Quando reaparecia, voltava cheia de histórias: como escalou montanhas cobertas de neve, experimentou comidas pitorescas e nadou com tubarões.

A mãe dera uma procuração a Dan concedendo-lhe autoridade para tomar suas decisões médicas. Seu segundo derrame em nove meses causou danos cerebrais irreversíveis. Depois de duas semanas de tratamentos e ventilador pulmonar, ainda não apresentava sinais de melhora. Os médicos falavam sobre o fim da vida. Dan não sabia o que fazer. Estava disposto a desligar o aparelho porque queria ser livre? Ou porque a mãe queria descansar? Por mais ausente e independente que Nina fosse, ele sabia que ter a mãe viva proporcionava estabilidade à irmã, mesmo que não estivesse por perto. Mas, naquele estado, a mãe não estava viva de fato.

Dan tentou entrar em contato com Nina, mas, como sempre, as mensagens de texto e os e-mails não foram respondidos. Uma gravação automática informou que a caixa postal dela estava cheia.

Quando finalmente ligou de volta, Dan lhe contou a decisão. "Está na hora de deixar a mamãe partir", disse.

"Está falando sério? Como você pode tirar minha mãe de mim?", foi a resposta.

Dan ficou atônito. A resposta da irmã pareceu injusta. Ele havia redefinido a própria vida. Interrompera relacionamentos. Fez todo o trabalho para garantir que as coisas fossem resolvidas. Nina tivera anos para ficar com a mãe, caso de fato tivesse se importado. Por que ela queria sempre ser o centro de tudo?

Silenciamos os outros quando nos concentramos em nossas próprias reações, e não na outra pessoa e no que ela está tentando comunicar de fato. Não há dúvida de que nossas reações fazem parte da equação e contêm informações importantes. Só que se fixar na própria reação tem o efeito de desconsiderar o que a outra pessoa está tentando comunicar. Desviar o foco para nós mesmos dá trabalho para alguém — normalmente não nós, pois estamos muito concentrados no que estamos sentindo — retomar o assunto original. Quando trazemos o foco da questão para nós mesmos, silenciamos outras pessoas.

Dan estava tentando dizer a Nina que a mãe já não tinha mais tempo. A decisão foi penosa para ele. Estava em conflito e sabia o quanto seria difícil para ela ouvir a notícia. Queria que ela soubesse que, depois de tudo que ele e a equipe médica fizeram, deixar a mãe descansar era a decisão a tomar. Mas ele não conseguiu externar nenhum desses pensamentos porque Nina concentrava a conversa na própria reação.

Quando estamos feridos, nossa tendência é nos concentrarmos em nós mesmos, em nossas reações, em como fomos injustiçados, em como a situação afeta a *nós*. Esquecemos que o assunto que a outra pessoa abordou era o tema original da conversa. Meus colegas Douglas Stone e Sheila Heen chamam isso de *dinâmica da distorção*, como se a conversa tivesse trocado de trilhos.[17] Para apoiar as pessoas, em vez de silenciá-las, precisamos parar de desviar o foco para nós mesmos. No momento, precisamos nos concentrar no que a pessoa está tentando comunicar, e não em nossas reações ao que pensamos que ela está dizendo. Precisamos compreender seus motivos e o que a pessoa quer de nós.

NÓS NÃO ACREDITAMOS NAS PESSOAS

Yael e Nicolas foram escolhidos para um projeto. Nicolas era experiente na área; Yael era uma novata. Numa reunião com o cliente, Nicolas falou, em tom de brincadeira, que não se podia confiar nas mulheres para tomar decisões relacionadas a políticas da empresa. Afinal, as mulheres são emocionais demais. Algumas pessoas na sala riram. Os olhos de Yael se arregalaram. Nicolas dissera aquilo mesmo? Ele seguiu para outro assunto depressa, e seu charme abafou a gravidade da declaração que acabara de fazer. Ninguém mais parecia ter notado. Quem era ela para contradizer um funcionário experiente? Foi quase mais fácil para Yael acreditar que tinha ouvido mal. Mas, mesmo que o cliente não tivesse discordado do comentário, ela discordava. Afinal, toda brincadeira tem um fundo de verdade.

Yael refletiu sobre o que fazer. Detestava ter que tolerar esse tipo de piada e não queria fazer parte de uma equipe que deixaria um comentário como aquele passar. Mas não se sentia confortável em levantar a questão com Nicolas, já que ele poderia prejudicar sua carreira antes mesmo de começar.

Quando contou ao gerente do projeto sobre o comentário do colega, a resposta que recebeu confirmou os temores que Yael já tinha sobre ser levada a sério: "Tem certeza de que ouviu bem? É uma das suas primeiras reuniões com um cliente, e o inglês não é a sua língua nativa. Talvez seus nervos a tenham confundido".

Ele voltou ao assunto depois de alguns dias com um bilhete: "O cliente disse que você e Nicolas foram ótimos. Não há queixas sobre nenhum de vocês". Yael suspirou. O que seria necessário para que alguém acreditasse nela, e mais ainda, fizesse algo a respeito do comportamento de Nicolas? Mesmo que o cliente não tenha discordado do comentário, Yael tinha se pronunciado. Por que a opinião (e a dignidade) dela não importava?

A forma como agimos quando alguém corre o risco de falar abertamente mostra à pessoa se ela deve se calar. Em um mundo de boatos, faz sentido que um gerente de projeto que não esteve presente numa reunião ficasse curioso sobre o que acontecera lá. Mas os padrões do gestor aqui revelam os preconceitos enraizados em muitos de nós — confiar no especialista, no veterano, no homem. Quando nossas experiências são postas em dúvida, isso faz com que questionemos a nós mesmos.

Yael entendeu a mensagem. Não me incomode com esse tipo de questão. Sua perspectiva não será levada tão a sério quanto a de Nicolas. Desde que o cliente esteja satisfeito, não importa o que de fato foi dito.

Do assédio à desigualdade salarial, passando pelo que acontece na escola depois do horário, precisamos começar a ter uma postura-padrão de acreditar nas pessoas com identidades subordinadas a fim de apoiar essas vozes. O apoio inequívoco a quem alega ter sido prejudicado pode ir contra a abordagem "inocente até que se prove o contrário" dos sistemas judiciais modernos, mas é necessário encorajar as vozes. Supor que as pessoas que levantam questões são culpadas, sobretudo quando não têm a proteção de uma identidade dominante, faz com que elas desistam de se manifestar. Não acreditar que as pessoas que levantam questões estão dizendo a verdade impõe sobre elas o fardo de provar a realidade, o que aumenta a probabilidade de que permaneçam em silêncio.

NÓS CONSERVAMOS UMA MENTALIDADE FIXA

Assim como acontece com muitas famílias, em grandes reuniões com meus parentes havia uma mesa para crianças. Tudo começou como um arranjo prático: não havia lugares suficientes na mesa de jantar, as crianças falavam sobre seus próprios assuntos, cabiam todas na frágil mesa dobrável e poderiam fazer sua própria bagunça, enquanto os adultos poderiam enfim ter uma conversa com menos interrupções. À medida que crescemos, a questão passou a ser: quando alguém pode sair da mesa das crianças? Como deixamos de ser vistos como crianças?

Silenciamos os outros quando nos recusamos a atualizar o modelo mental que temos sobre eles. É como se estivessem estrelando uma série de tv e as descrições dos personagens estivessem escritas em pedra. Mas, mesmo na tv, para que o programa se renove os personagens precisam evoluir.

Conservamos modelos mentais estáticos de pessoas por um bom motivo. Isso nos ajuda a agilizar a tomada de decisões, desativar o ruído e manter a sanidade. Temos uma noção geral do que esperar das pessoas e descobrimos como podemos interagir (ou não) com elas. Para relacionamentos como os que temos com membros da família que vemos uma vez por ano e nem sabemos ao certo qual relação de parentesco nos liga, faz sentido conservar os esboços dos personagens estáticos e manter as crianças como crianças. Mas, para as pessoas com quem interagimos diariamente por escolha ou circunstância, o roteiro de personagem estático é sufocante. Afinal, só posso crescer tanto quanto a descrição do meu personagem puder se transformar.

Em algum nível, é mais fácil conservar uma mentalidade fixa sobre quem são as outras pessoas e qual papel desempenham em nossa vida. Manter a descrição do seu personagem intacta é uma forma de não precisar me abrir para a possibilidade de você me insultar outra vez ou me magoar no processo de seu crescimento. Ao mesmo tempo, ao não estar aberta à possibilidade de você evoluir, fico efetivamente presa à última versão sua que conheci e silencio todas as versões futuras que venham a surgir.

NÓS CONSTRUÍMOS CULTURAS DO SILÊNCIO

Um dos meus amigos gosta de me lembrar: estou de olho em você.

Se eu ignorar o aspecto Big Brother do comentário, a expressão é um bom lembrete de que minhas palavras e ações afetam a cultura da minha equipe, das organizações das quais faço parte e da família que amo. Minhas ações podem apoiar ou silenciar as pessoas ao meu redor. Outros estão de olho — para verificar se falamos sobre os problemas e como fazemos isso. Se abordamos a desigualdade e como fazemos isso. Se a forma como vivemos e as coisas que fazemos realmente apoiam nossas afirmações de que valorizamos a dignidade, o pertencimento e a justiça para cada ser humano.

Uma organização sem fins lucrativos solicitou que minha equipe a ajudasse a desenvolver habilidades em conversas difíceis. Em entrevistas diagnósticas com membros do time, investiguei para compreender melhor o desafio. O que dificultou as conversas?

As pessoas responderam: Nós simplesmente não falamos sobre as coisas aqui. É como se "não falar sobre as coisas" fosse a água que bebemos. Pouca gente na equipe conseguiu identificar de onde vinha o silenciamento. Todos simplesmente sabiam que estava lá. Todos aprenderam a não expressar discordâncias ou diferenças, a guardar as opiniões para si e a trabalhar perto dos colegas em vez de trabalhar junto com os colegas. O silêncio se tornou uma força invisível dentro daquela cultura.

A boa notícia é que a cultura surge de comportamentos repetidos que criam normas. Se permanecermos no piloto automático, continuaremos a perpetuar o silêncio que aprendemos e a forma como silenciamos os outros. Com maior consciência e escolha deliberada, contudo, podemos apoiar as vozes dos outros, mesmo quando são diferentes das nossas.

Nossas palavras e ações têm o poder de sustentar ou prejudicar as culturas das nossas equipes, organizações e famílias. Nossas palavras e ações têm o poder de apoiar ou silenciar outras pessoas. O que escolheremos?

NÓS TODOS SILENCIAMOS OS OUTROS, MAS NÃO PRECISAMOS FAZER ISSO

Se em algum momento da leitura deste capítulo você sentiu uma pontada de culpa ou se lembrou das suas mancadas, espero que considere isso um convite para melhorar a sua consciência, refletir e fazer escolhas intencionais no futuro. Se você perceber que está ficando na defensiva ou dizendo "Eu não sou assim!" ou "Não foi isso que eu quis dizer", revisite esses momentos. Pergunte a si mesmo o que você poderia ter feito de diferente para apoiar a voz de outra pessoa.

Lembre-se: você está lendo este livro porque quer agir melhor — ou sua empresa quer que todos façam melhor. Nos últimos cinco capítulos, espero ter alertado sobre como vocês foram silenciados e como podem ter silenciado outras pessoas.

Agora, para avançarmos, precisamos respirar todos juntos. (Vou esperar.)

É hora de superar a culpa e a vergonha do que podemos ter feito e praticar a ação intencional. Nossas escolhas serão sempre perfeitas? Não. Mas continuar a aprender e ter a coragem de tentar é muito melhor do que a falta de ação. A partir do próximo capítulo, compartilharei como você pode agir.

PERGUNTAS PARA REFLEXÃO

Quais formas de silenciamento causaram algum efeito em você? Quais não causaram?

Quais são as suas preferências-padrão de:
- Horário do dia para se comunicar?
- Meio de comunicação a ser usado?
- Como você processa melhor as informações?

Que mudanças você pode levar em consideração para não silenciar involuntariamente as pessoas ao seu redor?

PARTE II
AÇÃO

6. Encontre a sua voz

Não vejo muita televisão. O único programa ao qual tenho assistido com frequência nos últimos anos é *Top Chef*. Os participantes são todos bem-sucedidos: ostentam os prêmios que receberam, os chefs renomados para os quais trabalharam, os restaurantes com estrelas Michelin dos quais fizeram parte.

Mas, para vencer, os competidores não podem confiar apenas em suas credenciais. Desde cozinhar em uma fogueira até criar pratos com ingredientes locais, cada desafio exige que os competidores concebam pratos exclusivamente originais.

Em todo episódio, os competidores caem na mesma armadilha. Os chefs que não costumam praticar alta gastronomia pegam uma pinça para tentar deixar o prato mais sofisticado. Outros usam alginato de sódio para experimentar a gastronomia molecular, embora seu estilo seja o "da fazenda para mesa".

Depois de provar uma dessas criações, os jurados expressam repulsa e frustração. Sucessivamente, os juízes repreendem os chefs: "Basta fazer a sua própria comida!".

Para muitos deles, descobrir qual é a sua própria comida é uma luta existencial. A própria comida é a comida que você cresceu comendo? A que tem como base a técnica que você aprendeu na sua formação? Ou a do último restaurante em que trabalhou? Se você passou toda a carreira preparando pratos e replicando cardápios elaborados por outros, ou seja, cozinhando a comida de outra pessoa, como saberia qual é a sua própria comida?

Da mesma forma, se passamos a vida inteira reproduzindo as vozes dos outros e executando a visão deles para nossa vida, como saberíamos qual é a nossa própria voz?

Neste capítulo, passaremos da consciência à ação, para que no restante do livro possamos nos concentrar em como usar nossa voz para moldar a vida e o mundo que desejamos. Compartilharei quatro componentes que podemos usar para encontrar nossa voz. Cada um é necessário e, como acontece com qualquer mudança, o processo não é linear. Enquanto lê, analise em qual parte do processo você está hoje e como pode usar estes componentes para estruturar sua própria jornada para encontrar — ou redescobrir — sua voz.

CULTIVE A CONSCIENTIZAÇÃO

Anos atrás, um mentor me disse: "Elaine, eu gosto da sua voz. Sua voz é potente". Naquele momento, lágrimas rolaram pelo meu rosto. Trinta e poucos anos vivendo nesta terra e foi a primeira vez que alguém além de mim reconheceu que eu tinha voz. E agora você sabe que não me refiro apenas ao timbre dos sons que saem da minha boca — que segundo me disseram, para o bem ou para o mal, são tão reconfortantes que eu poderia ter uma carreira alternativa narrando histórias para dormir e meditações.

Ao usar a palavra "voz", ele quis dizer ter meus próprios pensamentos, opiniões e preferências — e fazer com que tenham importância. Como contei nos capítulos anteriores, todas as mensagens subconscientes que recebi ao longo dos anos me disseram que minha voz não importava. Ou só tinha valor se estivesse cumprindo as ordens de outra pessoa. Que ficar quieta e em silêncio era o que me ajudaria. Eu sou mulher, sou jovem e sou imigrante. Sou a única identidade que preenche a cota em uma sala cheia de pessoas que não compartilham essas identidades. Eu não deveria ocupar espaço. Eu não deveria ser ouvida.

Foi no que passei a acreditar. E sei que não sou a única.

Se você se pergunta para onde foi a voz desafiadora e assertiva que você tinha quando saiu do útero, não tema — ela ainda está aí.

A seguir estão três verdades nas quais você deve se agarrar enquanto redescobre e refina sua voz. Vou nomear estas verdades para que, quando você as sentir, saiba que está no caminho certo.

SUA VOZ É VÁLIDA E MERECE SER OUVIDA

Você pode discordar de mim, e isso é uma coisa boa. Não importa o que as pessoas lhe disseram ou o quanto elas o diminuíram, todos nós temos pensamentos e sentimentos próprios. Todos temos maneiras únicas de estar no mundo. E todos temos necessidades, ideias, sonhos, paixões, preocupações — e a combinação de todas essas coisas — que são de cada um.

Eu costumava pensar que era facilmente substituível e intercambiável. Afinal de contas, se o trabalho precisasse de um asiático simbólico, haveria bilhões de nós no mundo para escolher. Se o escritório de advocacia precisava de uma mulher na equipe formada apenas por homens, metade da população global se enquadraria no perfil. Se o que meu bairro precisava era de uma pessoa simpática, bom, qualquer um pode ser simpático, certo?

Mas o que percebi é que sou a única que pode ser eu.

Por mais que sejamos semelhantes, por mais características, experiências ou valores que partilhemos, ninguém pode substituir a nós e a nossa voz no mundo. Nós enxergamos e reagimos de maneira diferente por causa de nossas experiências e conexões. Fazemos diferentes ligações entre ideias, pessoas e coisas por causa de quem somos. O mundo é menos vibrante, menos colorido, menos criativo sem cada um dos nossos padrões e expressões de pensamento únicos.

Sim, trago a perspectiva de uma mulher asiático-americana para meu local de trabalho. Mas quantas outras pessoas no mundo têm a prática de facilitar experiências de desenvolvimento de aprendizagem em indústrias de seis continentes e são capazes de ocupar espaço entre a cultura, a diferença e a hierarquia?

Quantas outras pessoas desejaram a paz mundial quando apagaram as velas no quinto aniversário e ainda carregam esse desejo ao viverem por aí?

Reduzir meu valor com base em apenas uma das minhas identidades ofuscou a realidade de que ninguém mais no mundo pode ser eu.

Da mesma forma, ninguém mais no mundo pode ser você.

Os sistemas dos quais fazemos parte nem sempre nos dão voz, mas não negam a verdade de que todos nós temos uma voz. Se nossa voz são nossos pensamentos, sentimentos, paixões, cuidados, experiências e o que escolhemos fazer com eles, então só você pode ser você. Não prive os outros de tudo o que tem a oferecer. Não se prive da liberdade de viver tão autenticamente quanto deseja.

Sua voz pode estar adormecida. Pode ter ficado mais fraca devido ao desuso e parecer que se atrofiou, escondida sob camadas de expectativa, adequação e responsabilidade. Mas está lá, e nós vamos encontrá-la. Porque sua voz, seus pensamentos e sua forma de influenciar o mundo são únicos. E isso importa.

AS PESSOAS VÃO TENTAR MOLDAR A SUA VOZ

"Você precisa de mais presença executiva."

"Você vai vestida assim mesmo no evento?"

"Com certeza você não acredita nisso."

"Nós precisamos de alguém para organizar a festinha, e você seria perfeito para isso!"

Começando com nossos chefes, colegas de trabalho, amigos e familiares até os robôs que não param de ligar para o seu telefone, todos enfrentamos forças externas que competem para influenciar nossos pensamentos, ações e onde gastamos nosso tempo e nossos talentos. Seja dizendo o que você deveria vestir ou como deveria se portar na reunião de equipe, essas pessoas estão usando a própria voz. Como deveriam.

Todos têm feedback a oferecer. Mas não precisamos aceitar cada um deles. A voz de outra pessoa pode fazer parte do nosso próprio processo, mas não precisa determinar o que fazemos ou dizemos. Nosso trabalho é analisar as informações para descobrir o que queremos que nos influencie, em que medida e com que efeito — caso haja algum.

Yesenia estava confusa, sobrecarregada e terrivelmente cansada. Ela se sentia puxada por todos, em todas as direções. Queriam o dinheiro dela, o tempo, a energia e a vida. Uma amiga tentava recrutá-la para se juntar a um grupo de defesa legal para mulheres. "Vamos, Yesenia! Você não pode fazer isso sozinha. Você não está conseguindo quebrar barreiras, e ser boazinha não vai garantir um avanço." A vizinha estava organizando uma vigilância comunitária e disse que se ela não fosse a favor da comunidade, então seria parte do problema. Ela recebeu uma mensagem do grupo da igreja dizendo que, se não comparecia ao estudo bíblico, não servia na equipe de adoração ou sorria como recepcionista na porta, então não era uma boa cristã. Yesenia respondia que iria pensar no assunto ou fingia que precisava verificar a agenda.

Mas por dentro? Ela queria gritar para todo mundo calar a boca.

Quando começarmos a usar nossa voz, as pessoas tentarão ditar onde, quando e como. Mas não podemos fazer tudo. Você e a sua voz não existem apenas para cumprir as ordens dos outros. Na realidade, você decide onde e quando deseja investir tempo, energia e esforço para compartilhar seus pensamentos, defender causas ou apoiar outras pessoas. Das mudanças climáticas ao tráfico de seres humanos, das prioridades do próximo trimestre à realização de um leilão silencioso na próxima angariação de fundos para escolas, existem ações mais do que suficientes às quais você poderia dar sua voz.

No fim das contas, os espaços aos quais você empresta sua voz vão defini-la.

O JULGAMENTO — DA SUA VOZ E DE QUEM VOCÊ É — É NORMAL

Conhecido por seu senso prático e forte ética de trabalho, o pai de Joe administrava um serviço de faz-tudo. Desde que se entendia por gente, Joe ajudava o pai a remendar buracos nas paredes, colocar azulejos, consertar encanamentos: ele sabia fazer de tudo. O pai havia conquistado uma sólida base de clientes, e as referências boca a boca eram infinitas.

O plano sempre foi que Joe assumisse o negócio. Ele estudou administração em uma faculdade local para aprender a tocar os negócios da família. Mas, embora Joe não se importasse de ajudar o pai quando era criança, aquele não era o tipo de trabalho que ele de fato apreciava. O pai adorava consertar coisas; Joe, não. O que Joe amava era arte. Ele sabia que seus pais não achavam que arte fosse um trabalho, mas quando estava sozinho, com paleta, tela e pincel, era quando se sentia mais completo.

Como a arte iria se encaixar nos planos de ele assumir o negócio da família? Não havia nada de errado em ser um faz-tudo. O trabalho era prático, pagava as contas. O desejo de Joe de fazer algo diferente não era uma crítica ao pai, mas um reconhecimento dos próprios dons e habilidades.

Quando o pai falava com entusiasmo sobre como Joe poderia levar a empresa para o próximo nível, Joe permanecia quieto. Até que um dia ele quis saber: "O que foi, Joe?".

"Eu quero ser pintor, não faz-tudo", o filho compartilhou.

"E como você vai ganhar a vida pintando? Você pode pintar paredes em projetos. Está querendo que tudo que eu construí seja desperdiçado?"

"Consertar as coisas é o seu sonho, não o meu", Joe respondeu.

"Este não era meu sonho. A vida não é feita de sonhos", disse o pai. "Fazemos o que precisamos para sustentar a família. E agora é a sua vez. Arte é um hobby, não um trabalho."

Como Joe poderia deixar o negócio da família acabar? Como poderia desrespeitar o pai depois de tudo que ele fez pela família?

Mas aquele trabalho era do pai, não dele. A arte era a única coisa que fazia Joe se sentir vivo. Ele se arrependeria se nunca desse uma chance real a isso.

Assim como Joe, todos nós estamos sujeitos ao julgamento dos outros e ao que temos a respeito de nós mesmos e das escolhas que fazemos. Silenciamos nossos próprios desejos e vozes por causa do que os outros pensam, ou do que achamos que os outros pensam. Mas sejam quais forem nossas escolhas, esse julgamento existirá.

Filtrar as vozes alheias é difícil sobretudo quando as opiniões vêm das pessoas de quem gostamos. Quando você ouvir o julgamento se aproximando, reconheça que os outros terão uma opinião. Em seguida, decida quanto peso você deseja dar a ela. Encontrar nossa voz é fundamentalmente estar em paz com quem somos e com o que valorizamos, e continuar a fazer as escolhas com as quais podemos conviver, independente do que os outros pensam.

INTERROGANDO A NOSSA VOZ

Uma vez conscientes de que temos uma voz e que as tentativas das pessoas de influenciá-la e julgá-la não são razão para pensar que ela não existe, podemos começar a descobrir quais aspectos queremos manter e quais devemos reanalisar. Ao interrogar nossa voz com frequência, desafiando o próprio pensamento e dando permissão para agirmos como pretendemos, é possível reconhecer a realidade de que somos seres humanos em evolução e em constante aprendizagem.

DESAFIE SEU PRÓPRIO PENSAMENTO

Kerri estava vivendo um sonho. Ela morava em uma casa idílica com uma cerca branca e um gramado verde. Quando criança, estudou em casa. Sua mãe não trabalhava fora, e Kerri gostou de crescer assim. Agora, criava os filhos da mesma maneira. Eles podiam brincar com segurança na rua sem saída, e muitas vezes com a vizinha Maya, de doze anos. Os pais de Maya trabalhavam e viajavam muito, então Kerri ficava feliz em poder ajudar cuidando da menina.

Kerri foi criada em uma família cristã conservadora, e algumas de suas primeiras lembranças eram de passeatas em protestos pró-vida. Seus pais sempre lhe ensinaram que precisava amar o próximo, e que o próximo incluía pessoas que ela não podia ver. Kerri tinha orgulho de poder falar por bebês que não conseguiam falar por si mesmos. Um orador em um protesto apresentou o teste da criança — se não era correto fazer algo a uma criança pequena, por que podiam fazer a um bebê no útero? Ela ficou com aquilo na cabeça e continuou a participar dos protestos todo ano.

Um dia, alguém bateu a sua porta. Kerri ficou surpresa ao encontrar Maya na varanda. "Posso entrar?", ela perguntou, com o queixo trêmulo.

"Claro. As meninas estão no futebol, mas você pode ficar aqui."

No início, Maya não falou muito. Preferiu mordiscar os biscoitos com queijo que Kerri ofereceu.

"Posso te contar uma coisa?", Maya perguntou, encabulada.

Kerri sentiu raiva e confusão tomarem conta do seu corpo. Lágrimas quentes rolaram pelo seu rosto quando Maya contou que havia sido estuprada pelo pai. E que agora temia estar grávida. Ela havia pedalado até a farmácia e roubado um teste de gravidez porque não queria que ninguém a visse comprando. O resultado tinha sido positivo. Maya não sabia o que fazer.

"Você é a única com quem eu posso conversar. E, por favor, não conte aos meus pais. Eles já brigam muito, e não quero piorar as coisas", ela pediu.

Durante muitas noites depois daquela conversa, Kerri não conseguiu dormir. Estava desolada por Maya. Chorou pela perda da inocência, pelo transtorno, pelo trauma e pela infância que a garota nunca teria.

Kerri pensou nas filhas, que tinham a mesma idade da vizinha. Elas conseguiriam gerar um bebê até o fim? Deveriam ser obrigadas a carregar uma criança que fosse um lembrete do fato de que o pai não era o que deveria ser? Ela se lembrou de todos os protestos dos quais participou. O teste não dava conta dessa situação. Kerri passou todos aqueles anos protestando e lutando pela vida. Poderia levar Maya a uma clínica para acabar com a vida de um bebê? Kerri queria ser uma luz na escuridão. Mas o que isso significa?

Nossas crenças não existem no vazio. Nossos valores são expressos pelas coisas que dizemos e fazemos. Situações da vida real podem nos forçar a avaliar como nossas crenças funcionam na prática, além de nos ajudar a analisar se as crenças e os valores são capazes de evoluir, e como isso pode acontecer. Precisamos perguntar a nós mesmos: será que eu de fato acredito nisso — ou simplesmente nunca parei para questionar?

Genuinamente, pergunte a si mesmo: O que eu penso de fato? Independente da opinião dos outros, o que eu acho? Se não me preocupasse com as consequências, o que eu faria? Como explicaria meus motivos?

Então questione: no que eu realmente acredito? Não desafiar nosso próprio discernimento significa que estamos vivendo no piloto automático e perpetuando os padrões estabelecidos por outras pessoas.

Depois de interrogarmos nossa linha de raciocínio, podemos chegar à conclusão, talvez, de que de fato acreditamos no que pensávamos acreditar. O objetivo do questionamento não é chegar a uma nova conclusão ou a uma mudança de paradigma. É poder permanecer num terreno ainda mais sólido depois de nos desafiarmos a articular por que mantemos nossas crenças. O objetivo do questionamento é garantir que vivamos em sintonia interna e que nossos pontos de vista sejam totalmente justificáveis para nós mesmos.

Esse tipo de pensamento pode ser desnorteador, tanto que muitos de nós temos receio de sequer cogitar: *O que penso de fato?* E com razão. Porque estar ciente do que você de fato pensa e acredita é ter a necessidade de escolher o que fazer a seguir. Se questionar suas crenças o afasta do contexto atual, você pode se perguntar: Como conciliar o que acredito com o que me ensinaram? Como isso afeta meu relacionamento com pessoas que acreditam em algo diferente? É desrespeitoso com minha cultura, meus pais, amigos, minha família, religião e comunidade acreditar de forma diferente? O que fazer agora?

Você também pode se sentir constrangido, perguntando-se por que não questionou sua forma de pensar antes. Como pude ter passado tanto tempo na vida sem questionar essa crença? Ou minhas ações e meus comportamentos? Qual rastro de danos deixei pelo caminho? Como posso reparar minhas relações e seguir em frente?

Mas para conhecer sua própria voz e viver uma vida com mais propósito, com mais harmonia, é essencial entrar em sintonia com o que você — não seu chefe, seu amigo ou a pessoa que você ama — pensa. E cada um de nós encontra a própria voz no próprio tempo.

Depois de tudo que eu disse, você desistiu de questionar a si mesmo?

Espero que não. Porque isso faz parte do processo de descobrir sua voz em vez de simplesmente se apegar às crenças, práticas, expectativas e responsabilidades que talvez tenha adquirido de outras pessoas ao longo dos anos. Você não precisa desafiar suas convicções o dia todo, todos os dias, nem precisa fazer disso uma crise existencial, mas apenas observar o mundo ao seu redor e as conversas das quais você participa para questionar: Eu concordo com isso?

E se a resposta for negativa, o que eu realmente penso?

PERMITA-SE

Outro dia, alguém que eu tinha acabado de conhecer me agradeceu por lhe dar permissão para ser ela mesma. Fiquei surpresa com o fato de que essa pessoa sentiu a necessidade de obter permissão. Afinal, é uma líder extremamente talentosa, com uma capacidade única de equilibrar sinceridade e compaixão. Ela desenvolveu um produto e uma comunidade que eu nunca poderia ter imaginado.

E, no entanto, consigo compreender seus motivos para precisar de permissão para ser ela mesma. Como mulher árabe líder no ambiente corporativo norte-americano, ela é exposta a muitas das mesmas influências que fizeram com que eu moldasse a mim mesma para me adequar às vozes e estilos que encontrei ao meu redor durante a maior parte da minha carreira — entre muitas outras coisas. Foi incrível saber que ela pôde ser ela mesma por causa da nossa interação.

Ainda assim, ela não precisava da minha permissão para ser ela mesma. Muitas vezes recorremos às pessoas ao redor — sobretudo nos níveis mais elevados do organograma ou da árvore genealógica, ou daqueles que consideramos ter autoridade — para nos dar autorização. Faz sentido, pois essas pessoas influenciam a forma como somos vistos, se fazemos um bom trabalho ou honramos a família. Na ausência de tornar o implícito explícito, é fácil supor que precisamos da permissão de outras pessoas. Afinal, estamos acostumados a pedir — para ir ao banheiro, para chegar em casa tarde ou para tirar uma folga. Fomos culturalmente condicionados a pedir permissão.

Mas precisamos, de fato, pedir permissão de quem? Muitas vezes não precisamos da permissão dos outros, e sim de nós mesmos. Permissão para sermos a versão de nós mesmos que queremos e podemos ser.

Você está esperando a permissão de outras pessoas para ter voz? Como seria se você se permitisse pensar por si próprio, fazer o que acredita que é bom, certo e que vale a pena e ser você mesmo, completamente e sem amarras?

Pessoas bem-intencionadas costumam dizer: "Não peça permissão, peça perdão". A essência da mensagem parece adequada: entre em ação, não deixe que os outros o impeçam. Ao mesmo tempo, se o perdão não for concedido tão fácil a pessoas como nós, o conselho não será válido. Encontrar a própria voz é também descobrir qual nível de risco, consequência e incerteza você está disposto correr e é capaz de suportar.

O trabalho de se debater com o que a nossa voz é pode ser desafiador — e compensador. Saber no que acreditamos, o que queremos e de quem buscamos permissão só funciona até certo ponto. Para descobrir se a voz é nossa de fato, temos que testar comportamentos e avaliar se funcionam.

FAÇA EXPERIMENTOS AO USAR SUA VOZ

Depois de questionarmos nossas crenças, devemos transformar esses ideais em ação. Isso, por sua vez, nos ajuda a cultivar nossa própria voz. Uma maneira fácil de praticar no dia a dia é experimentando.

Fazer experimentos sempre me lembra das aulas de ciências do ensino fundamental. Se você puser bicarbonato de sódio e vinagre branco em uma garrafa de refrigerante, o que acontece? O foco de um experimento é a curiosidade e o aprendizado, não só o produto. Você está fazendo uma tentativa para saber o que acontece em vez de ficar preso a um único desfecho. Os experimentos geram dados que servem para informar nossas ações daqui em diante.[1] Para aqueles que são perfeccionistas movidos a resultados, os experimentos evitam que fiquemos estagnados na falta de ação, preocupados com o que vamos conseguir. A experimentação permite que nos libertemos do peso da necessidade de realizar para que possamos aprender tentando *algo*.

Então, por onde começar?

FAÇA EXPERIMENTOS PEQUENOS

É preciso esclarecer: não estou sugerindo que você interrompa a leitura agora e vá dizer ao seu chefe por que ele é péssimo. Em vez disso, comece com uma experiência que lhe permita assumir um risco calculado em um contexto no qual você sabe que pode suportar as consequências.

Para mim, um pequeno experimento foi perguntar se um motorista de táxi poderia abrir as janelas porque estava abafado. Eu sei. Foi assim que tive que começar, porque era nesse nível que o silêncio estava enraizado em mim.

Eu tinha acabado de desembarcar em Seattle. Depois de algumas horas em aeroportos e aviões, precisava de um pouco de ar fresco. Era um dia quente, e não havia nada de refrescante no aromatizador (ou *freshener*) pendurado no espelho retrovisor. Apertei o botão para abrir a janela do passageiro, mas nada aconteceu. Tentei outra vez, só para garantir.

Eu pensei: *Não incomode o homem. Segundo o GPS, faltam só 22 minutos para o fim da viagem. Você vai ficar bem. Pode aguentar esse desconforto.*

Você pode achar graça de um pedido tão simples ter me causado tanta ansiedade. O motorista ficaria ofendido comigo por perguntar? Ele era do tipo que descontaria seu aborrecimento dirigindo de forma imprudente? Eu era uma mulher viajando sozinha em uma cidade que não conhecia. Mas estávamos em uma rodovia principal, então as chances de eu acabar em uma vala por pedir para abrir a janela eram mínimas.

Eu me convenci a falar.

Pedir para abrir uma janela é uma coisa bem pertinente. O pior que pode acontecer é ele dizer não. Você nunca mais vai ver esse cara.

"Senhor, você se importaria de abrir a janela? Está um pouco abafado aqui", falei.

Sem dizer uma palavra, ele apertou um botão. O vidro deslizou.

O ar estava glorioso — fresco e revigorante, com gosto de liberdade e validação.

Pedir ao taxista para abrir a janela foi uma experiência bem-sucedida. Não porque ele atendeu ao meu pedido, embora fosse uma agradável regalia, mas porque aprendi algo naquele momento. Aprendi que posso fazer um pedido a alguém e o mundo não vai acabar. Posso pedir o que preciso e posso até conseguir o que peço.

Parece ridículo que, como mulher adulta, eu gaste tanta energia questionando se posso fazer uma pergunta a alguém que não conhecia e que provavelmente nunca mais encontrarei. Mas esse é o tipo de pequena experiência que, repetida ao longo do tempo, muda nossa compreensão em relação ao fato de termos uma voz e de como ela é. O poder de decidir quais experiências tentar também aumenta nossa tolerância ao risco e a disposição de esperar por recompensas a longo prazo.[2]

Expressei um ponto de vista e fiz um pedido. Aprendi que não vou morrer se fizer um pedido e, na verdade, pedir pode levar a um resultado que atenda às minhas necessidades. Estou desaprendendo o que aprendi sobre negar minhas próprias demandas para não impor algo aos outros. Estou desaprendendo o instinto de tolerar as coisas e aprendendo a comunicar o que preciso ou quero. Estou aprendendo que minhas necessidades são válidas e que usar minha voz tem impacto.

FAÇA EXPERIMENTOS COM PRAZO DETERMINADO

Não é surpresa que a possibilidade de devolver gratuitamente os itens adquiridos pela internet aumente a probabilidade de as pessoas fazerem uma compra. Um estudo mostrou que as devoluções gratuitas aumentaram os gastos dos clientes em 357%. Por sua vez, ter que pagar pelo frete de devolução reduziu o volume de vendas.[3] Saber que podemos devolver os produtos sem custo torna mais fácil para as pessoas decidirem comprar.[4]

Da mesma forma, fazer experimentos de voz diminui os riscos para tentarmos *algo*. Se aquele comportamento não for apropriado, você não ficará preso a ele para sempre.

O segredo é arriscar uma atitude ou postura por tempo suficiente para obter alguns dados reais, mas não o bastante para que o medo de se comprometer aumente o que você sente que está em jogo. Mesmo que pareçam dias mais longos, podemos fazer quase tudo por alguns dias. Escolha um período não superior a um mês para a sua próxima experiência. Por exemplo, nas reuniões das próximas três semanas vou expor minha perspectiva. Ou nas próximas três semanas vou estabelecer um limite claro com minha sogra em relação aos comentários dela sobre o meu peso. Ou nas minhas próximas três reuniões individuais com meu gerente responderei às suas perguntas de forma franca. Estabelecer um limite de tempo para o experimento diminui os riscos porque você sabe que não vai durar para sempre. Enquanto isso você conseguirá coletar informações e, com base no que aprender, poderá fazer as adaptações necessárias para agir diferente.

ENCONTRE CONFORTO NO DESCONFORTO

Pode parecer estranho experimentar, e isso é compreensível porque você está tentando algo novo. Quando você muda seu comportamento, outras pessoas podem apresentar resistência ao descobrirem como reagir a uma versão diferente sua. Outras nem sequer notam a diferença ou esboçam qualquer reação — afinal, em geral prestamos mais atenção e nos julgamos com mais rigor do que os outros.[5] Todas essas reações são dados coletados — informações para descobrirmos o que estamos aprendendo e como isso influencia as decisões sobre nossa voz no futuro. Por mais desconfortável que um novo comportamento possa parecer, saiba que o desconforto faz parte da experimentação e que os experimentos têm um limite de tempo.

Então, o que você vai tentar? Com quem? Vai dizer ao barista que gostaria de receber o que pediu de fato? Vai expor ao seu colega de trabalho o impacto que sentiu quando ele não o convidou para a reunião? Vai comunicar que não quer ir a um evento na quinta à noite porque sua vida já é muito complicada?

O que constitui um experimento dependerá dos espaços onde você está desenvolvendo seus músculos da voz. Mas comece em algum lugar com um risco calculado que você possa absorver. Meu palpite é que, assim como eu no táxi, você descobrirá que pode conseguir o que quer. E estará um passo mais perto de ser reconhecido, conseguir o que precisa e moldar o mundo para ser aquele em que você deseja viver.

CONVIDE OUTRAS VOZES PARA PARTICIPAR

A vida não é um esporte solo. Nossa vida está interligada demais à vida dos outros e aos ambientes em que estamos para que não causemos impacto. Portanto, independente de solicitarmos feedback ou não, as opiniões, os julgamentos e as reações de outras pessoas virão em nossa direção. Que vozes iremos ouvir? Que vozes deixaremos ter influência sobre nós? Nessa fase de encontrar sua voz o feedback é fundamental.

FAÇA UMA SELEÇÃO DOS COMENTÁRIOS

Minha melhor amiga costuma dizer: "Faz o que você quiser". É um mantra que precisa ser tatuado na minha testa, ou pelo menos estampado em uma caneca na minha mão.

No entanto, toda vez que ela diz isso, fico pensando: *Mas não posso simplesmente fazer o que quero! Sou responsável por todas essas pessoas: minha família, a equipe que lidero e a comunidade ao meu redor.*

Mas esse mantra é algo que preciso ter em meus ouvidos, porque é uma perspectiva de que esqueço muito rápido. Tenho a tendência, assim como muitos de nós, a pensar em todos os outros antes de mim. Essa amiga conhece meus padrões e pode despistar essa propensão para que eu não caia nas mesmas armadilhas de sempre. Ela sabe o que eu quero e continua apontando nessa direção, mesmo quando me distraio.

Sempre existirão pessimistas, palestrinhas e pessoas com seus próprios objetivos. Eles têm uma maneira de se fazerem vistos por nós, mesmo sem querermos. Infelizmente, nem sempre temos a opção de bloqueá-los. Portanto, precisamos escolher a importância que damos a eles e garantir que essas vozes não sejam as únicas em nossa vida.

Você tem vozes nas quais confia para ajudá-lo a enfrentar as ondas de opiniões não solicitadas? Quais são as vozes em que você confia e admira que podem compensar as contribuições negativas? Organize-se para incluir pessoas que pensam nos seus interesses, que estão genuinamente ao seu lado, que vão mostrar o que é melhor para você — e, com sorte, de maneiras que tornem fácil ouvi-las. Precisamos de gente que nos conheça bem o bastante para nos ajudar a identificar padrões, fazer perguntas esclarecedoras e nos lembrar quem somos.

Quem está hoje no seu ouvido e na sua vida? Que vozes você precisa convidar para tornar a sua jornada mais viável? Não deixe as sugestões ao acaso. Selecione as informações que irão ajudar e fortalecer você.

TENHA UMA CAIXA DE RETORNO

Gabe estava preso em uma rotina. Estava no mesmo emprego havia sete anos, ou seja, várias vidas no mundo das startups, onde as pessoas costumam mudar de emprego o tempo todo. Como um homem branco bem relacionado na área de tecnologia, ele não tinha dúvida de que poderia conseguir outra coisa. O desafio era apenas saber o que realmente queria fazer. Seus mentores disseram para ir atrás da próxima promoção. A pessoa com quem ele se relacionava queria que ele esperasse o ipo da empresa para saber se conseguiriam sacar o dinheiro e quitar a casa. Seu irmão queria que ele largasse o emprego para que pudessem viajar pelo mundo juntos. À noite, Gabe ficava acordado analisando as opções, nenhuma das quais parecia ser a melhor para ele, mesmo que fizesse outras pessoas felizes.

Refletir e ruminar os próprios pensamentos apenas para não chegar a lugar nenhum é uma perda de tempo e de energia. E, no entanto, 73% dos adultos entre 25 e 35 anos pensam demais, assim como 52% das pessoas entre 45 e 55 anos.[6] Pensar demais dá origem a mais pensamentos negativos que nos impedem de agir. Pensar demais em falhas, erros e problemas aumenta o risco de questões de saúde mental e interfere na resolução de problemas.[7] Além de permitir diferentes contribuições, convidar pessoas para serem nossos "espelhos críticos" ajuda a separar a nossa voz das de outras pessoas que disputam espaço em nossa vida.

"Mas Gabe, o que *você* quer?", um colega perguntou enquanto eles faziam sua caminhada diária.

"Quero que todos saiam do meu pé para que eu possa descobrir o que quero. Quero energia e espaço para poder pensar direito", respondeu Gabe, exasperado.

"Parece que você sabe o que quer. Faça *isso* acontecer."

É impossível enxergar a si mesmo com precisão sem a ajuda dos outros. Analisar nossas inquietações sob o olhar de pessoas de confiança nos ajuda a chegar a um entendimento mais depressa, em parte porque verbalizar os sentimentos reduz a atividade na área emocionalmente reativa do cérebro.[8]

No entanto, veja que o convite é para alguém segurar um espelho e ajudar você a ouvir o que você mesmo está dizendo, não para oferecer um conselho. A origem do termo "caixa de retorno" vem do dispositivo posicionado sobre um palco, pódio ou púlpito que ajuda a amplificar a voz do orador.[9] Um espelho crítico é alguém com quem você pode testar ideias, *não* alguém que vá piorar as coisas ao aumentar ainda mais a negatividade. Embora estudos mostrem que o apoio social reduz o estresse e o esgotamento, sabemos que nem todo apoio social é igual. O excesso de conversa negativa sobre um problema — chamada de corruminação — na verdade leva a níveis crescentes de estresse e esgotamento.[10]

Ao experimentar sua própria voz, busque ideias e abordagens com pessoas em quem você confia. A intenção não é deixar que os outros tomem as decisões por você, mas evitar permanecer preso na teoria e partir para a ação.

DECIDA QUAIS VOZES SÃO ESSENCIAIS

Quando meu marido e eu estávamos planejando nosso casamento, fizemos uma lista das pessoas que deveriam estar presentes quando disséssemos nossos votos. Estávamos dispostos a programar nossa vida de acordo com essas pessoas para que estivessem lá. Sabíamos que, ao considerar as muitas expectativas da família e da comunidade, haveria diversas opiniões e influências. Se não escolhêssemos as pessoas essenciais, passaríamos a eternidade gerenciando as expectativas de todos.

Depois que fechamos a lista e encontramos uma data em que todos poderiam comparecer, descobri que naquele dia uma amiga querida não estaria disponível. Senti uma pontada de decepção, pois teria adorado que ela comparecesse. Mas ela não estava na lista. E não iríamos atropelar todas as adaptações que havíamos feito para acomodar alguém que não estava na lista.

Sempre ouvimos dizer que devemos ter consideração pelos outros e estar abertos ao feedback. Mas ouvir uma pessoa não significa ter que seguir seu conselho ou deixar que sua opinião conduza nossa vida. Algumas vozes precisam se transformar em ruído. No final das contas, ao recebermos feedback, podemos decidir o que fazer. Cabe a nós estabelecer quanto peso e poder as opiniões dos outros têm sobre nós. Podemos ouvir e decidir que a opinião alheia vai para a pilha de descarte, ou pelo menos para a pilha "não tem tanta importância assim".

Fazemos isso ao compreender quais vozes consideramos essenciais. Você pode obter essa clareza respondendo às seguintes perguntas:

Nesse contexto, eu *preciso* atender às necessidades de quem?

Quais são as três principais pessoas ou grupos que preciso levar em conta e comunicar sobre esse assunto? (Certifique-se de se incluir como uma das partes interessadas!)

É possível conviver com a decepção de quem?

Você também pode usar a ferramenta dos três baldes do capítulo 5 para classificar suas partes interessadas. As vozes das pessoas que *decidem* com você são essenciais. As vozes daqueles que estão no balde da *consulta* são os convidados, mas você também pode optar por não ouvi-los. As pessoas no balde de *informados* não devem ser adicionadas a seu cálculo.

A opinião de quem é essencial dependerá do tema e do contexto. Mas ter a consciência de que não é preciso incluir todos ajuda a combater nossa tendência de assumir a tarefa impossível de fazer todos felizes. Se eles não estiverem na lista, não terão poder.

FAÇA SUA PRÓPRIA REFLEXÃO

Encontrar sua voz significa fortalecer o seu senso de identidade. No que você acredita? Como vive de acordo com os valores que defende? Como você vive e causa o impacto que *você* deseja em sua família, seu trabalho e sua comunidade? Embora as perspectivas dos outros sejam válidas, nossa perspectiva é, em última análise, o que determina a nossa voz. Refletir sobre nossas escolhas nos põe no comando e nos lembra que somos os principais interessados em nossa própria vida. Temos agência e autonomia para avaliar o que aprendemos, o que apreciamos e do que não gostamos nos experimentos que fazemos.

Podemos criar nosso próprio ciclo de feedback intencional respondendo às seguintes perguntas após cada experimento:

O que aprendi?

O que quero tentar mais uma vez?

O que eu faria diferente?

FAÇA MUDANÇAS CONSTANTES

Não somos estáticos. Estamos sempre evoluindo. A evolução constante é um sinal de que precisamos continuar a avaliar se nossa voz foi calada ou abafada, se estamos cedendo a velhos hábitos ou deixando que outros tenham mais influência sobre nós do que pretendíamos. Ao enfrentar transições maiores, é possível que precisemos fazer um balanço diário. Na vida diária, podemos fazer uma verificação trimestral rápida sozinhos ou com nosso espelho crítico.

Muitos de nós nos preocupamos em sermos vistos como inconsistentes ou sem palavra se mudarmos de opinião. Mas encontrar sua voz não é um processo linear ou um evento único. Na realidade, encontrar sua voz é um exercício contínuo.

A vida acontece.

As pessoas mudam.

As prioridades se transformam.

Diferentes situações ajudam a esclarecer qual é a nossa voz, o que de fato valorizamos e quem somos. É por meio da repulsa e da atração, do atrito e da tensão que descobrimos os contornos da nossa voz. Encontrar sua voz é descobrir qual versão de si mesmo você deseja apresentar às circunstâncias que enfrenta hoje, amanhã e nos dias que virão.

Neste capítulo, abordamos quatro componentes não lineares para encontrar nossa voz. Construímos uma *consciência* básica da dinâmica em jogo e falamos por que, antes de tudo, perder a voz é um problema. Ao *questionarmos* nossas escolhas, *experimentarmos* novas abordagens e *convidarmos* os outros e a nós mesmos para uma reflexão intencional, nossa voz se torna mais forte e clara. Quanto mais tempo passarmos com nossa própria voz, mais familiar ela se tornará. Saber quem somos e o que pensamos nos deixa em sintonia com o que queremos e acreditamos. Agora que temos um senso cada vez maior da nossa própria voz, como vamos usá-la para causar o impacto que desejamos?

SUA VEZ

Conscientização

- Você acredita que tem voz? Por quê? Ou por que não?
- Do que você se deu conta ao ler a seção "Conscientização" deste capítulo?

Questionamento

- Ao ouvir alguém falar (pode ser no noticiário, em uma reunião ou em uma conversa entre amigos), pergunte a si mesmo: Eu concordo com isso? O que *eu* penso sobre esse assunto? O que penso sobre a maneira como as coisas estão sendo abordadas? Observe em quais pontos você concorda ou discorda da opinião da maioria.

Experimento

- O que você quer experimentar?
- Por quanto tempo vai realizar esse experimento?

Convite

- Que tipo de vozes você precisa convidar?
- Quem poderia ser seu espelho crítico?

7. Use a sua voz

Leila era nova na equipe e sabia que precisava causar uma boa impressão. Mas as reuniões semanais, o principal momento de interação dela com a equipe, eram uma baderna.

Os 35 profissionais na videoconferência estavam em diferentes fusos horários. Havia pessoas que apareciam no vídeo, outras que deixavam a câmera desligada, gente em salas de reunião com conexão e áudio instáveis ou em casa, com crianças correndo ao fundo. Por esse motivo, os participantes passavam metade do encontro repetindo as mesmas coisas.

O diretor técnico da empresa, Sharath, chefe de Leila, não considerava isso um problema. Ele dizia: "É bom que estejam todos presentes, assim ficam sabendo de tudo". Era verdade. Ninguém podia fingir que não sabia o que fazer. Mas era verdade também que quem tinha menos experiência, como Leila, se sentia intimidado a falar diante de 34 colegas.

Reunião após reunião, Leila não conseguia se pronunciar. O ritmo desordenado não deixava espaço para uma novata como ela contribuir para a conversa. Quando conseguia formular um argumento, o assunto já havia mudado. Quando tentava se manifestar, inevitavelmente alguém falava ao mesmo tempo.

Leila era a única pessoa sem formação técnica na equipe, então queria ter certeza de que as pessoas sentissem que ela agregava valor. Observava enquanto eles falavam o que pensavam, aparentemente com facilidade, e ansiava pelos dias em que não questionaria nem analisaria excessivamente cada movimento seu.

Nas raras ocasiões em que alguém perguntou o que ela pensava, Leila travou. Era o momento. Ela tinha que dizer alguma coisa. Tinha que ser perspicaz. Arrebatadora. Deveria falar algo que mostrasse por que ela pertencia àquele lugar. Mas era inevitável: ela ficava sem palavras. Com a mente em branco, murmurava, encabulada: "Parece que está tudo nos conformes". Mais uma vez, perdia a chance. Depois passava horas se culpando, o que também não ajudava.

Na primeira avaliação de Leila, o gerente observou que ela precisava se manifestar e aparecer mais, para que outras pessoas vissem como ela podia contribuir. Foi terrível quando alguém perguntou se ela estava ali só para fazer anotações. Não era esse o papel de Leila. Ela estava executando todo o projeto. Mas, depois de passar a vida sendo atacada e diminuída pelos outros, seu instinto era dar lugar a quem estava no poder. Ela detestava falar por cima dos colegas, ter que disputar atenção, e ficava exasperada com uma reunião em que as pessoas precisavam se repetir quatro vezes para serem ouvidas, porque todos estavam distraídos e frustrados com a dinâmica em si.

Fazer o trabalho para encontrar nossa voz é só o começo. Também precisamos aprender, na prática, a falar.

Neste capítulo, ofereço três alavancas para fazer exatamente isso. Ao usar a substância, o relacionamento e o processo como estratégias, descobrimos como usar nossa voz de maneiras que sejam ao mesmo tempo complementares para os grupos e autênticas para nós mesmos.

TRÊS ALAVANCAS PARA A VOZ

Na década de 1980, meus colegas do Harvard Negotiation Project observaram que cada negociação é a confluência de três dimensões: substância, relacionamento e processo. Simultaneamente, negociamos a essência (o quê), o relacionamento (quem) e o processo (como). Ignorar qualquer uma dessas dimensões é perder um elemento essencial que pode moldar o resultado da negociação. Essas dimensões têm fornecido uma estrutura para que os mediadores facilitem conversas delicadas, cuidando do relacionamento e gerenciando o processo de uma forma que a maioria das pessoas não faz.

O que aprendi ao entender como usar minha voz e treinar outras pessoas a usarem a delas é que essas dimensões também agem como alavancas. Essência, processo e relacionamento podem servir como modelo mental para usarmos nossa voz, principalmente quando questionamos o que temos a acrescentar. Em suma, mesmo que você não se considere o especialista no tema da conversa (essência), pode impactar a conversa de duas outras maneiras. As alavancas fornecem um atalho mental para identificar onde e como entrar na conversa, e são fundamentalmente capazes de moldar o diálogo. A seguir, darei mais detalhes da relação entre as três alavancas e oferecerei maneiras práticas de usar cada uma delas para apoiar a sua voz.

ESSÊNCIA

A essência é o *assunto* sobre o qual falamos.

Seja ao debater o que vamos jantar, as projeções de receitas para o trimestre ou as especificações técnicas de um projeto, a essência é o que consideramos o tema da conversa. As justificativas mais comuns que as pessoas dão para não dizerem o que pensam são o fato de não serem especialistas no assunto, de sentirem que não são qualificadas o bastante e de não quererem criar conflitos.

Durante anos, a tia de Derrick recomendou que ele fizesse um seguro de vida: "É para amparar sua família se o pior acontecer com você. O dinheiro que você investir vai render sem impostos". Embora, separadas, as palavras e frases fizessem sentido, ele congelava só de olhar para as fileiras de números e valores projetados. Sua cabeça girava ao falar sobre acumulação de valor real, dividendos sem garantia e legado sem inventário. Derrick queria ser responsável, mas não entendia como fazia sentido pagar tanto dinheiro adiantado, ainda mais considerando o quanto sua renda variava a cada ano. Ele nunca conseguiu argumentar com a tia, pois ela sempre tinha uma resposta ou gráfico para qualquer uma das suas perguntas. Permaneceu hesitante em adquirir qualquer apólice que não entendesse completamente.

Embora faça sentido termos cautela com assuntos que não consideramos nossa especialidade, se descartarmos ou negarmos nossa perspectiva apenas com base nesse fato perdemos o que cada um de nós pode oferecer em termos de essência. Todos temos perspectivas e pontos de vista a acrescentar, mesmo não sendo especialistas em determinado assunto. Se você não tem certeza se tem legitimidade para falar sobre algo, concentre-se no que tem condições de acrescentar ao perguntar e responder a duas perguntas:

QUAIS ASPECTOS DO ASSUNTO SÃO DA MINHA COMPETÊNCIA?

Mesmo que Derrick não seja um especialista nos detalhes das apólices de seguro de vida ou em planejamento financeiro, ele é um especialista nas metas financeiras de curto e longo prazo da sua família e no nível de conforto com diferentes instituições. Enquanto o domínio da sua tia é apresentar opções e aconselhar com boas intenções, o domínio de Derrick é identificar o que de fato é importante para ele e os seus. Mesmo que não consiga debater sobre as vantagens do seguro de vida, ele é o especialista em suas próprias reações, competência, nível de conforto e, por fim, em suas próprias decisões de onde investir seu dinheiro.

Já o domínio de Leila, como gerente de projeto, é fazer o escopo, o planejamento, verificar o custo, os recursos e executar o cronograma. Seu trabalho é identificar os riscos que podem impactar o projeto e tomar medidas para reduzi-los. Mesmo que o diretor de tecnologia não queira ouvir sobre os riscos e os descarte dizendo "Faça o que tiver que fazer", expor os riscos é o trabalho de Leila. Isso não significa que ela não receberá críticas ao apontá-los. Mas, ao saber que a identificação de riscos é da sua competência, ela lembra que tem um espaço legítimo e uma razão para iniciar a conversa. Compreender qual é a sua competência ajuda a contrapor as dúvidas que podemos sentir em relação à nossa possibilidade de contribuir para o debate, sobretudo ao lidar com personalidades fortes e pessoas que parecem muito seguras do próprio conhecimento.

Se você não sabe qual é a sua competência a partir de uma descrição de cargo ou de uma conversa sobre funções, essas são conversas necessárias para que você tenha uma base mais sólida. Você pode começar listando qual supõe que seja a sua função e conferir essa descrição com as pessoas que tomam as decisões. A clareza é importante para que você pare de supor e que outros respondam a perguntas que talvez não soubessem que existiam.

Seja no trabalho ou em casa, ninguém é mais conhecedor de nós e de nossas necessidades e preferências do que nós mesmos. Assumir nossas preferências e necessidades como domínio — além da potência que acrescentamos — nos ajuda a lembrar que temos nossa essência a representar. Somos especialistas quando o assunto somos nós mesmos e aquilo de que precisamos.

QUE PERSPECTIVA EU ACRESCENTO?

Muitos de nós acreditamos que se formos novos na equipe ou ocuparmos um cargo mais inicial temos menos a oferecer. E certamente o comportamento dos outros em relação a nós pode reforçar essas suposições. Mas seja com base no que já vivemos, etapa da vida, localização geográfica, tempo de empresa ou identidade, cada um de nós agrega uma perspectiva diferente para diversos assuntos e para o mundo. Pessoas que estão em um projeto ou sistema há anos têm pontos fracos. Quanto mais tempo você estiver em um sistema profissional ou familiar e se acostumar à forma como as coisas são feitas, menos capaz será de perceber o que é problemático e como poderia melhorar as coisas. Precisamos de novos olhares para poder enxergar com clareza.

Uma mudança fundamental é, em vez de supor que temos menos a oferecer, observar que temos algo diferente a oferecer. Podemos assumir nossas perspectivas singulares ao apontar o prisma pelo qual estamos falando com base nas frases a seguir:

"Pelo que vejo..."

"Olhando a partir da perspectiva de imigrante..."

"Como uma pessoa que cresceu com a tecnologia..."

"Pensando como alguém que oferece atendimento ao cliente..."

"Abordando o projeto com um olhar renovado..."

"Como alguém que já se casou e se divorciou..."

Em teoria, não precisaríamos de um qualificador para dizer o que pensamos. Mas, ao nos questionarmos como argumentar ou se o que temos a dizer agrega valor, nomear o ponto de vista específico a partir do qual falamos lembra aos outros (e a nós mesmos) o que temos a oferecer. Identificar um ponto de vista específico alivia a pressão, e então conseguimos falar de maneira mais objetiva a partir das nossas perspectivas. Podemos constatar a realidade de que cada um de nós vê as coisas de forma particular e reconhecer que diferentes perspectivas são válidas, valiosas e legítimas. E temos a chance de expor os impactos e as percepções que outros podem não ter considerado a partir do lugar que ocupam.

RELACIONAMENTO

Se a essência é *o quê*, o relacionamento é *quem*: quem está envolvido, como cada pessoa sente que é tratada, qual o nível de confiança e como somos impactados uns pelos outros.

Chinyere e Jason estavam exaustos. Fazer malabarismo com duas carreiras, ao mesmo tempo que criavam os filhos e cuidavam dos pais idosos, era demais. Quando surgiu a oportunidade de se mudarem para o outro extremo do país para que Jason pudesse assumir um cargo executivo e estar mais próximo da família, não pensaram duas vezes. Logo os dias se tornaram um borrão. Como profissionais de alto desempenho e qualificados em gerenciamento de projetos, Jason e Chinyere deduziram que eram as pessoas certas para fazer a mudança. Mas com o passar das semanas, viviam mais como navios que se cruzavam durante a noite do que como os companheiros de vida que pretendiam ser.

De fato, as crianças foram à festa de aniversário do amigo usando roupas. Havia comida na geladeira e as avaliações de desempenho no escritório foram positivas. Trabalhando à noite, conseguiram organizar a logística da mudança. Mas depois de um dia particularmente agitado tentando conciliar cuidadores entre reuniões com investidores e ao ver a última mensagem de Jason perguntando por que o cachorro estava vomitando, Chinyere respondeu: "Parece que você é mais meu parceiro de negócios do que meu parceiro de vida. Sim, precisamos resolver nossa logística e entender por que o cachorro está passando mal de novo, mas estou preocupada que depois da mudança e quando as crianças crescerem nós não sejamos mais um casal".

Quando Chinyere chegou em casa, esgotada e cansada mas pronta para uma briga, Jason a puxou para um abraço. "Nós vamos dar um jeito", ele disse. "Vamos conseguir arranjar um tempo para nós."

Às vezes, o relacionamento é o centro da questão. Nos relacionamentos nos sentimos conectados ou afastados das pessoas de quem gostamos; é o lugar no qual nos sentimos (ou não) respeitados e aceitos, é onde os limites que temos são ou não saudáveis. O relacionamento é fundamental para o capital social — o conjunto de benefícios que obtemos por causa das pessoas que conhecemos —,[1] que contribui para um melhor desempenho geral.[2] Relacionamento envolve desde quando alguém desliga a câmera durante a videochamada para que as pessoas não possam ver sua raiva até como o departamento de engenharia vai reagir à última mudança de estratégia. Relacionamento abrange toda a dinâmica entre indivíduos — o que é um problema para a maioria dos gestores —, e é a principal razão pela qual as pessoas sonham em ter uma família diferente ou outros amigos.

Para ser mais precisa, o relacionamento é o motivo pelo qual 65% das startups fracassam — devido a conflitos entre cofundadores —[3] e por que cerca de metade dos casamentos no mundo todo termina em divórcio ou separação.[4] E isso faz sentido. Já que estamos focados em pagar as contas, calcular os impostos, garantir que haja comida na mesa, tentar manter crianças e animais de estimação vivos e longe de problemas, cuidar das emoções, do ego e das necessidades de alguém é muitas vezes a última coisa que queremos fazer. Assim como Chinyere e Jason, quando nos concentramos no que é concreto, muitas vezes deixamos de cuidar dos relacionamentos. Mas os relacionamentos também são uma alavanca poderosa para a voz.

Em qualquer aspecto da nossa vida, cuidar dos relacionamentos ao antecipar, compreender e entender o modo como as pessoas envolvidas se sentem é uma maneira de eliminar a complexidade adicional e cultivar a dignidade que desejamos. Podemos acrescentar nossa voz fazendo as seguintes perguntas, em voz alta ou para nós mesmos: Quem foi deixado de fora? Como as pessoas estão se sentindo?

Quem está envolvido? E quem não está? O que está construindo ou diminuindo a confiança? Quem ficou em silêncio? Quem talvez se sinta silenciado? Ao cuidar das reações e tendências das pessoas em qualquer dinâmica, temos a possibilidade de expor questões, queixas e problemas, e de resolvê-los mais depressa.

Cuidar dos relacionamentos também é uma maneira de usar nossa voz para rompermos preconceitos e cultivar a cultura emocional da nossa família, comunidade ou empresa.

ROMPA PRECONCEITOS

Usar a própria voz não significa necessariamente ter a resposta para um problema técnico ou saber a cura para o câncer. Ser capaz de usar sua voz para conduzir a dinâmica do relacionamento em questão é uma chance de moldar o mundo ao seu redor. Muitas vezes os sentimentos são mal interpretados. Atentar-se aos relacionamentos é uma forma de mitigar interpretações tendenciosas das emoções no trabalho, onde mulheres e pessoas racializadas são julgadas com mais severidade por expressarem emoções do que homens brancos.[5]

"Você precisa ser menos agressiva. Se não consegue trabalhar em equipe, não pode participar das reuniões com o cliente." O sangue de Zuri ferveu ao ouvir o colega mais velho oferecer, nas palavras deste, um treinamento construtivo.

Ela cerrou os dentes e controlou a respiração enquanto olhava ao redor da sala. Sabia que, como uma jovem negra em uma corretora de investimentos, qualquer coisa que dissesse naquele momento seria usada contra ela.

"Acho que isso não é justo." Uma voz surgiu. "Zuri corrigiu um erro sério na apresentação. Se não tivesse feito isso, teríamos problemas com o cliente depois."

Ela suspirou. Pelo menos alguém tinha visto como o comentário do colega era equivocado e disse algo a respeito. Estava cansada de viver em uma realidade onde os brancos que demonstravam raiva eram vistos como funcionários engajados enquanto os negros eram considerados "radicais" ou pessoas que "não sabiam trabalhar em equipe".[6] E ela nem tinha expressado raiva; apenas fizera uma correção factual dos dados.

A interpretação equivocada, amplificada pelo preconceito e pelo racismo internalizado, é um indício de que as percepções ficam fora de controle e criam dificuldades adicionais, sobretudo em momentos de estresse.[7] Nossa capacidade de identificar o preconceito e o racismo de imediato e nossa disposição para censurá-los na hora é a longa e muitas vezes repetitiva batalha para eliminar a desigualdade e a discriminação.

O preconceito não acontece apenas no ambiente de trabalho. Ele se esgueira nos momentos em que menos esperamos.

Jesse passou a semana ansioso pelo evento de minigolfe dos ex-alunos. Lá estariam pessoas que ele não via fazia anos, algumas com seus novos parceiros. Ele pegou uma bebida e seguiu para o campo. Esperando sua vez enquanto bebia um chope, ouviu um comentário de alguém que não reconheceu: "Gosto mais dos irlandeses do que dos mexicanos".

Jesse ficou estupefato. Alguém tinha mesmo dito aquilo? E qual era a relação de irlandeses ou mexicanos com minigolfe? Sem perder tempo, ele questionou: "O que você disse?".

"Sem estresse. Eu estava falando do chope", a pessoa rebateu.

"Se é assim, é melhor dizer que prefere Guinness a Modelo. Não tem necessidade de relacionar pessoas e culturas."

Os preconceitos e alfinetadas contra grupos sociais acontecem em todos os lugares. Ouvir como as coisas podem ser interpretadas e estar disposto a questioná-las é uma forma de usar nossa voz para criar um mundo mais gentil e respeitoso.

INCENTIVE A CULTURA EMOCIONAL

Alma não gostava de conversar com Liam, seu irmão. Ambos haviam sido campeões de debate na escola. Foram criados para falar o que pensavam e, como acontece em muitos casos de rivalidade entre irmãos, ambos queriam provar que eram perspicazes e astutos.

Mas sempre que o irmão mencionava como as pessoas pobres eram preguiçosas e como o governo desperdiçava dinheiro tentando mantê-las vivas, Alma sentia fúria. Cerrava os dentes e se preparava para a batalha. Ela se baseava em novas pesquisas e estatísticas. Analisava estudos de longevidade e impacto social, ao passo que lamentava que qualquer conversa com Liam seria infrutífera.

Quando Alma voltou para casa exausta e Liam começou a discutir, ela o interrompeu. Olhou nos olhos do irmão e disse: "Olha, por mais que eu adore um bom debate, na verdade só quero ser sua irmã. Não precisamos ser amigos, mas podemos manter a civilidade? Não quero me sentir agredida no final de toda conversa. Não quero ter que estar sempre de prontidão com você".

Surpreendentemente foi a primeira vez, pelo que podia lembrar, que Liam ficou quieto.

"Vou tentar", disse ele. "Provavelmente é o melhor para todos nós."

Muitas pessoas evitam as emoções. No entanto, a inteligência emocional tem sido apontada como a força motriz dos negócios do século xxi e a característica que distingue os melhores desempenhos em todas as áreas.[8] Sabemos também que as pessoas que se sentem seguras e confortáveis em expressar seus verdadeiros sentimentos costumam ser mais produtivas, inovadoras e criativas.[9] O relacionamento, com foco específico nas emoções, é uma forma de usar a voz. Perceber e expressar quais emoções você está sentindo e quais as outras pessoas podem estar sentindo é importante, porque emoções são informações. Se não prestamos atenção às emoções, não temos conhecimento. Além disso, as emoções que as pessoas podem expor e que sentem necessidade de reprimir definem a cultura emocional de uma organização ou família.[10] Quando essas expectativas não são ativamente cultivadas, a satisfação, o esgotamento, o trabalho em equipe e o desempenho de todos os envolvidos são afetados.

Fazia muito tempo, em sua carreira de décadas, que Isabel não se sentia tão estressada. As vendas caíam, a empresa estava gastando dinheiro mais rápido do que o previsto e os concorrentes já demitiam funcionários. Como uma das poucas ceos de origem hispânica de uma multinacional, ela sentia a pressão adicional para fazer uma boa liderança para que sua forma de administrar a situação não fosse uma razão para a diretoria decidir deixar de contratar pessoas que se parecessem com ela para cargos de chefia no futuro.

Por experiência própria, Isabel sabia que não dizer nada aos funcionários só pioraria as coisas. Então, na reunião geral seguinte, ela respirou fundo e disse: "Sabemos que há muita inconstância no mundo hoje. Seremos o mais sinceros possível sobre onde estamos e o que faremos. E, em meio a tudo isso, reforçaremos os valores da nossa empresa: comunicação antes de eficiência e humanidade antes de utilidade".

Isabel não podia controlar a economia, mas podia administrar a influência que tinha, explicando como pretendia enfrentar os desafios. Expressar o relacionamento que você deseja construir tem a capacidade de moldar a cultura emocional de uma família, equipe ou comunidade. Como pessoas, teremos inevitavelmente nossas próprias opiniões e reações intensas. Normalizar o fato de que temos e podemos expressar emoções é um indício de que podemos ver as coisas de maneira diferente, navegar pela incerteza e ser humanos juntos.

PROCESSO

Se a essência é *o quê* e o relacionamento é *quem*, o processo é *como*.

O processo é a maneira como lidamos com o trabalho, o amor e a vida. Processo é ter ou não uma programação para a reunião; é ter ou não um comunicado (e seu conteúdo) antes, durante e depois de uma reunião; é a escolha de a comunicação acontecer em tempo real ou de forma assíncrona, qual o meio de comunicação usado, quem inicia e quem decide. Processo é o que os mediadores são especificamente contratados para gerenciar, para que as demais pessoas possam se concentrar na essência e no relacionamento. A maneira *como* as coisas são feitas tem um enorme impacto sobre como as pessoas se sentem e sobre o que é realizado. O processo é a alavanca subestimada da voz.

Na empresa em que Leila trabalhava, uma reunião com 35 funcionários que usavam diferentes meios de comunicação favorecia o silêncio em virtude da dificuldade de se manifestarem. Em grupos grandes, as pessoas costumam falar menos do que em grupos pequenos, porque há mais ameaças sociais percebidas. Nós nos preocupamos com a dinâmica social, com o que as outras pessoas vão pensar, e desperdiçamos tempo nos comparando.[11] Essa dinâmica incentiva as pessoas a observarem em vez de se envolverem, a procurarem a segurança do silêncio em vez de dizerem o que pensam. Olhando de fora, parece óbvio que uma reunião com tantas pessoas estaria longe de ser produtiva, mas muitas organizações acabam optando por esse tipo de encontro.

Mas o processo não se aplica apenas ao local de trabalho.

Inúmeras vezes eu e pessoas próximas tentamos descobrir a logística para o fim de semana (essência). Trocamos mensagens de texto com erros de digitação tentando nos comunicar (processo). Raramente conseguimos resolver alguma coisa. Em vez disso, reconhecemos que estamos todos esgotados (relacionamento) e sugerimos pensar por uma noite e retomar a conversa pela manhã (processo) ou, se for urgente, fazemos uma ligação para falar em tempo real (processo).

O processo é a alavanca que nos permite programar o trabalho e a vida de uma forma que favoreça melhor nossa voz e as vozes que nos rodeiam. O processo nos permite reduzir o preconceito e, ao mesmo tempo, minimizar o trabalho cognitivo e emocional de dizer as coisas. Processo é a estrutura que pode tornar nossa fala mais fácil ou mais difícil. Como consequência, o processo oferece uma oportunidade importante para favorecer o uso da voz. A seguir, explorarei cinco maneiras de usar o processo para apoiar sua voz e as vozes das pessoas ao seu redor.

PLANEJE COM INTENÇÃO

O melhor fim de semana de despedida de solteira de que já participei incluiu um momento obrigatório de introversão.

A organizadora intuiu que a noiva e todas as convidadas precisavam tirar uma soneca ou descansar por algumas horas entre a trilha da manhã e o sofisticado jantar. Então ela planejou essa pausa. Foi a melhor soneca que já tirei. Todas concordaram que a intenção desse plano permitiu que cada uma de nós estivesse plenamente presente e celebrasse melhor.

Processo é projetar a maneira como fazemos as coisas de forma a amparar todos nós, para que possamos nos expressar como a versão de nós mesmos que queremos. É difícil existir no mundo quando você está esgotado. Em vez de fazer as coisas como todo mundo já faz ou fazer o que você acha que deveria, analise qual é o seu suporte em uma reunião, em uma parceria e, sim, até mesmo em um fim de semana de despedida de solteira.

Muitas vezes, a forma como as conversas e interações acontecem é definida ao acaso. Deixamos as pessoas em uma sala e improvisamos, supondo que as soluções vão aparecer com as pessoas certas. Reuniões e conferências sem planejamento intencional dão espaço para pessoas que pensam rápido ou para as preferências daqueles com mais poder na dinâmica. A forma como as conversas são estruturadas afeta fundamentalmente quais vozes são amplificadas ou silenciadas.

Qualquer pessoa deve ser capaz de observar e comentar a infraestrutura de uma interação. No caso de Leila, é provável que, no nível executivo, Sharath não tenha pensado intencionalmente no planejamento da reunião e gostaria se outra pessoa descobrisse o que realmente tornaria o tempo produtivo. Se Leila não quiser comentar sobre conteúdo ou relacionamento, ela pode perguntar se todos têm acesso às mesmas anotações ou observar que o grupo não fez uma pausa nas últimas duas horas e sugerir um intervalo para melhorar o envolvimento de todos.

Melhor ainda, ela pode ter uma conversa individual com Sharath para fazer propostas específicas sobre como a equipe trabalharia melhor em conjunto. Seria mais ou menos assim: "Sharath, as reuniões com 35 pessoas não são tão produtivas quanto poderiam ser. As pessoas fazem várias tarefas ao mesmo tempo e não estão engajadas. Manter tanta gente em uma reunião também custa caro para a empresa e não leva à troca produtiva que sei que você deseja que aconteça. Tenho uma sugestão. Vamos reduzir o número de pessoas na videoconferência, garantir que todos os que estejam nela tenham um propósito e uma função claros, e eu me encarrego de gerenciar a comunicação dos assuntos para garantir que as informações continuem chegando a toda a equipe, ao mesmo tempo que liberamos as pessoas. O que você acha?".

Planejar o processo é uma maneira específica de cada um usar a própria voz para criar as condições que melhor favoreçam nossas próprias (e outras) vozes.

NÃO FAÇA REUNIÕES SEM PLANEJAMENTO

Questões de processo podem parecer básicas. No entanto, muitas vezes permanecem negligenciadas, ainda mais quando saltamos de uma reunião ou tarefa para outra. Seja para uma reunião de trabalho, um encontro ou uma assembleia comunitária, reservar um tempo para responder a cada uma destas questões nos permite tomar decisões conscientes sobre o que pode favorecer a voz das pessoas, em vez de falarmos ao acaso.

Ao planejar o momento de interação, considere:

- O que é necessário preparar com antecedência para aproveitar ao máximo o tempo e a energia dos participantes?
- Qual é o plano ou objetivo dessa interação?
- Qual seria um período de tempo realista para durar? Qual o horário ideal?
- Quem é o encarregado das decisões? (Se forem várias pessoas: Quem tem poder de desempate?)
- Qual forma de comunicação (telefone, e-mail, vídeo, pessoalmente, ao vivo, assíncrono) mais favorece o propósito ou objetivo do grupo?
- Que intervalos estão planejados?
- Quais são os próximos passos?

SUGIRA ETAPAS QUE FAVOREÇAM SUA VOZ

No capítulo 5, abordamos como a escolha de meios de comunicação que não beneficiam os pontos fortes de alguém deixa essa pessoa em desvantagem e a direciona ao silêncio. Essa lógica também funciona ao avesso: na medida do possível, sugerir meios de comunicação e processos que beneficiem suas habilidades é uma forma de favorecer sua voz.

Muita gente prefere a comunicação presencial e ao vivo. E, de fato, tanto as pesquisas quanto a prática demonstram que a conversa em tempo real reduz a probabilidade de confusão e é mais produtiva. Apesar dos avanços na tecnologia, adultos e crianças ainda processam informações e aprendem de forma mais eficaz por meio de interações ao vivo, em vez de por vídeo. Os adultos, em particular, demonstram menor fluência emocional na comunicação por vídeo do que ao vivo.[12]

Mas também é verdade que todos nós apresentamos diferentes níveis de conforto com a conversação ou a digitação, a comunicação em tempo real ou assíncrona. Fuso horário, geografia, circunstâncias da vida e nossa constituição neurológica individual podem dificultar as conversas tanto presenciais como ao vivo.

Portanto, ao marcar uma conversa ou reunião, considere o meio de comunicação. Quais escolhas de processo contribuem para suas habilidades e facilitam o uso da sua voz?

Penso melhor quando estou digitando. Criar tópicos me ajuda a organizar meus pensamentos. Penso melhor quando tenho tempo para responder às perguntas em vez de decidir na hora, por isso com frequência peço às pessoas que façam perguntas e apresentem informações com antecedência, para que eu tenha tempo de processar tudo e oferecer minha melhor reflexão. Embora possa ser necessário um pouco mais de esforço e planejamento para identificar perguntas e comunicá-las previamente, nesse contexto você obtém mais informações do que as vozes dominantes por si oferecem. Trabalhando de modo remoto, passo grande parte da vida em videochamadas. Mas com frequência sugiro telefonemas quando não precisamos verificar um documento, assim posso sair de casa durante a conversa. O ar fresco, a mudança de cenário e o aumento do fluxo sanguíneo me ajudam a estar mais presente.

Você sabe quais meios de comunicação, práticas e ritmos melhor apoiam as vozes das pessoas ao seu redor? Caso contrário, da próxima vez que se falarem diga que você quer conhecer suas preferências.

SEJA EXPLÍCITO EM RELAÇÃO ÀS NORMAS IMPLÍCITAS

As pessoas podem compartilhar suas ideias por chat ou precisam se expressar verbalmente? Você precisa levantar a mão virtual ou física antes de falar em uma reunião? É possível fazer perguntas durante a apresentação ou se deve esperar até o final? A maioria dos indivíduos quer seguir as regras, mas para isso é necessário saber quais são. Tornar explícito o que está implícito é uma forma de ajudar todos a compreender as expectativas em relação ao uso da voz.

Charlene aprendeu a esperar até ser chamada, porque, quando falou fora de hora, seu último gerente lançou um olhar que ainda estava gravado no seu cérebro. Ela não queria ser grossa ou interromper. No novo emprego, imaginou que o gerente receberia perguntas e comentários depois de apresentar o plano mais recente, então esperou sua vez. Mas ele não fez isso. Ele supôs que, se as pessoas tivessem algo a dizer, elas diriam.

Na associação de proprietários, a comunicação de Charlene foi igualmente frustrante. Quando a área comum precisava de obras elétricas, ela reuniu as pessoas e compartilhou propostas de empreiteiros, pedindo que avaliassem antes de o conselho contratar alguém. Ela temia que, se não conseguisse a aprovação de todos, os proprietários voltariam e fariam da vida dela um inferno. Quando um veterano disse que caso não recebesse nenhuma resposta era sinal de que estavam de acordo com o decidido, ela desistiu de procurar pelos outros e escolheu um empreiteiro.

Na ausência de clareza, as pessoas precisam adivinhar quais são as regras e adotar as normas a que estão habituadas. Tornar as normas explícitas é uma forma de utilizar o processo para se proteger dos padrões predefinidos que silenciam as pessoas com menos poder no sistema e para reduzir conflitos e frustrações.

TENHA PERGUNTAS PADRONIZADAS

Pelo que vimos nos capítulos anteriores, sabemos que é difícil se opor à autoridade. Há muito em jogo quando expressamos contrariedade, sobretudo a alguém que detém mais poder do que nós. No entanto, também sabemos que precisamos de perspectivas diferentes para evitarmos erros de alto custo e vermos o mundo com mais clareza. O processo ajuda a criar espaço para a contrariedade (e reduzir os riscos pessoais de expor essa oposição) quando o convite a opiniões divergentes está incluído. Ter perguntas-padrão que todos sabem que podem esperar é uma forma de despersonalizar a oposição. Por meio de perguntas complementares, é possível avaliar um problema e desfazer a tendência à positividade. Alguns exemplos:

- O que está funcionando? O que não está funcionando? (E por quê?)

- Quais são as partes positivas da ideia? Quais são as negativas?

- Quais são as vantagens? E as desvantagens?

Se você discorda do seu chefe, pode não ser aceitável dizer diretamente que ele está equivocado. Em vez disso, use as perguntas padronizadas para revelar como você discorda e discutir o porquê. Da mesma forma, nas relações pessoais, ter perguntas que ambos sabem que podem esperar e responder mantém as opiniões concentradas na avaliação do assunto em questão, em vez de nas preferências ou na personalidade de um ou de outro. Isso serve tanto para pegar o trem em vez de dirigir até o destino, escolher um tom envelhecido de azul em vez de azul-hortênsia para a parede de destaque ou eliminar um cargo em uma organização.

Todas essas situações processadas por meio de um conjunto de perguntas padronizadas despersonalizam a análise e convidam as pessoas para uma conversa. Seja qual for a linguagem que melhor se adapta a seu contexto e cultura, o objetivo é ter um agrupamento de perguntas que revele tanto o lado positivo quanto o negativo, o que funciona e o que não funciona. Isso ajuda a revelar a oposição, incorporando a contrariedade nas questões com as quais o grupo debate em vez de impor a responsabilidade sobre um indivíduo para levantar uma questão.

ATENHA-SE À JUSTIÇA DO PROCESSO

Para Danielle, o Natal era a época mais mágica do ano. Ela guardava belas lembranças de decorar a casa e a árvore com sua família. A mãe preparava a melhor sidra de maçã com especiarias enquanto canções natalinas tocavam e luzes multicoloridas brilhavam. O Natal na casa da sua infância era digno de um programa de TV, só que melhor, porque era a vida real.

Quando as coisas com Adam ficaram sérias, Danielle sabia que teria que fazer concessões. Mas o Natal na casa dos pais era algo de que não queria abrir mão. Adam concordou que passariam o Dia de Ação de Graças com a família dele e o Natal com a dela. Afinal, o Dia de Ação de Graças era uma tradição mais importante na família dele que o Natal.

Mas, quando chegou o Natal, Adam insistiu que o passassem com seus pais. "Meus pais são mais velhos que os seus. Teremos menos Natais com eles", alegou. Além disso, as sobrinhas queriam tanto que o tio Adam lesse *Uma história de Natal* na manhã de Natal, como tinha feito todos os anos da vida delas.

"Podemos passar a manhã de Natal com as crianças e depois dirigir até a casa dos seus pais para a ceia", ele argumentou.

Danielle ficou furiosa. Passar metade do dia de Natal dirigindo no inverno não era Natal. Natal era acordar na casa da sua infância com o cheiro da rabanada de gingerbread e do café forte feitos pela vovó. Além disso, Adam havia prometido que ela poderia passar o Natal com a família dela se ele tivesse o Dia de Ação de Graças.

Adam não cedeu. Os dois passaram semanas ruminando o assunto.

Finalmente, no dia, Adam concordou. Iriam até a casa dos pais dela a tempo da ceia da véspera de Natal, disse ele.

Danielle iria para a casa dos pais, mas não estava feliz com a forma como tudo havia acontecido. Por que Adam a fizera passar por aquela agonia? Por que voltara atrás? Por que arruinara toda a temporada de festas com sua teimosia?

Durante a viagem, Danielle ficou quieta. Ela estava tentando passar o mais rápido que podia da amargura e da raiva para a alegria do Natal. *No final você conseguiu o que queria, Danielle*, ela disse a si mesma. *Por que ainda está ressentida com isso?*

A *maneira* como tomamos decisões e passamos pela vida é importante. A justiça processual é a justiça do processo, e não do resultado. É mais provável que as pessoas aceitem os resultados se também acreditarem que o processo é justo.[13] No caso de Danielle, mesmo que o resultado tenha sido o que ela pretendia, a falta de justiça na *forma* como eles chegaram à decisão corrói sua confiança e seu relacionamento.

As decisões do processo podem apoiar o silêncio ou a voz. Escolha processos que apoiem a sua voz e preste atenção em quais processos fortalecem a voz das pessoas ao seu redor.

Não existe uma única maneira de usar sua voz. A voz de cada um de nós terá aparência e som diferentes das outras. A questão é: onde e quando *você* deseja usar sua voz?

Quando não obtenho os resultados desejados, duvido que esteja usando minha voz de maneira eficaz. Nesses momentos, lembro a mim mesma — e a você — que, por mais que desejemos, o uso da voz não é um acontecimento único. Usar a voz para influenciar as pessoas e o mundo que nos rodeia é um processo contínuo. Essência, relacionamento e processo nos dão mais impulso quando questionamos como usar nossa voz.

Considerando o silêncio que aprendemos, os músculos da voz estão atrofiados em muitos de nós. Cada vez que escolhemos o silêncio, reforçamos os hábitos automáticos que desenvolvemos e perdemos a oportunidade de desenvolver os músculos para usar nossa voz. Cada vez que escolhemos usar a voz é uma oportunidade de fortalecer nossos músculos para expressar opiniões diferentes, ouvir as diferenças e desafiar a injustiça. Não há garantia de que sairemos ilesos. Mas com exercício, descanso e alimentação, nossos músculos para a voz se fortalecem.

Hoje, é muito mais fácil pedir aos taxistas para mudarem a temperatura do carro. Renegociei limites com colegas para não precisar ter uma conversa mais de uma vez. Aprendi que "não" pode ser uma frase completa porque dizer não é o que me permite cuidar de mim mesma. Ser capaz de usar minha voz não foi um processo isento de choques e mensagens de emergência para amigos que me lembram que não sou ridícula por defender meus interesses.

Mas a cada vez que falo, estou conscientemente desaprendendo o silêncio e aprendendo a usar minha voz.

SUA VEZ

Identifique uma situação em que você queira usar a voz. Por exemplo, um projeto de grupo no trabalho, uma dinâmica complicada entre membros da família ou uma questão social pela qual você se interessa.

Qual a sua opinião sobre a essência?
- Que aspectos da essência estão sob seu domínio?
- Que perspectiva você agrega?

Como você pode cuidar do relacionamento?
- Que pessoas ou grupos são afetados por essa situação?
- Quais preconceitos podem estar presentes?
- Que emoções você está sentindo?
- Como as outras pessoas podem estar se sentindo?

Qual processo vai favorecer melhor sua voz (e a de outras pessoas)?
- Como você pode projetar o processo de maneira intencional?
- Quais escolhas de processo melhor apoiam sua própria voz?
- Que normas implícitas você precisa tornar explícitas?
- Que perguntas padronizadas você pode fazer?
- O que você precisa fazer para que o processo pareça justo?

8. Como se manifestar

Em nossos primeiros dias morando juntos, meu marido e eu tivemos uma conversa que carinhosamente passei a chamar de o Escândalo da Privada. Era um típico fim de semana em que tentávamos cuidar das coisas que não são feitas nos dias úteis.

Listando um balanço do que tínhamos que fazer, comentei: "Não podemos deixar de limpar a privada hoje".

"Mas eu já limpei", ele respondeu.

Tenho certeza de que franzi a testa ao pensar no estado da privada. Eu não queria ser chata, mas para mim com certeza não estava limpa.

"Se você limpou, por que ainda tem riscos amarelos na parte de fora?", perguntei, confusa.

"Para que limpar a parte externa da privada? Ninguém usa", ele respondeu, com naturalidade.

Fiquei chocada. Nunca pensei em *não* limpar a parte externa da privada. Eu tinha visto minha mãe limpar a parte de baixo e de dentro, e eu mesma passei a vida limpando o interior e o exterior do vaso sanitário. Na parte de fora, a poeira e a sujeira se acumulavam, ainda mais quando a urina respingava ou os usuários do banheiro, que não vou nomear, não tinham boa mira no meio da noite.

Em contrapartida, eu entendia por que meu marido pensava que o lado de fora não era a parte que as pessoas usavam. O objetivo da base é sustentar a bacia, que sustenta o assento. A maioria de nós consegue passar a vida sem tocar na base da privada.

Mas minha mente foi longe: se um dia tivermos uma criança engatinhando, na fase em que está explorando o mundo pondo coisas na boca, ela não poderia ser exposta a uma privada manchada de amarelo e coberta de poeira. Por mais que eu quisesse compartilhar tudo isso com meu marido, permaneci sem palavras — incapaz de desvencilhar minha perplexidade da minha confusão e preocupação.

Seja no trabalho ou em casa, as pessoas sempre me disseram para me manifestar. Mas nós sabemos que isso não é tão fácil quanto apertar um botão ou ler um roteiro. Estou ciente, como exploramos no capítulo anterior, de que posso confiar na essência, no relacionamento e no processo para usar minha voz. Essas alavancas me ajudam a traçar um caminho para usar minha voz e servem como apoio. Mas há momentos — como no meio do Escândalo da Privada — em que abro a boca, mas não sai nada.

Seja ao abordar higiene ou desigualdade, quero poder falar sobre o que acredito ser certo. Quero ser capaz de acrescentar minha perspectiva ao que está acontecendo. Quero poder comentar sobre o conteúdo e não apenas confiar no relacionamento ou no processo. (Você sabia que, em média, o assento de um vaso sanitário está coberto por quase 2 mil bactérias por centímetro quadrado[1] e uma descarga produz milhares de gotículas contendo bactérias e vírus que podem contaminar superfícies a até cerca de dois metros de distância?[2] Prometo que é o fim da conversa de banheiro. Mas eu tinha razão em me preocupar!)

Em situações em que se sente estarrecido, sem palavras ou chocado, o que você diz de fato e como chegar a um lugar onde as palavras e o significado possam sair da sua boca?

Neste capítulo, ofereço quatro âncoras baseadas nas armadilhas que observei na minha própria vida ao me manifestar e em anos que passei treinando outras pessoas com o mesmo objetivo.

Para falar naqueles momentos em que não sabemos o que dizer, precisamos 1) começar com o porquê, 2) ligar os pontos, 3) deixar a pergunta clara e 4) aceitar a resistência. Essas quatro âncoras fornecem uma referência para se preparar para falar e saber o que você precisa abordar ao abrir a boca, e para que os outros tenham maior probabilidade de ouvi-lo e compreendê-lo. Tal como a peça que evita que um barco se afaste devido a ventos ou correntes, cada uma dessas âncoras nos ajuda a manter o rumo do que queremos comunicar, mesmo quando as pessoas nos distraem ou mudam o teor, o assunto ou o contexto da conversa.

COMECE EXPLICANDO O PORQUÊ

Simon Sinek popularizou a ideia de começar pelo porquê como um princípio empresarial fundamental. Para obter a aprovação de sua equipe, motivar outras pessoas e alcançar quase tudo, você precisa começar explicando o motivo. Sinek aponta para pesquisas que mostram que começar com o porquê é uma forma de mapear o envolvimento do nosso cérebro, pois a motivação ressoa não apenas no neocórtex, mas no sistema límbico.[3] O porquê fornece contexto emocional para a tomada de decisões.

O mesmo raciocínio vale para entender por que queremos usar nossa voz. "O que eu ganho com isso?" — conhecido pela sigla WIIFM [em inglês, *What's in it for me?*] — compreende a ideia de que deve haver alguma vantagem para que prestemos atenção em algo. Tantas coisas exigem nossa atenção que precisamos de algum gancho para saber por que deveríamos ouvir mais alguém. A sugestão vai ajudar as pessoas a terem uma opinião melhor sobre mim? Permite maior colaboração entre as funções? Vai reduzir os danos daqui para a frente? As pessoas costumam ouvir e responder de forma mais favorável se entenderem por que a ideia que você está compartilhando é importante — ou deveria ser importante — para elas.

Mas saber o porquê não é um atributo apenas para as pessoas que você está tentando alcançar. Saber por que estamos nos manifestando é fundamental para cada um de nós. Por que nos submeteríamos ao desafio de cálculos, riscos e possíveis consequências de falar abertamente se não houvesse algo — um motivo — que fosse mais importante do que o risco e o desconforto?

Precisamos nos ancorar em alguma coisa para nos lembrar por que nos colocamos nesse lugar e assumimos os riscos. O que é mais importante para você do que seu próprio desconforto, que faz valer a pena a energia e o investimento investidos ali? Quer você articule ou não o porquê mais importante — ou qual porquê — para os outros, conectar-se a um motivo maior oferece clareza sobre por que você emprestaria sua voz a determinado contexto e situação. Um *porquê* oferece uma resposta à pergunta: Vale a pena se manifestar?

De acordo com o psicólogo Robert Kegan e a professora de educação de Harvard Lisa Lahey, para mudar você precisa de algo que seja mais importante do que o antigo comportamento.[4] Se quer perder peso, precisa ter um bom motivo para isso. Você deve se preocupar mais com sua saúde ou a possibilidade de passear com seus netos do que continuar com os mesmos padrões que contribuíram para seu peso atual. Se o silêncio é o comportamento antigo, o hábito conhecido, o que importa mais e faz valer a pena falar?

Dignidade humana.

Justiça.

Pertencimento.

Uma chance de promoção.

Saber que tentamos.

Amor — para si mesmo ou para os outros.

Nicola vinha sentindo dores havia anos. Alguns dias, a dor percorria suas costas, como se alguém a estivesse esfaqueando repetidas vezes. Em outros, era tão forte nas mãos que ela não conseguia segurar a caneca de café. Nicola tinha dias bons, quando a dor parecia controlável. Então, de repente, uma ardência se espalhava como fogo por suas pernas. Naqueles momentos, tudo o que ela conseguia fazer era agarrar-se ao travesseiro, enrolar-se como uma bola e desejar que passasse.

Ela havia consultado vários médicos, mas ninguém tinha respostas. Tentou aplicar gelo, calor, pomadas, fazer dietas, tomar comprimidos — até acupuntura —, mas nada parecia ajudar.

Além da dor física, o mais angustiante era a pouca empatia das pessoas ao redor. No início, a família e os amigos olhavam para ela com preocupação, depois com pena. Depois de um tempo, começaram a perguntar se ela estava inventando a dor. *Você parece bem por fora e não está sangrando. Não consegue mesmo segurar uma xícara?* Quando ela estremeceu na mesa de jantar, o marido lançou um olhar como se quisesse dizer que ela não deveria ser tão dramática.

Nos piores dias, não conseguia sair da cama. Ela tinha dois filhos, de seis e oito anos, cheios de energia. Quem iria cuidar deles? Sua sogra, Isis, ofereceu-se para ajudar. Com Nicola em licença médica sem remuneração, o marido era o único provedor da família. E Isis detestava ver a família tão apertada.

Era um alívio ter Isis por perto. Ela era ótima com os pequenos e podia cuidar das refeições, da limpeza e garantir que as crianças fossem e voltassem da escola. O que doeu foram os comentários que Nicola ouviu através das paredes.

"Essa sua esposa é inútil. Na minha época, ninguém deixava de fazer as coisas, mesmo doente."

"Ela ficou doente por causa daquela mania de ser vegana. Não está comendo proteína suficiente."

"Por que você não se casou com uma pessoa mais forte? Nós avisamos que ela seria um problema."

A princípio, Nicola tentou ignorar os comentários cruéis. Afinal, Isis estava ajudando a família. Disse a si mesma que poderia ser uma pessoa mais madura e deixar para lá. Não precisava gostar da sogra. Nicola nem ficou surpresa com o fato de o marido ter permanecido em silêncio. Eles estavam casados havia tempo suficiente para ela saber que era improvável que ele a defendesse. O marido nunca fora capaz de resistir à mãe e certamente não iria resolver quatro décadas do próprio trauma de infância antes do jantar.

Mas quanto mais Nicola pensava no assunto, mais sentia que algo precisava ser dito. Se o marido não ia dizer nada, ela precisaria dizer. Mesmo que mal conseguisse sair da cama, merecia ser tratada como um ser humano, principalmente na própria casa. Se ela conseguia ouvir as críticas da sogra, os filhos certamente também ouviam. O que eles pensariam da própria mãe? Dignidade, respeito e a forma como queria que os filhos tratassem os outros foram motivos suficientes para Nicola se manifestar.

Assim como Nicola, é útil identificar o seu porquê mais importante antes de falar ou agir. Talvez você já saiba intuitivamente o que é, mas articular o porquê para si mesmo — e decidir se deve compartilhá-lo com a outra pessoa — ajuda a se orientar, mesmo quando surgem ondas de dúvida.

LIGUE OS PONTOS

Com base em nossa experiência de vida, condição e ponto de vista, todos temos acesso a diferentes informações e processamos os dados de modos distintos. Mas só em momentos como o Escândalo da Privada é que nos lembramos de *como* pensamos de forma diferente.

Originário de Omã, Khajeer trabalhava havia anos no setor de importação e exportação. Quando foi contratado, os fundadores australianos prometeram que, se ele se dedicasse e provasse seu valor, o tornariam sócio da empresa. Eles constantemente diziam coisas como "Khajeer, não conseguiríamos fazer tudo isso sem você". Mas com o passar dos anos ninguém nunca organizou os documentos para torná-lo sócio oficial. Khajeer se questionava se isso algum dia aconteceria.

Sempre que ele perguntava quando se tornaria sócio, havia um motivo para o atraso: questões de saúde da família, um cliente exigente, uma prioridade diferente. Khajeer queria acreditar nas pessoas com quem trabalhava, mas a cada dia que passava ele achava mais difícil crer que a mudança aconteceria.

Querendo presumir o melhor sobre os sócios, Khajeer decidiu ligar os pontos para eles: "Eu trabalho aqui há nove anos. Vocês me disseram que depois de seis anos eu seria sócio da empresa. Sei que há muita coisa acontecendo, mas também sei que sempre há algo. Cada vez que vocês dizem que em breve me tornarão sócio e depois não cumprem o prometido, menos confio que cumprirão com sua palavra. Sinto que minhas escolhas são aceitar as coisas como elas são ou desistir. Como um imigrante neste país, que pode ser expulso se não tiver os documentos necessários, sinto que ocorre o mesmo na empresa. A menos que a sociedade seja oficial, e mesmo que seja, vocês ainda têm o poder de me mandar embora. Esse não é um risco que eu possa continuar correndo".

Na maioria das vezes, as pessoas têm uma reação semelhante à minha quando meu marido explicou por que não precisava limpar o banheiro todo. É algo como: "Ah, nunca tinha pensado nisso dessa forma". Ligar os pontos pode ser uma oportunidade para as pessoas, como aconteceu no caso de Khajeer, cujos superiores compreenderam o impacto de suas escolhas e comportamento. É uma oportunidade para entenderem as consequências não intencionais de suas ações. A maioria das pessoas bem-intencionadas não gosta de ser vista da forma errada.

Ligar os pontos é uma oportunidade de ajudar as pessoas a verem o que de outra forma não seria visível para elas e expor as conexões lógicas que você enxerga a partir da sua perspectiva. É uma forma de mostrar ao outro que existe uma maneira diferente de pensar sobre a situação, para que ele possa compreender seu ponto de vista.

FAÇA PEDIDOS CLAROS

Poderíamos esperar que depois de ligar os pontos as pessoas fossem capazes de seguir a linha de raciocínio e saber o que fazer de diferente no futuro. Mas a experiência me mostrou que fazer um pedido pela metade é uma receita para mais falhas de comunicação e frustração. Assim como o amigo que oferece soluções quando a outra pessoa só quer desabafar, ou o gerente que não fornece orientação suficiente aos membros da equipe em um projeto porque não quer dar ordens, é difícil intuir o que querem de nós. Deixar nosso pedido claro permite que as pessoas tomem decisões conscientes de aceitá-lo ou rejeitá-lo.

No Escândalo da Privada, gostaria de ter deixado explícita a pergunta: "Poderíamos concordar que daqui para a frente, nesta casa, limpar a privada significa limpar tanto o interior quanto o exterior do vaso e da base?". Parece degradante ou óbvio ter que explicar isso, mas não ter esclarecido o padrão é o que nos leva aos Escândalos da Privada.

A clareza não foi importante só no meu caso.

Catalina não sabia o que fazer. O grupo comunitário que ela fundara estava se fragmentando. Em vez de trabalharem juntas, as pessoas brigavam. Ninguém conseguia chegar a um acordo sobre quais problemas resolver e como divulgá-los.

Os amigos sugeriram que ela procurasse Gerrit, pois ele era um líder comunitário experiente e bem-conceituado, que havia passado por muitas das dinâmicas complicadas que ela estava enfrentando. Depois de semanas encarando o telefone, ela finalmente conseguiu ligar para ele e expôs a situação.

"O que você faria?", ela perguntou.

Para consternação de Catalina, Gerrit respondeu: "Confie em si mesma. Você saberá o que fazer".

Sério? Isso era tudo que ele tinha a dizer? Ela havia evitado tomar qualquer decisão na esperança de encontrar em Gerrit mais uma cabeça pensante e estratégias práticas. Embora a empatia fosse gentil, parecia que estava de volta à estaca zero.

Gerrit notou o silêncio. "O que foi?"

"Na verdade, eu quero conselhos."

"As mulheres não querem só ser ouvidas?"

"Ah, claro. Às vezes. Mas hoje eu quero e preciso de conselhos úteis. Se você fosse eu, o que faria? Você administrou organizações antes. Já teve que demitir pessoas, já analisou riscos. Não estou pedindo que me diga o que fazer. Estou pedindo que diga o que você faria."

A incompatibilidade entre o que queremos dos outros e o que os outros pensam que queremos deles é comum. Ser explícito em relação ao que queremos da outra pessoa é uma forma de deixá-la ciente de uma função que pode ou não executar. Embora às vezes seja difícil pedir o que queremos, ao serem claras as pessoas bem-intencionadas têm maior probabilidade de acertar o alvo.

Portanto, antes de fazer seu próximo pedido, considere as seguintes questões: Você quer que alguém ouça você? Que pense com você? Que o deixe desabafar mas não resolva o problema? Quer que alguém ofereça soluções? Ser explícito sobre o que você espera do outro permite que ele tome uma decisão informada sobre a possibilidade de desempenhar uma função. Na maioria das vezes as pessoas querem ser úteis, mas simplesmente não sabem como ajudar no momento. Apresentar uma função clara as ajuda a saber o que será útil para *você*.

ACEITE A RESISTÊNCIA

Começar pelo porquê, ligar os pontos e deixar os pedidos explícitos são coisas que ajudam a administrar a resistência que inevitavelmente encontramos ao usarmos nossa voz. Por mais que você fale o que pensa, os outros podem ter (e terão) suas próprias reações.

Mas essas reações não precisam negar sua voz. Em vez de ver a resistência alheia como uma razão para permanecer em silêncio, compreenda que ela é uma parte normal do processo e a aceite.

Vitali fazia parte da equipe de Relatórios e Análises de uma empresa de investimentos. Sabendo que o diretor e outros tinham muito mais experiência, ele hesitou em expor sua ideia sobre como a empresa poderia otimizar processos. Mas ele também tinha ouvido que, para progredir ali, teria que se diferenciar de todos os outros funcionários.

Então, na reunião seguinte, quando a liderança perguntou se alguém tinha algo a acrescentar, Vitali deu sua sugestão: "Se pudermos usar esta plataforma para passar dos dados não processados à visualização em minutos, seria ótimo para os clientes".

As críticas chegaram quase imediatamente, de vários lados.

"Isso nunca vai dar certo."

"Não é tão fácil assim."

"E a segurança de dados?"

Vitali ficou abalado. O que aconteceu com "Estamos abertos a todas as sugestões para melhoria de processos"? Ou que os funcionários seriam recompensados por ideias inovadoras? Aparentemente, era apenas mentira corporativa. Ele voltou para sua mesa desanimado.

Muitas vezes nos irritamos com as críticas. As opiniões das pessoas sobre nós ou sobre nosso trabalho podem parecer profundamente pessoais e incrivelmente desmotivadoras. A ameaça social que sentimos quando encontramos resistência em vez de receptividade é real. E, no entanto, a resistência é uma parte natural e útil da expressão de ideias e da colaboração mútua.

A crítica é uma forma de colaboração, mesmo que não da maneira que desejamos. A resistência alheia contém informações úteis para obtermos um resultado melhor. Sendo mais específica, os questionamentos são uma forma de as ideias serem cultivadas em uma equipe. Como 80% do nosso trabalho hoje ocorre no contexto de equipes ou grupos de pessoas, falar e apresentar questões ao coletivo é particularmente importante.[5] Por mais desanimador que seja ter alguém apontando um ponto fraco em sua ideia ou questionar seu discernimento, a resistência cria uma oportunidade para que outros colaborem ainda mais e proponham soluções diferentes para manter a ideia viva.

Ao longo do dia, quanto mais Vitali pensava na conversa, mais motivado ficava. Na reunião individual seguinte, ele perguntou ao gerente: "Se pudéssemos resolver o problema de segurança de dados, isso seria algo em que a empresa estaria interessada?". Claro. O resultado seria uma vitória. Mas, no momento, ninguém sabia como chegar lá.

Compreender que a resistência é uma parte natural do uso da voz nos ajuda a ser menos afetados por ela. Em vez de sermos tomados pela frustração de nos sentirmos criticados ou rejeitados, podemos aceitar a resistência reconhecendo que, por mais frustrante que seja, ela faz parte do processo.

É importante notar que ter um bom plano B é o fator não tão secreto que torna muito mais fácil aceitar a resistência. Batna [sigla em inglês para Melhor Alternativa a um Acordo] é o termo clássico de negociação para o que fazer se a outra pessoa não concordar com algo que funcione para você. Uma armadilha comum nas negociações é pressupor que não há outras opções, o que simplesmente não é verdade. Nossas alternativas podem não ser ótimas, mas lembrar que você tem uma Batna e trabalhar para melhorar o que parece ser a mais aceitável das opções lhe dá vantagem, mesmo que você acabe não a escolhendo.

Nicola pode sentir que aceitar a ajuda de Isis, junto com uma boa dose das suas opiniões, é a única opção. Afinal de contas, a família passou a ter apenas um provedor e seria um desafio encontrar outra ajuda com boa relação custo-benefício. Mas se Nicola conseguir outro parente ou um amigo que possa ajudar, se sentirá muito menos em dívida com a sogra.

Se Isis for capaz de mudar seu comportamento após ouvir Nicola expor sua perspectiva e compreender o que a nora pede, seria bom continuar contribuindo com a família. Mas se ela não conseguir ou não quiser parar com os comentários ofensivos, Nicola tem outras formas de cobrir os cuidados dos filhos e as tarefas domésticas com menos dor emocional e relacional.

Sempre que usamos nossa voz, estamos sujeitos às alternativas — quanto mais forte for nossa Batna, menos teremos que nos preocupar com a disposição da outra pessoa em ouvir ou obedecer. Afinal, você sabe que há algo que *pode* fazer, mesmo que sua sogra o deixe na mão.

Ao usar sua voz, você pode sentir que deu dois passos à frente, um passo para trás, para o lado e de cabeça para baixo. Mas compreender que a resistência faz parte do processo e contém informações valiosas para informar seus próximos passos, e que você tem e pode melhorar suas alternativas, é uma forma de não ficar tão desestabilizado.

* * *

Muitos de nós queremos nos manifestar e usar nossa voz uma única vez. A vida certamente seria muito menos exaustiva assim. Infelizmente, é raro acontecer dessa forma. Usar a voz é um processo coletivo e interacional, e não um evento único entre duas pessoas que existem em uma bolha.[6]

Começar pelo porquê, ligar os pontos, fazer pedidos claros e aceitar a resistência são quatro âncoras que podemos usar quando as ondas de opinião e crítica — e, bem, a vida — surgem em seu caminho. Ter essas quatro âncoras à mão quando quiser se manifestar é estar preparado para colaborar de maneira produtiva. Manter essas âncoras em mente durante uma conversa é uma forma de ter uma ideia firme à qual se agarrar quando quiser abordar o assunto. Com essas quatro âncoras, espero que você use sua voz para que todos possamos nos beneficiar de suas ideias, percepções e inspiração.

Usar a voz não é um ato individual. Portanto, no próximo capítulo, veremos como podemos parar de silenciar uns aos outros e, em vez disso, apoiar as vozes para que nenhum de nós tenha que agir sozinho.

SUA VEZ

Quais destas quatro âncoras você costuma usar intuitivamente?

Quais destas âncoras você poderia adicionar a seu kit de ferramentas na próxima vez que precisar se manifestar?

Qual é a situação em que você deseja falar?

1. Comece explicando o porquê

Qual é a razão pela qual você gostaria de falar?

"É uma questão de segurança."

2. Ligue os pontos

Qual é o seu processo de pensamento?

"Eu vejo da seguinte forma... Minha preocupação é..."

3. Faça pedidos claros

O que você está pedindo à(s) outra(s) pessoa(s)?

"Quero que tomemos uma decisão juntos sobre isso."

4. Aceite a resistência

Lembre-se, a resistência é normal. Faça perguntas para entender por que alguém está hesitante, contrário ou preocupado.

"Qual é a sua preocupação...?"

9. Pare de silenciar as pessoas

Scarlett voltou para a van furiosa. Depois que todos entraram e fecharam as portas, ela respirou fundo e disse aos amigos: "Ainda bem que as pessoas no restaurante eram melhores que vocês. Todo mundo ouviu as piadas — sobre brancos pobres, gente que gosta de caçar, caipiras e toscos. Sobre eles. E sobre mim". Scarlett é uma mulher branca que cresceu na zona rural de West Virginia antes de se mudar para Nova York em busca dos sonhos na cidade grande. "O estereótipo é uma via de mão dupla. Foi muito desrespeitoso. Sorte que as pessoas tiveram compaixão e bondade por vocês hoje."

Saindo da Waffle House, a van ficou em silêncio por um longo tempo antes que seu amigo Rick falasse: "Desculpe mesmo. Sei como é ver as pessoas fazendo suposições sobre mim só porque sou negro. Você tem razão. Eu deveria ter mais noção".

"Deveria mesmo", Scarlett respondeu. "Porque, quando você categoriza e estereotipa as pessoas, você é tão ruim quanto as pessoas que te categorizam e te estereotipam. Tenha mais respeito."

NÓS SILENCIAMOS AS PESSOAS. EU SILENCIO AS PESSOAS. VOCÊ TAMBÉM.

Devo acrescentar que na maioria das vezes em que silenciamos os outros, não temos essa intenção. Em geral, nos consideramos atenciosos e receptivos. Queremos que as pessoas à nossa volta se sintam vistas, reconhecidas e ouvidas. Queremos criar culturas nas quais a sua — e a nossa — humanidade se destaque. Queremos que as pessoas cresçam. Mas na maioria das vezes não temos o impacto que pretendíamos.

Neste capítulo, vamos abordar como podemos transformar nossas boas intenções em realidade. Você aprenderá como estar atento e consciente do que fala, a fim de gerar menos danos colaterais.

Podemos parar de silenciar as pessoas ao ouvir para além das diferenças, eliminando noções preconcebidas, destacando os interesses e a agência dos outros (em vez dos nossos), normalizando as diferenças e questionando as regras. Agindo assim, você poderá se mostrar como a pessoa atenciosa e solidária que deseja ser, e será mais fácil para que aqueles ao seu redor escolham usar a voz em vez de ficar em silêncio.

OUÇA, PRINCIPALMENTE QUANDO HOUVER DIFERENÇA

Nascida na República Dominicana, Amara tinha dificuldade de se lembrar de algum momento em que concordou com sua gerente, Maggie, que cresceu e ainda vivia em um subúrbio de pessoas ricas e brancas. Sempre que Amara fazia uma pergunta, Maggie respondia: "Não quero te dizer o que fazer, mas, quando eu estava na sua posição...".

Meses depois, todas as sugestões feitas por Amara ainda recebiam o mesmo feedback. Apesar da promessa de que teria autonomia, a expectativa era de que Amara fosse uma Maggie em miniatura, fazendo todas as coisas exatamente da mesma forma que a gerente faria.

O problema era que a tática de Maggie não funcionava. Grande parte do trabalho de Amara consistia em angariar fundos, mas as estratégias que Maggie aprovava não inspiravam os doadores a contribuir. Amara sentiu que precisava dizer alguma coisa. "Maggie, ainda estamos longe da meta de arrecadação. Precisamos de uma abordagem diferente."

Quando Maggie parou para pensar, Amara ficou esperançosa. Mas então a chefe disse: "Amara, acho ótimo seu entusiasmo em tentar algo novo. Mas se você não está conseguindo resultados é porque não está seguindo o plano".

Amara se sentiu frustrada. Alguns dias depois, recebeu um e-mail do RH. Maggie dissera que Amara estava criando um clima tóxico no ambiente de trabalho e que a subordinada precisava aprimorar suas habilidades de colaboração. Amara se sentiu sem saída: a estratégia de Maggie não estava funcionando, mas ela não tinha permissão para tentar algo diferente. Era óbvio que se falasse estaria perdida. E se não falasse, também.

O que deveria fazer?

A maioria de nós sabe muito bem o que é falar algo e ser mal interpretado, ou ouvir as pessoas dizerem que estamos errados ou equivocados. Nós optamos pelo silêncio quando não somos ouvidos.

Também somos culpados de não ouvir os outros, principalmente quando discordamos do que eles dizem ou quando não se comunicam como gostaríamos.

Em vez de ouvir, completamos as frases deles.

Nós pressupomos, refutamos, paramos de ouvir, projetamos.

Nós silenciamos — mesmo quando estamos tentando escutar. E, como resultado, não ouvimos a informação e a perspectiva que nos são oferecidas para resolver os problemas; com isso, negamos a dignidade do outro.

"Ouça" é um conselho tão comum que é quase difícil de ouvir. Segundo uma pesquisa, 96% das pessoas se identificam como boas ouvintes.[1] No entanto, momentos depois de assistirem a uma apresentação oral de dez minutos, metade dos adultos não é capaz de descrever seu conteúdo. Depois de 48 horas, 75% dos ouvintes não conseguem se lembrar do assunto abordado.[2]

Líderes como Maggie muitas vezes ignoram ou repelem o que é dito quando se sentem ameaçados, conservam crenças negativas implícitas e preconceitos com relação a pessoas que ocupam cargos mais baixos, têm opinião superestimada da própria competência ou todas as opções anteriores.[3] Quando respondemos com resistência ou rejeição, por qualquer motivo, as pessoas concluem, com razão, que não vale a pena correr o risco de se manifestar.[4] No entanto, ignorar ou rejeitar o que os outros dizem não é uma boa tática. Precisamos ser ouvidos para resolver problemas, trabalhar em conjunto e ser capazes de coexistir sem incomodar constantemente aqueles que nos rodeiam.[5] Silenciar os outros prejudica os interesses da maioria de nós.

A pesquisa também deixa evidente que as pessoas são mais propensas a expressar preocupações e a sentir segurança psicológica quando as autoridades se mostram abertas, acessíveis, receptivas, empoderadoras e inclusivas.[6] Será que Maggie pode guardar sua opinião para si *e* tentar ver as coisas a partir do ponto de vista de Amara? Afinal, os avisos nem sempre vêm com luzes piscando e alarmes ensurdecedores. Se Maggie permanecer fechada às observações de

Amara sobre o que não está funcionando, a equipe não alcançará a meta de arrecadação. Se ela ouvir o que Amara diz, a equipe poderá mudar de estratégia e ter uma chance de fazer melhor.

A menos que consigamos criar espaços onde as pessoas tenham confiança de que as suas contribuições são valorizadas, estaremos conduzindo os outros ao silêncio em vez de ao uso da voz. Ser capaz de ouvir, sobretudo apesar das diferenças, é o primeiro passo para construir e manter um espaço onde o uso da voz é bem-vindo. Afinal, os avisos muitas vezes aparecem na forma de conversas desconfortáveis, nas quais as pessoas nos dizem o que não queremos ouvir. Nossas respostas no momento determinam se receberemos — ou deixaremos de ouvir — essa informação.

Então, o que é ouvir e se dispor a ouvir através das diferenças?

Ouvir é tentar entender o que a outra pessoa está tentando comunicar, e isso pode ou não estar refletido nas palavras que ela usa inicialmente. Ao ouvir, pergunte a si mesmo: Qual é a essência do que a pessoa está tentando comunicar? O que ela está de fato dizendo ou pedindo?

Verifique sua motivação e seu propósito no momento. Você está ouvindo apenas para confirmar a própria visão ou para saber a intenção e a essência do que o outro está tentando expressar? Ouvir, não para rebater ou defender, mas para compreender e fazer com que o outro se sinta atendido, é apoiar a voz alheia.

A preocupação de Amara de não conseguir cumprir os objetivos do departamento com os recursos que tinha devia ser encarada com interesse e curiosidade. Se Maggie calar Amara, o que acontece? Amara recebe o e-mail, fica em silêncio para não continuar criando um clima "tóxico", não consegue atingir a meta e acaba exausta por não ter recursos para fazer seu trabalho. A organização perde.

Para incentivar o uso da voz em vez do silêncio, Maggie pediria a Amara que explicasse mais sobre sua preocupação, em vez de dizer para ela dar um jeito de conseguir. Se Maggie ouvisse, prestaria atenção e reconheceria que, para a situação de Amara, repetir planos passados não é uma boa opção. Maggie tentaria entender por que Amara vê as coisas de maneira diferente. Maggie poderia perguntar: O que você acha que mudou desde o ano passado? O que você precisa que eu faça? Para tentar compreender as preocupações de Amara, Maggie não precisa concordar com elas. Mas silenciar Amara não faz o problema desaparecer — o silêncio apenas transporta o problema para o futuro e muitas vezes deixa as coisas piores.

DESFAÇA NOÇÕES PRECONCEBIDAS

Além de ouvir o que as pessoas têm a dizer, fortalecemos o uso da voz ao eliminar as noções preconcebidas que nós — e outros — podemos ter sobre elas.

Se os amigos de Scarlett fossem sinceros, reconheceriam que tinham feito piada dos habitantes locais na Waffle House porque *eles* se sentiam muito desconfortáveis a milhares de quilômetros dos oásis urbanos que chamavam de lar. Eles estavam conscientes de que seus jeans de grife e tênis brancos se destacavam em meio à estampa camuflada e ao laranja que todos usavam. Não se sentiam tranquilos com o fato de que todos olharam para eles quando entraram, embora estivessem no território de outras pessoas. Imaginaram que os moradores estivessem zombando deles por serem parte da elite da cidade grande, embora não tivessem trocado uma palavra com ninguém além do garçom, que fora completamente respeitoso e amigável.

Era mais fácil para os amigos de Scarlett criticar as pessoas que não conheciam — e deduzir que não tinham a mesma opinião política — do que terem curiosidade sobre como era a vida num lugar tão diferente daquele que chamavam de lar.

Na van, Scarlett continuou. "Olhem, eu cresci em uma estrutura pré-fabricada. Meus vizinhos nunca saíram do estado, muito menos do país. Mas eram pessoas gentis, que sempre nos ajudavam."

Depois de uma longa pausa, Rick perguntou: "O que é uma estrutura pré-fabricada?".

"É uma habitação móvel. Um trailer", respondeu Scarlett. "Para mim era a nossa casa, só isso. Era o que meus pais podiam pagar. E eles garantiram que meus irmãos e eu tivéssemos o que precisávamos."

Houve silêncio na van enquanto os amigos de Scarlett passaram a enxergá-la — e às comunidades pelas quais passavam — sob uma nova perspectiva. Ainda era a mesma Scarlett que eles conheciam e amavam. A Scarlett que pedia serviço vip quando iam às boates e tinha jogo de cintura para tirá-los de qualquer situação complicada. Era a mesma Scarlett que sabia debater sobre as vantagens das opções de ações em pacotes de compensação e não tolerava grosseria de ninguém, uma habilidade de sobrevivência que aprendeu como a primeira da família a ir para a faculdade.

Scarlett expôs seu ponto de vista. Os amigos perceberam que as pessoas do interior não eram necessariamente atrasadas. Enquanto passavam por fazendas de cavalos e pastagens, ela continuou a explicar que a caça era uma forma de pais e filhos se conectarem e passarem bons momentos realizando uma atividade compartilhada, assim como a família de Rick montava quebra-cabeças na mesa da sala de jantar. A conversa lembrou aos amigos que todos eram apenas pessoas. As pessoas que comiam batata frita com creme de cebola e queijo eram apenas pais tentando sustentar seus filhos.

Todos nós fazemos suposições sobre os outros com base no que pensamos saber sobre eles. Temos noções preconcebidas com base na cor da pele, na escola que frequentaram, em quanto dinheiro pensamos que têm.

Para apoiar a voz de uma pessoa, é preciso enxergá-la como um indivíduo único, em vez de lançar mão de estereótipos, preconceitos e impressões que você (e outros) tem em relação às identidades que ela carrega. Descubra quem ela é e fortaleça sua voz, desfazendo, em vez de reforçar, as noções preconcebidas que os outros possam ter.

PRIORIZE OS INTERESSES E A AUTONOMIA DAS OUTRAS PESSOAS

Erik estava havia dois anos no escritório de arquitetura e era agora um dos veteranos. Tinha visto pessoas chegarem e irem embora. Testemunhara a parcialidade enfrentada por colegas que não se pareciam com a liderança branca e queria acabar com essa dinâmica. Quando o último funcionário negro se demitiu, Erik jurou nunca mais deixar isso acontecer. Dali em diante não ficaria mais calado sobre a injustiça.

Quando um novo profissional se juntou à equipe, Erik percebeu que ele estava assumindo mais tarefas do que qualquer outra pessoa. Decidiu intervir. Temia que, assim como aqueles que vieram antes dele, o novo funcionário fosse enfrentar os obstáculos da desigualdade dentro do sistema. Preocupado se ele estava sendo tratado de forma justa, Erik escreveu à gestora pedindo que reduzissem a carga de trabalho do colega, que estava recebendo mais do que sua cota de tarefas e deveres.

Erik estava orgulhoso por ter feito alguma coisa.

Clara, a líder da equipe, ficou confusa. Ela se reunia com o novo funcionário toda semana e acompanhava de perto a carga de trabalho para evitar a mesma situação que preocupava Erik. Vinha construindo intencionalmente um relacionamento franco e de confiança com o novo membro da equipe. No dia anterior mesmo ele dissera que estava confortável com a carga de trabalho e, na verdade, animado por ter várias experiências diferentes. Então de onde vinha a informação de Erik?

Clara agradeceu a preocupação de Erik e prometeu investigar a situação.

Quando abordou o novo funcionário, dizendo que os outros estavam preocupados com sua carga de trabalho, ele ficou igualmente confuso. "Mas conversamos sobre isso ontem", disse ele. "Confirmei que o volume era adequado e apreciei a variedade de projetos. Por que estamos falando sobre isso de novo?"

À medida que tentamos usar nossa voz para defender as coisas em que acreditamos, estamos fadados a errar o alvo. Uma forma fundamental de apoiar a voz dos outros é dar suporte às suas necessidades, vontades, objetivos, desejos e perspectivas, em vez de aos nossos.

Erik poderia ter perguntado ao novo funcionário o que ele estava achando da carga de trabalho antes de falar com a líder da equipe. "Estou vendo que sua agenda está cheia.

Para mim, esse cronograma seria demais. Como está o volume de trabalho para você?" Ou se Erik tivesse dito "Sei que é difícil ser novo e quero fazer o que puder para ajudar. Posso abordar a questão com a Clara se você estiver de acordo. Isso seria útil?", o novo funcionário poderia ter redirecionado suas boas intenções.

Antes de agir em nome de alguém ou por uma causa, verifique se suas informações estão corretas. O que nos incomoda pode ser aceitável — ou não valer a pena o esforço — para alguém em situação diferente. Não suponha que você sabe o que seria melhor para a outra pessoa. Em vez disso, pergunte o que a ajudaria. Essa pessoa quer seu envolvimento? Como você pode de fato apoiá-la? Falar em nome de alguém sem perguntar provavelmente criará mais desafios para ela, apesar das boas intenções.

Cada um de nós sobressai em diferentes circunstâncias. Do que as pessoas ao seu redor precisam? Que condições favorecem mais suas vozes? Em que etapa estão na jornada de cultivo e uso da própria voz? Elas precisam de atenção? Precisam de um incentivo, afirmando que têm algo que merece ser dito? Em caso de dúvida, deixe que saibam sobre sua intenção de apoiá-las. Você pode perguntar como apoiar da melhor forma ou compartilhar sua opinião com a pessoa, para que ela tenha a oportunidade de dizer se isso realmente a ajuda.

Resumindo, para apoiar alguém, você deve ser conduzido pelas necessidades e preferências da outra pessoa, em vez de atender às suas próprias.

COMO FAZER O SEU TRABALHO

Você já ouviu a expressão "Faça seu trabalho", mas não entendeu o que significa? Fazer o seu trabalho significa desenvolver a consciência de como as próprias experiências moldam suas percepções, preconceitos, suposições e ações e descobrir como deseja fazer com que essas experiências passem a moldar a sua vida daqui em diante.

Para a maioria de nós, fazer nosso trabalho é também estar ciente dos diferentes tipos de traumas físicos ou emocionais que enfrentamos e encontrar maneiras de curá-los, para não infligir a mesma dor às pessoas ao nosso redor. Para fazer nosso trabalho, devemos nos educar sobre coisas que não constavam no currículo da escola que frequentamos ou nas conversas à mesa do jantar. É processar nossas reações defensivas e desencadeadas no nosso próprio tempo, e não com as pessoas afetadas pelas nossas ações. É sentir o desconforto de saber que fomos cúmplices e lutar contra a forma como contribuímos para que essas coisas acontecessem. Fazer nosso trabalho significa sair do turbilhão de culpa e vergonha para chegar a uma ação construtiva que priorize as necessidades daqueles que tradicionalmente marginalizamos. Algumas vezes, significa fazer o trabalho que cabe a você e deixar que os outros façam o deles.

Até que façamos o nosso trabalho, é difícil priorizar de maneira eficaz os interesses de outra pessoa. Ao fazer o nosso trabalho, somos capazes de identificar se uma reação intensa tem a ver conosco, com outra pessoa ou com a situação. É importante fazer o seu trabalho com indivíduos em situação semelhante. Não faça o seu trabalho com sua equipe, com seu subordinado direto ou com pessoas em cargos abaixo do seu. Em vez disso, converse com um amigo, coach ou com seu chefe. Ao fazer com que as pessoas afetadas por suas ações presenciem o seu processamento em tempo real, você prioriza ainda mais suas próprias necessidades e silencia suas vozes.

NORMALIZE DIFERENTES ESTILOS DE COMUNICAÇÃO

Uma amiga e eu costumávamos sair ao acaso para tomar café. Aproveitávamos a liberdade de não ter planos nem sermos responsáveis por ninguém além de nós mesmas. Fazíamos viagens espontâneas juntas porque podíamos.

Hoje em dia, a vida parece muito diferente. Ela me envia áudios que grava enquanto amamenta. Eu mando uma mensagem escondida na fila do supermercado antes de pegar as compras. Muitas vezes se passam semanas entre nossas trocas de mensagens. Concordamos que não há culpa ou obrigação de responder. Entendemos que a vida está repleta de todos os diferentes cargos e responsabilidades que cada uma de nós assume. Áudios não são meu modo preferido de comunicação; ela não adora mensagens de texto. Mas ambas estamos gratas pela conexão que permanece.

Muitas vezes existe um padrão-ouro de comunicação: uma forma única de se comunicar que é mais valorizada que as outras.

Em pessoa.

Sem resmungos.

Claro, nítido e direto ao ponto.

Olhar nos olhos.

Responder em tempo hábil.

Mostrar emoção suficiente para parecer autêntico, mas não a ponto de deixar as pessoas desconfortáveis.

Essas normas, e muitas outras, pressupõem uma diretriz corporativa branca, com alto nível de escolaridade e neuroticidade. Significa que as pessoas para quem esses padrões não são naturais precisam se contorcer para se ajustarem a um molde antes de poderem ser ouvidas. Aqueles para quem o inglês é a segunda língua têm ainda outra camada com que se preocupar, além de apenas aprender as palavras. Isso significa que as vozes daqueles que se comunicam de forma mais eficaz escrevendo ou digitando não são tão valorizadas quanto as daqueles que falam com mais eloquência.

Usar a voz é confuso. A vida é cheia de murmúrios. Podemos normalizar diferentes modos e meios de expressão?

Sei que não estou pedindo algo simples. Porque é muito mais fácil ouvir alguém que está se comunicando da maneira que preferimos, no horário que preferimos e, se possível, expressando pontos de vista que queremos ouvir. Mas ser capaz de apenas ouvir aqueles que atendam ao nosso modo preferido de receber informações é distorcer os dados que selecionamos. Criamos barreiras adicionais de entrada e colaboração com base nas normas de comunicação das pessoas que já estão no poder.

Se alguém dedica tempo e esforço para expressar uma perspectiva, é nossa responsabilidade ouvir a essência do que essa pessoa está dizendo, seja qual for a pronúncia, enunciação ou escolha de palavras. Para ter certeza de que entendemos o que ela está comunicando de fato. Para ser compreensivo caso a ideia não saia totalmente formada e perfeita, mas trabalhar coletivamente para entender o que é tão importante para que alguém corra o risco de tentar comunicar seu pensamento.

Por mais que possamos atribuir ao orador a responsabilidade de falar de forma clara e de se comunicar de maneira eficaz, também precisamos desafiar nossas próprias noções de comunicação eficaz. Se só conseguirmos ouvir pessoas que falam como nós, estaremos silenciando aquelas que se comunicam de qualquer outra forma.

Se precisarmos esperar até que todos estejamos descansados, bem alimentados e supostamente lúcidos para usar a voz, vamos rejeitar e negar vozes que não têm a vantagem sistêmica de estar nessa situação. Só ouviremos as vozes daqueles que têm o poder e o privilégio de falar.

É possível reduzir os riscos eliminando a suposição de que é preciso se expressar de modo perfeito segundo um padrão antes de podermos usar nossa voz.

Como fazer isso?

Reconheça seus padrões. Quais são seus estilos e meios de comunicação preferidos? Com quais estilos e mídias tem dificuldade? Assim como faço com minha amiga, compreenda quais maneiras facilitam a comunicação da outra pessoa. Não precisamos todos usar os mesmos meios, mas precisamos descobrir como ouvir uns aos outros.

Articule as normas do relacionamento. Seja em um ambiente de equipe ou em um relacionamento pessoal, dizer "Adoraria ouvir o que você está pensando, mesmo que não esteja totalmente elaborado e mesmo que você não se sinta tão coerente quanto gostaria" ou "Emoções são bem-vindas. Somos seres humanos, não robôs" reduz os riscos e convida as pessoas a participarem com uma dose maior de humanidade.

Valide a maneira como alguém se comunica. Você pode convidar os outros a ouvir alguém que não está se comunicando da maneira que preferem dizendo algo como: "Pedi a Kiara para falar hoje porque ela tem a visão mais detalhada sobre esse assunto que já vi". Use seu capital social para fazer com que os outros a ouçam.

DEIXE AS NORMAS E SUPOSIÇÕES EXPLÍCITAS

Em um episódio da sexta temporada do programa de TV *Queer Eye*, Terri, uma instrutora de dança honky-tonk conhecida por usar shorts curtos, e Ashley, sua filha adulta ajuizada, têm um relacionamento tenso. Quando Ashley conta como está se sentindo, Terri se fecha e não consegue fazer contato visual. Ashley percebe que a mãe não está ouvindo e se sente ainda mais isolada. É quando o especialista em relacionamentos do programa, Karamo Brown, desvenda a dinâmica entre mãe e filha. Os espectadores descobrem que quando Ashley compartilha seus sentimentos Terri se sente julgada e envergonhada, e por isso não consegue responder no momento. Mas Terri jura que sempre vai para casa e pensa durante dias no que Ashley diz.

No final, Terri e Ashley concordam em usar uma palavra-código que as ajuda a conseguir o que precisam e reforça o relacionamento. Quando Terri se sentir sobrecarregada e precisar de mais tempo para processar, ela dirá "Karamo!". E quando Ashley perceber que a mãe não está ouvindo e precisar de mais conexão dirá "Karamo!". A compreensão de como se comunicam de formas diferentes, junto com a norma explícita sobre o que fazer ao precisarem de ajuda, ampara mãe e filha para que avancem juntas.

Compreender e renegociar as normas como nos comunicamos permite que cada um de nós use melhor a própria voz. Normas tácitas silenciam aqueles que não sabem quais são as normas ou faz com que precisem entendê-las por tentativa e erro ao longo do tempo. Normas claras e que podem ser discutidas nos ajudam a saber onde, quando e como nossa voz é bem-vinda.

Seja no relacionamento amoroso, no trabalho ou na comunidade, a maioria de nós deseja seguir as regras. Para isso precisamos saber quais são elas, e como mudam à medida que cada um de nós evolui em nosso próprio processo de desaprender o silêncio e de apreciar o uso da nossa voz. As normas dominantes parecem óbvias para quem tem identidades dominantes, mas costumam ser indefinidas para as pessoas com identidades subordinadas. Podemos entrar em sincronia e ajudar uns aos outros nessa jornada ao tornar explícitas as normas que tantas vezes permanecem não ditas. Podemos acabar com as suposições e suas possíveis consequências com normas passíveis de discussão.

No ambiente de trabalho, tornar essas normas explícitas é uma forma de articular o que você considera normal ou óbvio. Se você tiver um comentário a fazer, deve esperar ser chamado para a conversa ou apenas dizer o que pensa quando achar adequado? Se alguém diz alguma coisa, a ideia é definitiva ou é apenas uma ideia? Se houver um problema, você acha que as pessoas vão apresentá-lo de forma proativa? Definir essas normas no início de um novo projeto ou em um relacionamento não leva mais do que trinta segundos e poupa horas de dor de cabeça e semanas de frustração.

Por mais estranho que possa parecer, essas conversas também ajudam nossas relações pessoais, reduzindo a falta de comunicação e deixando claro como podemos nos apoiar. Se há algo a discutir, é melhor enviar uma mensagem de texto ou deixar para falar na próxima reunião de família? Se ainda não sei se vou poder fazer aquela viagem com as minhas amigas, é melhor avisar agora ou cancelar no último minuto? Muitos mal-entendidos dolorosos podem ser evitados com declarações simples como "Foi uma semana longa. Não leva para o lado pessoal se eu cair no sono enquanto assistimos ao filme?" e "Eu te amo. Não tenho o hábito de dizer isso, mas nunca quero que duvide do meu sentimento por você".

Tornar as normas explícitas é também admitir quando as normas mudam.

Leanna adorava viajar com as amigas, embora desejasse que os planos delas não precisassem ser sempre tão rígidos. Embora sempre tenha gostado de aventuras, Celeste preferia planos e previsibilidade. Era Celeste quem organizava os itinerários em planilhas separadas por cores — amarelo para transporte, verde para atividades ao ar livre, roxo para refeições, laranja para escolhas individuais, vermelho para contatos de emergência — e cuidava das contas do grupo. Por mais irritantes que fossem as regras de Celeste, todas também sabiam que era ela quem fazia tudo acontecer.

Depois das primeiras viagens juntas, Celeste tinha treinado todo mundo. Se sua bagagem despachada estivesse acima do peso, você nunca esqueceria esse momento tenebroso. Se aparecesse na hora marcada, era considerado atraso. Se chegasse atrasada, teria que pagar o jantar para todas. Se você fosse a algum lugar e não contasse a ninguém, ela com certeza ligaria para a polícia.

Enquanto Leanna fazia as malas para a viagem daquele ano, sentiu a tensão se intensificar em seus ombros. Ela amava as amigas. O tempo com elas valia a pena, foi o que disse a si mesma. Mesmo que pudesse dispensar um pouco a rigidez de Celeste. Leanna ouviu o mantra de Celeste na cabeça: reserve tempo suficiente para chegar ao aeroporto, tempo suficiente para o caso de você pegar trânsito, tempo suficiente para o inesperado. Leanna acertou o despertador para as 3h45.

No aeroporto, Leanna e as amigas se entreolharam. Por mais felizes que estivessem em se ver, se sentiam confusas. Onde estava Celeste? Mandaram uma mensagem. Celeste nunca se atrasaria. Será que tinha sido atropelada por um ônibus no caminho?

Poucos minutos depois, a amiga entrou carregando as malas.

"Como assim?", Leanna deixou escapar.

"O que foi? Esse é o oi que recebo?", respondeu Celeste, com um sorriso.

Leanna não conseguia acreditar. As regras que geraram discussões por tantos anos mudaram sem sequer uma palavra? Embora preferisse ter uma Celeste mais tranquila, se soubesse que chegar no horário marcado não era mais considerado um atraso teria dormido até tarde e arrumado o cabelo.

"Não posso mudar?", brincou Celeste.

"Claro que pode. Mas avise para a gente não ficar plantada esperando por *você*."

As pessoas podem mudar, e as regras também, e é melhor para todos que as normas sejam explícitas.

TÁTICAS PARA APOIAR O USO DA VOZ

Embora eu tenha escolhido me concentrar neste capítulo às várias maneiras como podemos parar de silenciar as pessoas sem querer, precisamos lembrar que praticamos o silenciamento de muitas outras maneiras. A seguir, há uma lista (incompleta) de ações que ajudam a apoiar o uso da voz. Verifique o que você faz regularmente e o que pode acrescentar ao seu cotidiano.

- *Atribua ideias apropriadamente.* Quem de fato teve a ideia? Dê o devido crédito. (Para saber mais sobre isso, consulte o capítulo 10.)
- *Não interrompa as pessoas.* Deixe que terminem de falar antes de acrescentar o que você tem a dizer. Se interromper alguém, peça desculpas e lhe dê a chance de completar o raciocínio.
- *Crie oportunidades.* Em que lugar outra pessoa (não você) pode assumir a liderança? Delegue autoridade e deixe claro que ela pode fazer as coisas como desejar.
- *Apoie as ideias publicamente.* Amplifique a voz de outra pessoa, oferecendo seu apoio público. O incentivo privado é bom, mas o apoio público usufrui do seu capital social como suporte à voz alheia.
- *Ofereça uma plataforma.* Existem espaços com visibilidade onde as pessoas possam subir ao palco e expor seus pensamentos? Se você tiver uma plataforma, é possível deixar alguém postar como convidado para que seus ouvintes ou seguidores o ouçam?

Quais dessas ações são naturais para você? Mais importante ainda, qual dessas opções as pessoas ao seu

> redor diriam que você pratica de forma ativa e regular?
> Quais você precisa incorporar diariamente até que se
> tornem um hábito?

SAIA DO CAMINHO

Roberto fundou uma organização comunitária de sucesso dedicada à erradicação da insegurança alimentar. Ele era muito respeitado por todos. Sua capacidade de humanizar o esforço e explorar as redes de contatos era incomparável.

Ele também percebeu que, sempre que estava presente em um espaço, as pessoas mostravam deferência. Mesmo quando dizia que não tinha uma opinião específica, que estava ali apenas para dar apoio e que estaria de acordo com a pessoa responsável por tomar a decisão, as pessoas o procuravam. Se Roberto aparecia em uma reunião de equipe, as brincadeiras alegres e as conversas produtivas cessavam. Todos olhavam para ele. O silêncio tomava conta da sala. "Parece que a conversa e a reunião estão ótimas. Por favor, não quero atrapalhar", dizia.

Por mais que tentasse tornar sua presença invisível, o simples fato de estar no espaço silenciava os outros. Quando Roberto percebeu esse padrão, deixou de frequentar as reuniões da equipe. Não comparecer era a melhor maneira de apoiar as vozes das pessoas que ele e a organização precisavam ouvir.

Onde é que precisamos *não* estar presentes para apoiar e fazer virem à tona outras vozes? Onde a nossa presença — ou a sombra da nossa influência — ofusca o trabalho dos outros?

Às vezes, a melhor maneira de apoiar a voz de outra pessoa é sair do caminho.

* * *

Nossas intenções são tão boas quanto o impacto que elas causam.

Agora que estamos mais conscientes das formas como silenciamos as pessoas, mesmo sem querer, e sabemos o que fazer para evitar isso, podemos optar por agir melhor. Podemos influenciar as decisões dos outros de escolherem ficar em silêncio ou de se manifestarem, ouvindo, eliminando noções preconcebidas, favorecendo a autonomia e os interesses alheios, normalizando diferentes estilos de comunicação, tornando as normas explícitas e saindo do caminho.

Embora nossas ações individuais e esforços interpessoais tenham um impacto profundo na escolha de silenciar das pessoas, o uso da voz também requer uma mudança sistêmica. A mudança é mais poderosa quando fazemos nosso trabalho individualmente (o que foi abordado na maior parte deste livro) e combinamos essa prática com mudanças sistêmicas e políticas. No próximo capítulo, exploraremos maneiras de desaprender o silêncio sistêmico para que os sistemas ao nosso redor favoreçam o uso da voz.

SUA VEZ

Para refletir

- Quais estratégias para apoiar outras vozes você poderia implementar? Onde, quando e com quem?
- Que noções preconcebidas você conserva sobre certas pessoas ou grupos?
- Que normas e suposições você precisa tornar explícitas?

Para experimentar

Pratique ouvir para além das diferenças.

- Da próxima vez que conversar com alguém que expressa uma perspectiva diferente da sua, adote abertamente a postura da experimentação.
- Dependendo do relacionamento que você tem com a pessoa, você pode até ser transparente e dizer: "Estou tentando muito ouvir apesar das diferenças. Então, vou ouvir para entender, mesmo que agora eu veja as coisas de forma diferente."

Enquanto você ouve, responda às perguntas a seguir:

- O que a pessoa está tentando dizer de fato?
- O que ela quer que eu faça?
- Por que ela acha que esse é um bom caminho?

Bônus: desenvolva sua capacidade de ouvir diferentes vozes lendo livros, ouvindo podcasts ou consumindo conteúdo de pessoas que tenham estilos de comunicação, políticas e perspectivas diferentes dos seus.

Em uma situação em que sentir necessidade de intervir, pergunte:
- Isto tem a ver comigo ou com eles?
- Eu sei (por meio deles) o que os favoreceria?
- Como posso ser solidário à causa?

10. Transforme o sistema

Quando as escolas fecharam para o primeiro lockdown de covid em março de 2020, me vi vagando pela vizinhança com uma criança pequena, tentando gastar uma energia que, se não fosse posta para fora, me faria literalmente subir pelas paredes. Eu não estava sozinha. Em nossas "caminhadas de aventura", encontrávamos todas as outras mães da vizinhança. Não porque essas mães não tivessem grandes habilidades e carreiras impactantes. Não porque nossos parceiros não nos apoiassem. Não porque não fomos criadas para acreditar que poderíamos ser tudo o que quiséssemos.

Mas porque fazia sentido, dadas as circunstâncias, sermos nós a cuidar das crianças durante o dia e trabalhar durante a noite. Fazia sentido que meu cônjuge — a pessoa assalariada formalmente, a quem estava vinculado o seguro-saúde da família — trabalhasse no horário principal para manter o emprego. Obviamente, fazia sentido que eu, o membro da família que estava mais acostumado — e, portanto, mais apto — à multitarefa, me adaptar ao contexto e fazer malabarismos, agisse exatamente assim.

Escrevo isso plenamente consciente do privilégio de ter um trabalho flexível e viver com um parceiro, o que me permitiu cuidar do nosso filho durante o dia. Mas não foi por acaso que mais mulheres tenham assumido o cuidado com as crianças nesse período.

Ao lamentar com outras mães sobre a perda de décadas de progresso na igualdade de gênero no curto espaço de alguns dias, também percebemos algo importante. A solução não era uma necessidade apenas em nossas famílias. Nossa vida foi indissociavelmente moldada pelos fatores que nos rodeiam.

Quer se trate de uma família, de uma organização ou de um grupo social, cada sistema deliberadamente sobressai certas vozes e silencia outras. Para que haja maior equidade de gênero na minha família e no meu casamento, é necessário que haja universalidade no acesso à saúde, nos cuidados infantis, nas políticas de licença — e a lista continua. Para que nós encontremos, aprimoremos e usemos nossa voz, precisamos que os sistemas ao nosso redor não nos silenciem. E para que nós aprendamos a não silenciar os outros, precisamos que os sistemas em que vivemos encorajem o uso da voz em vez do silêncio.

Ter um lugar à mesa.

Estar presente nos ambientes certos.

Ser valorizado pelo que você agrega.

Exercer poder e influência.

Nada disso acontece por acaso. Tudo é resultado dos sistemas que criamos e perpetuamos.

Escrever este capítulo me causa um sentimento intimidante, porque mudar os sistemas em vigor é intimidante. Como qualquer um de nós pode mudar sistemas que existem há séculos? Como vamos mudar o sistema quando outras pessoas com mais poder têm efetivas motivações para manter o status quo? Afinal, os bilionários do mundo de hoje não precisam que o sistema mude. O sistema parece estar funcionando bem para eles.

A mudança sistêmica é lenta e custosa. Nossas chances parecem mínimas. Mas esses sistemas nem sempre existiram, por mais atemporais e consolidados que possam parecer. Quer se trate do capitalismo, do patriarcado ou do racismo estrutural, esses são sistemas que as pessoas criaram e que nós *podemos* mudar.

Neste capítulo, traçarei um panorama dos dois maiores culpados do silêncio sistêmico: políticas e práticas. Vou analisar cinco práticas concretas que podemos utilizar no dia a dia e que nos ajudam a desaprender o silêncio sistêmico. E você responderá a perguntas para descobrir se é afetado ou se é beneficiado pelos sistemas, e, assim, emprestar sua voz à mudança da maneira que desejar.

AFINAL DE CONTAS, O QUE É UM SISTEMA?

Um sistema é um conjunto de políticas e práticas que moldam aqueles que vivem dentro dele. Por mais que tentemos, nenhum de nós vive isolado. No pensamento sistêmico, todas as partes de uma família, organização ou sociedade impactam umas às outras.[1]

Criada pelo psiquiatra Murray Bowen no final da década de 1940, a teoria familiar sistêmica assinala que as pessoas não podem ser compreendidas de maneira individual. O relacionamento que nossos pais têm (ou não têm) entre si e o relacionamento que temos (ou não temos) com nossos pais e irmãos impactam a forma como interagimos com os outros.[2] Mesmo que rompamos os laços com nossa família de origem, ainda carregamos toda a bagagem desse sistema familiar para os novos sistemas familiares em que entramos. Quer se trate de uma família de trabalho, de uma família que escolhemos ou da família completamente insana do parceiro, se nos relacionamos com gente, fazemos parte de um sistema de relacionamento.

Por mais poder e oportunidades que existam em desaprender o silêncio interpessoal, não podemos negar o impacto que os sistemas têm sobre nós. Os sistemas reforçam nossa propensão à voz ou ao silêncio. Para desaprender o silêncio, devemos compreender os padrões de silêncio nos sistemas dos quais fazemos parte e descobrir como alterá-los para favorecer o uso da nossa voz.

QUAL É O IMPACTO DE UMA POLÍTICA?

Kate estava animada com o novo emprego. Ela ficara sem trabalhar por catorze meses. Já não tinha mais seguro-desemprego. Os cartões de crédito estavam estourados, e agora ela se sentia aliviada por finalmente ter uma renda estável. Depois de se candidatar a 3478 vagas, de participar de inúmeras reuniões de networking, 23 entrevistas e quatro etapas finais, finalmente conseguiu um trabalho.

Então, quando o empregador enviou um acordo de sigilo como parte do contrato-padrão, Kate assinou sem pensar duas vezes. Afinal, quem era ela para negociar? Estava otimista, achava que se encaixaria bem na empresa. Esse tipo de acordo era a norma no mercado. E mais importante: ela precisava voltar a receber um salário.

Depois de alguns meses, Kate procurou o RH para expor suas preocupações sobre o modo como o trabalho estava sendo distribuído. Parecia que ela estava levando a pior quando se tratava de tarefas e exaustivas horas de plantão. Claro, era a funcionária mais júnior, mas os padrões pareciam diferentes para ela em relação aos outros membros da equipe.

Então recebeu a notícia de que a empresa achava que ela não estava se adaptando. Kate seria dispensada. Afinal, tinham firmado um contrato sem direitos trabalhistas.

Seus amigos disseram para ela processar a empresa pelo desligamento injusto. Não podiam demiti-la assim. Ela deveria expor a forma como fora tratada. Deveria fazer a história viralizar.

Kate resolveu ler os papéis. Lá estava: sua assinatura no acordo de arbitragem obrigatória e de confidencialidade mútua. Kate havia de fato concordado que não iria, "direta ou indiretamente, fazer, publicar ou comunicar quaisquer observações, comentários ou declarações difamatórias ou depreciativas relativas à empresa ou a qualquer um de seus funcionários, executivos, acionistas, membros...". Ela ficou arrasada.

Cada sistema é regido por um grupo de regras. Chamaremos essas regras de políticas. E há também a maneira como as regras de fato funcionam. Chamaremos essas dinâmicas de práticas. A regra é que as crianças não devem responder aos adultos — essa é a política. Mas o seu irmão mais novo pode, porque ele é o filho favorito — essa é a prática. Tanto as políticas como as práticas dentro de um sistema reforçam a forma como esse sistema funciona — e têm o potencial de mudá-lo.

Políticas como cláusulas de confidencialidade e de não depreciação são criadas para silenciar. As diferenças de poder entre empregadores e empregados, particularmente na situação de Kate, são alarmantes. Por medo de perder a oferta de emprego, é improvável que os funcionários negociem os termos. Se você quiser o trabalho, terá que assinar os papéis. O poder é da empresa.

Se mudarmos a política, então mudamos a dinâmica do poder. Se mudarmos a política, poderemos mudar o sistema.

Por que os termos de sigilo existem, para início de conversa? O acordo de confidencialidade foi originalmente planejado para proteger segredos comerciais de uma organização para os concorrentes. Tornaram-se padrão porque a ampla confidencialidade beneficia a empresa que redige os acordos. Mas esses acordos também silenciam os trabalhadores durante o tempo em que atuam no emprego e os confinam a esse mesmo trabalho.[3] Quando os contratos de confidencialidade trocam o acordo financeiro pelo silêncio, é um sinal de que as práticas que desencadearam as queixas muitas vezes permanecem sem resposta. Mesmo que a aplicabilidade de tais acordos seja fortemente contestada com base na jurisdição, a própria existência do acordo tem um efeito inibidor. Uma pessoa que contesta a aplicabilidade do acordo pode sofrer um enorme custo pessoal. Faz sentido que qualquer pessoa aceite um pagamento ou simplesmente vá embora, deixando tudo para trás. Com a mudança da política-padrão, o fardo do silêncio forçado não recairia sobre ninguém.

A confidencialidade faz sentido para segredos comerciais. Mas se você trata bem as pessoas a confidencialidade não deve ser necessária para ocultar o modo como você age com os outros. Se não há nada a esconder, por que exigir silêncio?

O acordo de confidencialidade é apenas um exemplo de uma política que conduz as pessoas ao silêncio. Pense só:

Exigir que os candidatos tenham diploma universitário.

Vincular a remuneração a anos de experiência anterior, e não à habilidade.

Não conceder licença (no nascimento de um bebê ou em caso de adoção) remunerada.

Cada política tem o efeito de eliminar, ou silenciar, um segmento da população.

Quando a empresa de Karina estava debatendo se deveriam oferecer licença parental como parte do pacote de benefícios, seu colega fez uma piadinha: "É só não contratar mulheres em idade de procriar".

O problema do humor é que sempre há um fundo de dolorosa verdade. Karina logo afastou esse pensamento.

Para deixar claro, é ilegal discriminar candidatos com base em sua situação de vida. Em segundo lugar, essas proteções existem porque licença parental custa caro. Por mais que Karina odiasse que seu colega brincasse sobre o assunto, ela também entendia por que ele pensava assim. Oferecer licença remunerada quando o governo não a financia é um compromisso significativo para uma empresa. Se olharmos apenas para os resultados financeiros, a licença remunerada não faz sentido. Pode não ser um custo viável para pequenas empresas. Mas se nos preocupamos que mães e pais realizem um trabalho significativo e acreditamos que a maternidade não deve ser um fator para alguém deixar de contribuir para a sociedade fora de casa, então deveríamos oferecer uma política de licença — mesmo que isso signifique redução de lucros no curto prazo. Em um mundo perfeito, o governo ofereceria licença parental remunerada extensiva para ambos os pais. Mas quando isso não acontece nossas escolhas políticas como donos de empresas têm o impacto financeiro de silenciar um grupo de pessoas, forçando-as a fazer a escolha impossível (e desnecessária) entre trabalho e família.

As políticas têm o poder de excluir — e, portanto, silenciar — grupos de pessoas.

Em muitos casos, as políticas fazem o que aqueles que estão no poder desejam que façam: proteger a empresa e manter o poder daqueles que já o detêm. Mas se essa não for a intenção da política, ou se a política tiver um impacto que não queremos, como podemos nos mobilizar para mudá-la?

Quando nos confrontamos com as políticas de uma empresa ou mesmo de uma casa, podemos fazer uma auditoria da política de silêncio sistêmico. Observe quais pessoas as políticas protegem, a quais vozes dão foco e quais silenciam. Questione por que essas políticas existem e como é possível alcançar o mesmo resultado pretendido (por exemplo, proteger segredos comerciais) sem a amplitude adicional que afeta a dignidade dos outros. Ao examinar as políticas do seu sistema, pergunte:

O que a política está realmente tentando alcançar?

Como essa política silencia as pessoas?

Se estivermos comprometidos com o uso da voz, como precisaremos mudar a política?

As políticas têm o impacto desejado por você e fortalecem a cultura que você quer construir em sua família, equipe, organização ou país? Caso a resposta seja negativa, mude a política. Se você não é a pessoa responsável pela decisão, quem é? Como você pode influenciar essa pessoa ou grupo de pessoas a reconsiderar? Que política serviria melhor às necessidades do grupo? Só porque a política existiu não significa que precise continuar a existir.

QUAL É O IMPACTO DA PRÁTICA?

Calvin ficou espiando o site durante dias antes de criar coragem para aparecer em um grupo de corrida local. Tendo aceitado seu "corpo de pai" nos anos que antecederam o divórcio, ele tinha medo de ser lento demais, de não ser intenso o suficiente e de ser deixado para trás. Mas esse grupo prometia ser diferente. Escrito em um tom de laranja chamativo, em todas as páginas do site estava o slogan: "Ninguém corre sozinho".

Na primeira vez, Calvin não correu sozinho. Estava com um grupo de companheiros alegres e receptivos. No caminho para casa, se sentiu aliviado porque aquele grupo era diferente.

Mas, com o tempo, ele percebeu que estava correndo sozinho. Começava em grupo, mas os outros aceleravam e o deixavam para trás sem nem perceber. Quando ele comentou com os líderes, disseram-lhe que isso não deveria estar acontecendo. Ele só precisava se juntar a um grupo de ritmo diferente. No entanto, toda semana continuava sendo deixado para trás. Até que Calvin desistiu. Se era para correr sozinho, ele não precisava acordar cedo e atravessar a cidade.

O que colocamos em prática — seja em um grupo de corrida, como família, como colegas de trabalho ou mesmo como sociedade — é capaz de promover o sentimento de pertencimento, preservar a dignidade e estimular a justiça. Essas práticas partilhadas podem se tornar valores partilhados, que ajudam um sistema a funcionar de forma coesa, especialmente à medida que se expande. Ou então esses valores e práticas se tornam promessas vazias.

As políticas são boas se funcionam na prática.

Podemos incentivar o uso da voz dentro de cada sistema e entre sistemas tornando explícitas as regras implícitas, criando caminhos claros para as pessoas se manifestarem e insistindo que desaprender o silêncio é essencial.

DEIXE EXPLÍCITAS AS REGRAS IMPLÍCITAS

Kate não tinha pensado em negociar os termos do contrato de trabalho. Na época, se sentia grata por ter uma oferta em mãos. Não estava claro se algum dos termos era negociável e, sem saber quais eram as regras, ela não quis arriscar o emprego.

Historicamente, as mulheres negociam menos que os homens, exceto quando são informadas, de maneira explícita, de que essa prática é permitida.[4] Em uma pesquisa com estudantes de MBA, os pesquisadores descobriram que cerca de metade dos homens negociava as ofertas de emprego, enquanto apenas 12% das mulheres faziam o mesmo.[5]

Existe uma boa razão para isso. Estudos mostram que o custo social da negociação é irrelevante para os homens, mas significativo para as mulheres.[6] Quando as mulheres negociam, é mais provável que as pessoas as considerem difíceis, tenham menos vontade de trabalhar com elas e que as rejeitem com mais frequência.[7]

Dado que as mulheres correm o risco de perder mais de um milhão de dólares ao longo da vida se não negociarem o salário no início da carreira, é importante deixar claro que a negociação é aceitável ou esperada.[8]

A ambiguidade das regras silencia aqueles que não as conhecem. A maioria de nós deseja segui-las, mas nem sempre sabemos quais são. Como discutimos no capítulo 3, quando as regras não são claras é mais provável que o silêncio faça sentido porque recai sobre o indivíduo a responsabilidade de sondar o terreno e sofrer as consequências de não entender errado. Deixar que o outro receba o ônus de uma negociação é uma forma de silenciá-lo.

Quando tornamos explícitas as regras implícitas, é necessário refletir sobre as regras para ver se de fato vivemos como desejamos. Podemos verificar onde há desconexão entre nossas intenções, políticas e práticas. Se a intenção é contratar bons talentos, criar condições de concorrência equiparadas e acordos de trabalho viáveis, deixar claro o que é e o que não é negociável é uma forma de poupar a energia de todos. Melhor ainda, tornar públicas as faixas salariais reduz a assimetria de informações.

Então por que as pessoas não deixam as regras explícitas com mais frequência? Porque desmistificar as regras eliminaria a vantagem estrutural dada às pessoas que detêm as informações — o clubinho dos rapazes e moças ricos da sociedade. Porque a empresa pode acabar pagando mais caso esteja aberta à negociação. Porque deixar as regras claras nos obriga a levar em conta as políticas e práticas que de fato vivemos. Porque as regras explícitas estão sujeitas à opinião alheia, e as pessoas podem cancelar uma instituição ao verem práticas que não se alinham.

Se informação é poder, compartilhar informação é uma forma de redistribuir o poder, o que resulta em uma voz mais ampla. Em qualquer sistema, a quantidade de tempo, energia e esforço investidos em decifrar quais são as regras silencia sistematicamente aqueles que ainda não as conhecem.

CRIE CAMINHOS CLAROS PARA O USO DA VOZ

Recentemente, trabalhei com uma organização que cresceu rapidamente de uma equipe local de doze colaboradores para mais de 150 funcionários em todo o mundo. Seus fundadores tiveram sucesso em parte devido a uma cultura comprometida com o feedback. Fui contratada para ajudar em um desafio: manter esse nível de feedback em grande escala.

Antes, os funcionários simplesmente iam até o escritório do fundador e conversavam com ele. Agora, se um funcionário quiser dar feedback, o que ele deve fazer? Em uma empresa desse porte, qual é o caminho adequado para oferecer ideias sem que a mensagem desapareça no vazio?

A falta de clareza sobre para onde ir e o que fazer é um obstáculo extra que nos silencia quando mais precisamos usar a voz. Já é bastante difícil, sobretudo em momentos de crise ou trauma, pensar em dizer algo, e mais ainda ter que descobrir os procedimentos de onde, como e a quem expor nossos pensamentos.

Um bom exemplo de como deixar os caminhos explícitos é o aplicativo NotMe.[9] A plataforma fornece um software completo de denúncia, investigação e gerenciamento de casos para empresas. Há a opção de as pessoas relatarem temas sensíveis anonimamente, com a possibilidade de haver uma conversa para compreender melhor do que se trata. Mais importante: o design do software reduz o obstáculo para denunciar má conduta ao oferecer exemplos de linguagem para descrever o comportamento que você quer denunciar. Expor assédio nunca é fácil, mas clicar em "piadas inadequadas" ou "expressões de interesse sexual" e categorizar o comportamento como físico, verbal ou financeiro com um clique é muito mais fácil do que tentar elaborar a linguagem. E se a questão for relacionada a risco para o meio ambiente, a ferramenta fornece um caminho claro para comunicá-la e garantir que seja investigada de forma sistemática.

O NotMe é um ótimo exemplo de como caminhos claros com normas transparentes e sugestões de comunicação favorecem o uso da voz. Tanto quanto o ato de deslizar para a esquerda para rejeitar alguém em um aplicativo de namoro é muito mais fácil do que dizer a alguém diretamente que você nunca namoraria essa pessoa.

Ter clareza sobre como alguém pode compartilhar o que é importante elimina as incertezas de nossos relacionamentos mais preciosos.

Mila estava preocupada com o pai. Desde que se entendia por gente o via em busca do amor. Ela o achava um pouco desesperado e se preocupava porque o desejo inabalável de estar em um relacionamento afetava seu discernimento.

Então ele conheceu Hannah. Estava muito longe do que Mila desejaria para o pai, mas ele ficava radiante na presença dela. Por mais feliz que Mila estivesse por ele estar feliz, pensava *Com certeza ela não gosta dele. É bonita demais para ele.*

Suas suspeitas se intensificaram ao ouvir Hannah falar mal do pai para alguém ao telefone quando pensou que não havia mais ninguém em casa. Mila queria dizer alguma coisa, mas parecia que nunca havia oportunidade para falar em particular com o pai. Hannah estava sempre por perto quando o visitava.

Infelizmente, seus temores se confirmaram. Hannah desapareceu, mas não antes de esvaziar a conta poupança do pai e comprar um carro novo. Quando Mila finalmente mencionou que sabia que Hannah não era boa para ele, o pai perguntou: "Por que você não me contou?".

Mila respondeu: "Você estava tão feliz. E nunca houve um momento em que éramos só nós dois. Eu não sabia se você acreditaria em mim". E só então o caminho ficou claro. O pai disse: "Se precisa me dizer alguma coisa, me mande uma mensagem. Eu sempre quero saber".

A vida é cheia de pensamentos difíceis de expor e de conversas desafiadoras, principalmente com os mais próximos de nós. Saber onde, quando e como iniciar uma conversa difícil reduz as barreiras para realizá-la.

TORNE DESAPRENDER O SILÊNCIO
UMA COMPETÊNCIA

Tanisha ficou perplexa. Depois de passar meses em terapia com o marido, Eliot, ele compartilhou uma história muito esclarecedora. "Eu escondia meu dever de casa e jogava fora", ele explicou. "Não precisava nem queria que meus pais vissem porque eles sempre diziam algo maldoso."

Esse único episódio explicava a tensão que vinha crescendo em seu relacionamento. Tanisha gostava de resolver os problemas de imediato e oferecer feedback, quando tudo o que Eliot queria era esconder o trabalho para evitar exatamente essa situação.

Saindo do consultório do terapeuta, Tanisha decidiu falar. "Eu nunca tinha ouvido essa história antes. Não estou brava, nem irritada, nem nada, só estou surpresa por você não ter contado algo tão importante antes."

Eliot se virou para a mulher que era sua esposa havia dez anos e disse: "Eu não queria ser um fardo. Achei que você não queria ou não precisava saber disso".

"Mas agora que sei, entendo perfeitamente o que acontece com você. Posso ver de que forma afetamos um ao outro e como podemos mudar a maneira de interagirmos para nos apoiarmos melhor", explicou Tanisha. "Você estaria aberto a se abrir mais comigo sobre como você se sente e pensa?"

Se valorizarmos a intimidade do relacionamento e a dignidade de sermos vistos, desaprender o silêncio não é apenas uma jornada para nós mesmos, mas precisa ser um valor pessoal e uma norma compartilhada em nossa família, em nossas amizades e parcerias.

Se as organizações levam a sério a criação de espaços onde a inovação, a colaboração, a diversidade, a equidade, a inclusão e o pertencimento sejam realidades, desaprender o silêncio precisa ser uma competência de liderança. Especificamente, desaprender as maneiras como silenciamos as pessoas ao nosso redor.

A concessão de apoio emocional como tema de gestão de crises não pode mais ser relegada ao trabalho doméstico de escritório para o qual as mulheres (sobretudo as negras) são voluntárias ou designadas simplesmente por causa de suas identidades.

Prover segurança psicológica em uma equipe e ouvir para além das diferenças não são soft skills opcionais. São as habilidades interpessoais que devem diferenciar os funcionários que decidimos promover. Nomear essas habilidades como competências essenciais e usá-las como base para o sucesso envia a mensagem de que de fato valorizamos essas competências.

Essas habilidades são pré-requisitos para promoção. O que é recompensado é repetido.

Isso também significa que, independente do conhecimento técnico de Jared em TI ou da quantidade de receita que Scott gera, se eles não demonstrarem a capacidade de ouvir, criar segurança psicológica e apoiar as vozes dos outros, não serão recompensados. Construir uma cultura de voz em lugar do silêncio exige que os gestores liderem com essas competências e sejam recompensados por isso.

O QUE EU POSSO FAZER?

Se está buscando ações tangíveis que possam mudar o sistema, a próxima seção é para você. Descreverei a seguir cinco práticas que impactam os sistemas dos quais fazemos parte — mesmo que não sejamos os responsáveis por tomar decisões sobre as políticas implementadas.

ACEITE O SEU PODER

Quando nos sentimos engessados pelo sistema, é fácil pensar que não temos poder. O sistema parece Golias e nós somos Davi, sem nenhuma pedra para atirar.

Sou apenas uma engrenagem de uma roda.

Sou o filho do meio, o que sempre leva a pior.

Nada que eu faça ou diga tem importância.

Ou assim passamos a acreditar. E é nisso que os sistemas e as pessoas que deles se beneficiam querem que acreditemos. Mas isso não é verdade. Poder é a capacidade de influenciar os outros. Nós detemos o poder.

Os psicólogos sociais John French e Bertram Raven identificaram cinco fontes de poder em 1959 — e em 1965 Raven acrescentou mais uma.[10]

1. Poder legítimo: *Baseado na hierarquia ou na função oficial.* Exemplo: Um primeiro-ministro tem poder por causa do cargo que exerce.

2. Poder por recompensa: *Poder de dar ou reter recompensas.* Exemplo: Os clientes podem escrever avaliações positivas ou negativas sobre restaurantes na internet.

3. Poder de especialista: *Baseado em conhecimentos ou habilidades específicas.* Exemplo: Como médico-cientista e imunologista, o dr. Anthony Fauci sabe mais sobre doenças infecciosas do que a maioria das pessoas.

4. Poder de referência: *Baseado no quanto as pessoas o admiram e querem ser como você*. Ex.: Todos os influenciadores ao longo da história.

5. Poder coercitivo: *Capacidade de penalizar os outros*. Exemplo: Crianças gritando durante longas viagens de carro.

6. Poder de informação: *Baseado nas informações que você possui*. Exemplo: Pessoas que estiveram na cena de um crime.

Os diferentes tipos de poder me lembram que podemos não nos sentir poderosos, mas todos nós temos poder. Em uma empresa, pode parecer que todo o poder está no topo. Afinal, o alto escalão detém o poder legítimo de tomar decisões que impactam a todos. Esse grupo também tem o poder de dar ou reter recompensas na forma de bônus, gratificações por mérito e promoções, bem como o poder coercitivo de fornecer avaliações de desempenho insatisfatórias ou divulgar que é difícil trabalhar com alguém.

Ofra, estagiária de pós-graduação, sente-se impotente. De fato, ela não tem tanto poder legítimo ou de recompensa quanto os do alto escalão. Mas é uma das poucas pessoas que de fato sabem onde estão as centrífugas extras no laboratório, então tem poder de especialista e de informação para fazer um experimento funcionar ou fracassar. Como estagiária com experiência direta, Ofra tem o poder de recompensar ou punir a empresa com a maneira como descreve suas experiências em uma avaliação do Glassdoor e para outros estudantes no campus que desejam saber se é bom trabalhar lá. Como a única pessoa negra em uma empresa com metas de diversidade, Ofra detém inerentemente o poder coercitivo de manter ou romper com essa meta.

Nem todo mundo detém todo tipo de poder, mas todos temos algum poder. Considere que tipos de poder você tem em cada um dos sistemas em que atua. Se as pessoas o admiram e querem ser como você, então você detém o poder de referência. Se conta com uma habilidade específica ou alguns conhecimentos, tem o poder de especialista. Com as redes sociais e a cultura do cancelamento, a maioria de nós tem mais poder coercitivo do que antes. É por isso que muitas vezes você consegue uma resposta mais rápida marcando uma empresa nas redes sociais do que ligando para o atendimento ao cliente.

Assim que reconhecemos nosso poder, a questão seguinte se torna evidente: Como podemos usar esse poder em vez de nos concentrarmos naquilo que não temos?

Durante anos, as famílias dos prisioneiros de guerra foram aconselhadas a permanecer em silêncio. De acordo com a regra "Keep Quiet" [Não abra a boca], foram instruídas a não dizer nada sobre a captura de seus entes queridos. O argumento era que, se dissessem alguma coisa, os prisioneiros poderiam ser maltratados ou executados.[11] Qualquer cobertura midiática complicaria os esforços para levar os presos para casa.[12]

No entanto, as esposas dos prisioneiros no Vietnã descobriram que o uso da mídia era na verdade mais eficaz, porque os meios de comunicação ampliaram o conhecimento sobre as violações dos direitos humanos que estavam ocorrendo.[13] Elas desafiaram a ideia de que o poder legítimo (através da diplomacia) era a única forma de trazer os companheiros de volta.

Que poder você tem? Como pode usar esse poder para as causas que lhe interessam em sua família, empresa e comunidade?

ESCOLHA A VOZ

Se o silêncio gera silêncio, a voz também pode gerar voz.

Quanto mais compartilhamos nossas histórias, mais elas podem encorajar e inspirar outras pessoas e normalizar os assuntos e desafios de que estamos falando. Nem todo mundo tem o privilégio de poder falar com poucas consequências. Mas quando temos a capacidade de resistir às críticas e às reações adversas, contar nossas histórias abre o caminho para a normalização do que nos preocupa.

Vamos falar sobre saúde mental. O estigma, o preconceito e a discriminação associados às doenças mentais há muito tempo interferem na busca por ajuda, no tratamento e na recuperação. Quanto mais essas pessoas permaneciam em silêncio em relação aos próprios desafios de saúde mental, mais estigmatizados eram os desafios. Felizmente, um estudo recente que avaliou as mudanças no estigma de sofrimento mental nos Estados Unidos ao longo de 22 anos mostra que há menos preconceito em torno da depressão agora do que há vinte anos.[14]

As gerações mais jovens têm menos probabilidade de se distanciar de pessoas com depressão em situações sociais, profissionais e familiares.[15] Os millennials têm duas vezes mais probabilidade que os baby boomers de se sentirem confortáveis em discutir o assunto,[16] o que é importante porque conhecer ou ter contato com alguém com questões mentais é uma das melhores maneiras de reduzir o estigma. Em 1996, 57% dos americanos não achariam uma boa ideia que alguém da família se casasse com uma pessoa que tivesse depressão. Em 2018, o número caiu para 40%. Isso significa que é mais fácil falar sobre isso sem medo de que as pessoas se distanciem de você.

De Lady Gaga a Dwayne "The Rock" Johnson, celebridades que compartilham histórias sobre seus desafios de saúde mental trazem a discussão para a esfera cotidiana. Esse comportamento também remodelou a percepção sobre a possibilidade de o sucesso e os desafios de saúde mental coexistirem. Spoiler: eles podem coexistir.

Passamos do cenário em que a saúde mental não era um assunto sobre o qual as pessoas falavam para a realidade em que o tema é parte do senso comum. Em muitos contextos, dizer "tenho terapia" ou "estava conversando com meu terapeuta" hoje é tão comum quanto falar sobre o que você comeu no almoço. Como cada vez mais pessoas falam sobre saúde mental, os desafios são cada vez mais normalizados e vistos como parte da saúde geral, em vez de algo que deve ser mantido em silêncio.

Da saúde mental à orientação sexual, passando por abortos espontâneos, racismo e assédio, a mudança sistêmica para normalizar, diminuir o estigma e aumentar o acesso aos recursos começa com uma conversa aberta.

Pessoalmente, fico chocada com a frequência com que compartilhar a história de alguém leva outra pessoa a dizer: "Eu também". Essas duas palavras têm o poder de tornar os desafios visíveis, o que é o primeiro passo para torná-los passíveis de serem enfrentados. Você pode fazer uma mudança de fato dizendo a alguém "Ei, estou com essa dificuldade..." ou ao se abrir para ouvir o mesmo de outra pessoa.

Desaprender o silêncio é desafiar as noções sociais sobre o que é aceitável, o que precisa ser varrido para debaixo do tapete e o que escolhemos reconhecer como real. Pergunte a si mesmo: Quem o meu silêncio protege? São essas as pessoas e sistemas que quero proteger? Caso contrário, esse é um peso para pender a balança para o lado da voz.

Seja qual for o assunto, só parece estranho compartilhar sua história porque isso nunca foi feito antes. Mas "estranho" e "diferente" estão no cerne da inovação e da escolha de um novo caminho a seguir. Como você usará sua voz para incentivar o uso da voz?

FORME ALIANÇAS

Como não sou fã de esportes, sempre fiquei impressionada com a lealdade que as pessoas têm com seus times. No entanto, por morar na Bay Area de San Francisco, aceitei os Golden State Warriors como meu time de basquete. Em meados da década de 2010, o técnico dos Warriors, Steve Kerr, cunhou uma frase que se tornou o slogan da equipe: "Força nos números".[17] Não era apenas um slogan de marketing, mas uma mentalidade. Cada um desempenha um papel diferente.

Antes de vencer o campeonato da NBA em 2015, a última vitória dos Warriors no torneio fora contra o Washington Bullets, por 4 a 0, na temporada de 1974-5.[18] Depois de um período de seca de quarenta anos, o time chegou à final seis vezes entre 2015 e 2022, conquistando quatro títulos em oito anos com um dos grupos de reservas mais fortes e intensos do mundo.

No que ficou conhecida como "dinastia da elite", Andre Iguodala entregou versatilidade. Klay Thompson arremessou e mudou a velocidade. Draymond Green deu um show de ímpeto e competitividade. Stephen Curry fez cestas de três pontos, aparentemente sem esforço algum, além de exercer uma liderança firme.

E não são apenas os jogadores. Todos sabem que a arena dos Warriors é o local mais difícil para um time visitante da

NBA vencer por causa da força da torcida. Os jogadores vibram com a energia, e todo o apoio leva o time da casa à vitória.[19]

A mudança sistêmica pode começar com uma pessoa sozinha, mas não pode ser levada a cabo individualmente. Sabemos que o isolamento social leva a resultados prejudiciais, incluindo depressão, insônia, perda de funções executivas e declínio cognitivo acelerado.[20] Sabemos que o isolamento no local de trabalho reduz a criatividade, prejudica o desempenho, aumenta a rotatividade e leva à exaustão emocional.[21] Por outro lado, alianças — uma união de forças e recursos rumo a um propósito específico — catalisam transformações que não seriam possíveis isoladamente.[22] As alianças políticas são formadas não porque os interesses de todos estejam alinhados por completo, mas porque a realidade é que podemos fazer mais juntos do que separados.

Sempre que representamos menos de 15% do grupo majoritário, somos facilmente estereotipados — descartados como estranhos ou outros.[23] Se representamos menos de 15% do total somos vigiados, isolados de espaços sociais onde a confiança e o relacionamento são construídos e nos sentimos pressionados a assimilar as normas do grupo.[24] Construir uma aliança reduz o isolamento social, abre a oportunidade de pertencimento e nos faz ultrapassar os 15%.

É comum que um indivíduo com identidade subordinada se conecte com outro na mesma situação antes de entrar em uma reunião para saber que pelo menos uma pessoa vai protegê-lo. Em vez de ter que corrigir alguém quando inevitavelmente pronunciam seu nome de forma incorreta, a outra pessoa pode dizê-lo corretamente quando fizer referência a você. Comunicamos ao grupo ideias antes de levá-las à liderança para saber que temos um certo apoio antes de nos expor. Consultamos outras amigas do grupo antes de decidir quem vai avisar uma terceira amiga que o namorado dela está saindo com outras. Por mais exaustivas que essas práticas possam parecer, fazer uma aliança informal é usar as cartas que estão disponíveis e não agir sozinho.

Ao olhar ao redor, pense: Quem mais poderia compartilhar ou ser solidário com suas preocupações? No que vocês poderiam trabalhar juntos em prol de um objetivo comum? Ao compartilhar a bola e trabalhar em equipe, os Warriors desafiaram o modelo obsoleto de que um time de basquete de sucesso tinha que girar em torno de um único astro do tipo Michael Jordan ou LeBron James. Os Warriors são mais poderosos juntos. Somos mais poderosos juntos.

DÊ O DEVIDO CRÉDITO

As pessoas adoram histórias de heróis. Queremos acreditar que uma única pessoa é capaz de matar dragões, derrotar o mal e vencer. O foco em um único herói é uma boa receita para filmes, mas na vida real silencia as contribuições de muitas pessoas.

Se você é alguém com identidade subordinada, ter sua ideia roubada e exposta como vinda de uma pessoa com identidade dominante é uma experiência familiar, mas ainda assim revoltante. As funcionárias da administração do governo Obama adotaram a famosa estratégia de amplificação: quando uma mulher apresentava um argumento importante, outras repetiam o argumento e davam crédito à autora. Com essa prática, os homens eram obrigados a reconhecer a contribuição e não podiam reivindicar as ideias como suas.[25]

A mídia tem o hábito de destacar o indivíduo e apagar a equipe. Quando a *Forbes* apresentou os bilionários mais jovens do mundo em 2022, a foto da capa mostrava três homens brancos, sugerindo que os bilionários mais jovens, ou os bilionários mais valiosos, eram todos homens brancos. Contudo, na realidade, doze pessoas tinham atingido esse patamar, sendo quatro asiáticos e duas mulheres.[26] Da mesma forma, quando o *The Globe and Mail* do Reino Unido celebrou uma empresa de capital de risco coliderada pelos sócios Boris Wertz e Angela Tran, a fotografia que acompanhava o artigo era apenas de Wertz.[27] Embora esses casos possam parecer inócuos, a escolha de quem é apresentado revela preferência em relação aos homens brancos e reforça um falso estereótipo de quem é bem-sucedido.

Esse padrão de exclusão silencia o verdadeiro trabalho, e as vitórias, das mulheres e das pessoas racializadas. E isso não acontece apenas no mundo do trabalho formal. Na década de 1980, a socióloga Arlene Kaplan Daniels cunhou o termo *trabalho invisível* para descrever formas de trabalho não remunerado, como o trabalho doméstico e o trabalho voluntário, que são essenciais para fazer a sociedade funcionar mas são cultural e economicamente desvalorizados.[28]

Passeando pela vizinhança com meu filho durante o lockdown muitas vezes me senti invisível, porque passava muito tempo realizando esse tipo de trabalho invisível. E isso não aconteceu só comigo. Globalmente, as mulheres realizam três em cada quatro horas de trabalho não remunerado.[29] O trabalho silencioso preenche a falta de serviços sociais e sustenta as economias. Os cuidados não remunerados e o trabalho doméstico são responsáveis por 10% a 39% do PIB e contribuem mais para a economia do que os setores da indústria, do comércio ou dos transportes.[30]

Se permanecermos em silêncio em relação ao trabalho que fazemos, seja no escritório ou em casa, ele permanecerá invisível. Ao nomear o trabalho, nós o tornamos visível.

Uma amiga minha, que deixou o emprego em uma empresa farmacêutica para se tornar dona de casa, tem dificuldade em saber se está contribuindo o suficiente para sua família porque não leva um salário para casa. Em momentos de frustração, nós quantificamos o valor financeiro do trabalho que ela está realizando. Se não cuidasse dos dois filhos, eles precisariam contratar uma babá ou pagar uma creche, no valor de 1800 dólares mensais por criança. Nesse contexto, ela já está fazendo um valor de 3600 dólares por mês, ou 42 mil dólares por ano. Se ela não se encarregasse das compras, eles precisariam pagar por um serviço de entrega. Se ela não limpasse a casa, contratariam alguém. Se não cuidasse do quintal, chamariam um jardineiro. Ao somarmos tudo, descobrimos que o trabalho dela gera 80 mil dólares em valor monetário por ano, mais do que o salário anual do parceiro.

Dar o devido crédito é reconhecer as diferentes contribuições das pessoas. Não podemos apreciar e valorizar o trabalho invisível até desaprendermos nossa recusa em reconhecer sua existência. Até desaprendermos nosso silêncio sobre ele. Não podemos valorizar o que não reconhecemos.

DIRECIONE O SEU DINHEIRO

Na época das festas de fim de ano, sempre aparecem cartazes nas vitrines das lojas incentivando as pessoas a comprarem de vendedores locais. Em vez de encomendar uma caneca na internet, compre uma feita por um artesão da comunidade. Em vez de expandir os lucros de uma empresa, apoie o trabalho e o sustento de alguém da sua vizinhança.

Para ser sincera, para mim é difícil cumprir esse ideal, porque a possibilidade de fazer um pedido com frete grátis através de um clique e ter algo entregue na minha porta — ou em qualquer outro lugar do país — é incrivelmente atraente. E comprar algo em uma grande rede é mais barato, levando em conta que a loja independente da esquina precisa pagar o aluguel, um salário digno aos funcionários e obter algum lucro. Não sou a única a pensar assim. Como meus vizinhos tomam as mesmas decisões, a maioria dos estabelecimentos familiares que tornavam nosso bairro tão charmoso foi substituída por filiais de grandes redes. Esse é o dilema que enfrentamos cada vez que fazemos uma compra.

Todos temos o poder de apoiar ou silenciar produtos, projetos e pessoas com a forma como gastamos nosso dinheiro. O mercado pode parecer um sistema impessoal separado de nós. A menos que sejamos Elon Musk ou Jeff Bezos, alguma das nossas decisões financeiras terá realmente impacto?

Não podemos falar sobre sistemas sem reconhecer o papel do poder econômico. Goste ou não, o dinheiro fala. Cada um de nós, à sua maneira, determina o que vai para as prateleiras dos supermercados, quais filmes são feitos e quais vozes são ouvidas.

Durante anos, os executivos de Hollywood alegaram que atores racializados não conseguiam atrair público. Argumentavam que, sem um protagonista branco, um filme não venderia. Em vez de apresentar elencos diversos, Hollywood embranqueceu os personagens e continuou a fazer filmes com protagonistas masculinos brancos, que os críticos de cinema consideravam, na melhor das hipóteses, medíocres.

Mas as pesquisas mostram o contrário. Filmes com elencos racializados podem dar lucro. Na verdade, obras cinematográficas com elencos diversos são mais lucrativas do que aquelas com elencos exclusivamente brancos.[31]

Pantera Negra arrecadou mais de 1,4 bilhão de dólares em todo o mundo, tornando-se uma das maiores bilheterias de todos os tempos.[32] *Podres de ricos* arrecadou mais de 238 milhões de dólares com um orçamento de 30 milhões de dólares, tornando-se a comédia romântica de maior bilheteria da década.[33] Esses números só foram possíveis porque você e eu contribuímos nos cinemas para apoiar e expressar nossa sede por filmes que contam nossas histórias. Talvez um dia a lista de filmes de Hollywood com protagonistas racializados não seja tão pequena.

Contar uma história diferente parece arriscado porque não existem precedentes. Mas manter a mesma fórmula é continuar o silenciamento daqueles que foram sistematicamente subestimados e desfavorecidos. O padrão de subestimação não está apenas nos filmes que são feitos, mas também nos empreendimentos que são lançados.

Em 2021, apenas 2,4% dos 330 bilhões de dólares de capital de risco investidos em startups nos Estados Unidos foram direcionados a empresas fundadas exclusivamente por mulheres; 15,6% do capital foi para equipes com fundadores do sexo feminino e masculino.[34] Startups com pelo menos um fundador negro receberam 1,2% do total de dólares de risco investidos no país em 2022.[35] Se você é um investidor de alto risco, qual perfil você mais costuma financiar? Esses resultados existem não porque as ideias das mulheres e das pessoas racializadas sejam piores, mas porque os financiadores tradicionalmente não se dispõem a investir em um resultado com potencial de acontecer.

Se você é um investidor, em quem vai investir?

Se está procurando um fornecedor, quem vai contratar?

Se é um consumidor, de quem vai comprar?

Dinheiro é influência. Preciso lembrar que o importante sobre a forma como uso meu dinheiro vai além do que a quantia que resta na minha conta no fim do mês. Porque a forma como uso e gasto meu dinheiro influencia quais projetos, as pessoas, as vozes e as comunidades têm sucesso. Independente de ser grande ou pequeno, nosso poder de compra é capaz de apoiar ou silenciar o sustento e os sonhos de outra pessoa.

É fácil apontar o dedo para os sistemas e dizer que são falhos. Afinal, os sistemas, em sua maioria, não são personalizados, portanto não existe um único responsável. Os sistemas vigentes querem que esqueçamos que temos poder, porque reconhecer nosso poder é ter a chance de efetuar mudanças. Nossas decisões de seguir ou desafiar as políticas e práticas que compõem os sistemas mudam o curso da história. Ao escolhermos usar a voz, formar alianças, dar o devido crédito e direcionar o nosso dinheiro, criamos um fluxo capaz de moldar e remodelar os sistemas que nos rodeiam, e silenciar ou fortalecer as pessoas.

Desaprender o silêncio requer mudanças de mentalidade, de habilidades e sistemas. Seja em uma família ou em uma comunidade, a mudança no todo começa com a disposição de uma pessoa para agir.

Que você seja essa pessoa.

SUA VEZ

Para refletir

- De quais sistemas você faz parte?
- Qual é o seu papel dentro desses sistemas?
- Dentro de um sistema, sobre o que você escolhe falar? E sobre o que escolhe não falar?
- Que tipo de poder você tem e que pode estar subestimando?
- Como o seu silêncio ou a sua voz afeta o sistema em que você está?

Lembre-se: os sistemas são a nossa interconectividade. Mudar a sua contribuição transforma o sistema.

Para experimentar

- Que padrão ou política você deseja mudar?
- Quem pode convidar para se juntar a você nessa tarefa?
- Sobre o que você está em silêncio agora, mas que seria bom falar?

Conclusão

Como alguém que esteve em silêncio e foi silenciada por muito tempo, sei que desaprender o silêncio não é uma tarefa fácil. Esse trabalho pode ser profundamente desconfortável, muitas vezes aborda questões que precisam ser exploradas na terapia (estou falando sério!), e exige que desconstruamos e reconstruamos a forma como agimos em nosso cotidiano.

Mas desaprender o silêncio é também a forma como encontramos e usamos nossa voz para construir as famílias, as comunidades e o mundo que queremos. Um mundo no qual você e as pessoas ao seu redor — e aquelas que virão depois de você — possam prosperar.

Para aqueles que, como eu, passaram a vida inteira calculando cuidadosamente palavras e ações, espero que este livro tenha mostrado que não estão sozinhos. Você não está sendo ridículo. Você não está exagerando, você não é sensível demais.

Não foi culpa sua.

No futuro, espero que os momentos e lugares onde você escolher ficar em silêncio sejam benéficos para você mesmo, em vez de serem confortáveis e convenientes para aqueles que o rodeiam.

Espero que se sinta mais capacitado e tenha mais ferramentas para usar sua voz. A cada experimento que você fizer, espero que sua voz se torne cada vez mais forte e poderosa.

Espero que viva com mais liberdade e seja mais capaz de ser quem deseja, a pessoa que só você pode ser. Porque, por trás do silêncio que aprendeu, está uma voz forte e poderosa que é só sua.

E nós precisamos de você.

Vamos falar e lutar pelo que é bom, certo e verdadeiro.

Vamos reconstruir um mundo em que cada ser humano, independente da família e dos fatores de origem, tenha a oportunidade de ser visto, reconhecido e ouvido pela pessoa que é e por quem está se tornando.

Um mundo onde a voz mais alta, mais orgulhosa e mais privilegiada não prevalece automaticamente, mas há espaço — e há uma criação ativa de espaço — para a diferença.

Onde o pertencimento, a dignidade e a justiça sejam realidades não apenas para alguns privilegiados, mas para cada ser humano.

Que nos ambientes de trabalho passemos menos tempo tentando agradar, pisando em ovos e tentando descobrir soluções alternativas.

Que, ao criar espaço e celebrar a voz, sejamos capazes de libertar plenamente o talento e receber as recompensas que a colaboração e a inovação há muito prometem.

Que, na nossa comunidade, possamos desaprender e reaprender lições fundamentais que transformem a maneira como agimos no mundo.

Que, em nossas famílias, de nascimento ou de escolha, a sensação de sermos reconhecidos e amados seja possível porque não precisamos podar e censurar a nós mesmos.

Que haja espaço e delicadeza para sermos nós mesmos, para sermos aceitos, respeitados e celebrados.

Esta é a oportunidade de desaprender como silenciamos os outros. E a oportunidade de desaprender nosso próprio silêncio.

Mal posso esperar para ouvir sua voz.

Roteiro de *Desaprendendo o silêncio*

Introdução

CONSCIENTIZAÇÃO

1. **O silêncio que aprendemos**
   O que é voz?
   Como aprendemos a silenciar
      No nível individual
      No nível estrutural
      No nível social
      No nível intrapessoal

2. **O problema do silêncio**
   O silêncio gera insegurança
   O silêncio infringe a dignidade
   O silêncio apaga o nosso senso de individualidade
   O silêncio reduz a capacidade de pensarmos por nós mesmos
   O silêncio agrava o sofrimento existente
   O silêncio molda a nossa percepção da realidade
   O silêncio gera mais silêncio

3. Quando o silêncio faz sentido

Três questões com as quais nos debatemos

Quais são os custos de escolher usar a sua voz?

Lidando com o desconhecido

Lidando com as regras de outra pessoa

Perdendo o controle

Quais são os benefícios de ficar em silêncio?

O silêncio permite a sobrevivência

O silêncio protege a minha energia

O silêncio é autocuidado

Isto não é uma autorização

O silêncio é estratégico

Dados os custos e benefícios de usar a voz e ficar em silêncio, o que faz sentido para mim?

Nossos preconceitos

Viés com base no presente

Viés pessoal

Nossa percepção

A diferença? Agência

4. Como silenciamos a nós mesmos

O problema é você ou são os outros? Provavelmente ambos

Acreditamos que a nossa voz não tem importância

Nós nos concentramos demais nas expectativas alheias

Nós cedemos à pressão alheia

Nós valorizamos a conformidade no lugar da singularidade

Nós censuramos a nós mesmos

Nós mitigamos o nosso discurso

Nós nunca falamos primeiro

5. **Como silenciamos os outros**
   Nós subestimamos a dificuldade
   Nós dizemos que queremos ouvir opiniões quando
   na verdade não queremos
       Três baldes
   Nós controlamos a narrativa
   Nossas reações automáticas são falhas
   Nós nos concentramos em nós mesmos
       O horário
       Meios de comunicação
       Estilos de processamento
   Nós desviamos o foco para nós mesmos
   Nós não acreditamos nas pessoas
   Nós conservamos uma mentalidade fixa
   Nós construímos culturas do silêncio
   Nós todos silenciamos os outros, mas não
   precisamos fazer isso

AÇÃO

6. **Encontre a sua voz**
   Cultive a conscientização
       Sua voz é válida e merece ser ouvida
       As pessoas vão tentar moldar a sua voz
       O julgamento — da sua voz e de quem
       você é — é normal
   Interrogando a nossa voz
       Desafie seu próprio pensamento
       Permita-se
   Faça experimentos ao usar sua voz
       Faça experimentos pequenos
       Faça experimentos com prazo determinado
       Encontre conforto no desconforto

Convide outras vozes para participar
　　Faça uma seleção dos comentários
　　Tenha uma caixa de retorno
　　Decida quais vozes são essenciais
　　Faça sua própria reflexão
　　Faça mudanças constantes

7. Use a sua voz
　Três alavancas para a voz
　Essência
　　Quais aspectos do assunto são da minha competência?
　　Que perspectiva eu acrescento?
　Relacionamento
　　Rompa preconceitos
　　Incentive a cultura emocional
　Processo
　　Planeje com intenção
　Não faça reuniões sem planejamento
　　Sugira etapas que favoreçam sua voz
　　Seja explícito em relação às normas implícitas
　　Tenha perguntas padronizadas
　　Atenha-se à justiça do processo

8. Como se manifestar
　Comece explicando o porquê
　Ligue os pontos
　Faça pedidos claros
　Aceite a resistência

9. Pare de silenciar as pessoas
　Ouça, principalmente quando houver diferença

Desfaça noções preconcebidas
Priorize os interesses e a autonomia das outras pessoas
Como fazer o seu trabalho
Normalize diferentes estilos de comunicação
  Reconheça seus padrões
  Articule as normas do relacionamento
  Valide a maneira como alguém se comunica
Deixe as normas e suposições explícitas
Táticas para apoiar o uso da voz
Saia do caminho

10. Transforme o sistema
Afinal de contas, o que é um sistema?
Qual é o impacto de uma política?
Qual é o impacto da prática?
  Deixe explícitas as regras implícitas
  Crie caminhos claros para o uso da voz
  Torne desaprender o silêncio uma competência
O que eu posso fazer?
  Aceite o seu poder
  Escolha a voz
  Forme alianças
  Dê o devido crédito
  Direcione o seu dinheiro

Conclusão

Agradecimentos

É preciso uma aldeia para escrever um livro. Sem Meghan Stevenson e sua equipe, este livro não existiria. Você foi a primeira a dizer que essa ideia era como ouro no fundo dos trens de San Francisco. Obrigada por saber sintetizar minhas ideias para que o mundo editorial pudesse ver seu valor e tornar possível este novo capítulo. Parabéns pelo seu sucesso.

À minha agente, Rachel Ekstrom Courage. Quando nos conhecemos, você disse que defenderia este projeto mais do que eu mesma. Lembro-me de pensar que isso não seria possível. Mas foi. Obrigada por lutar por mim, por priorizar minhas necessidades e me guiar nesta montanha-russa da escrita com firmeza e graciosidade.

É um presente trabalhar com pessoas incríveis no que fazem. Minha editora, Meg Leder, é sem dúvida uma delas. Obrigada por amar este projeto o bastante para ser a editora mais minuciosa quando era mais necessário, e uma mentora, parceira de pensamento, e tão sábia e calorosa em todos os outros momentos. Você se mostrou construtiva e eficaz até no pior dos meus pesadelos de estresse. Este livro é mais nítido, claro e coeso graças às edições incisivas de Anna Argenio. Estou mais esperançosa quanto ao impacto global de desaprender o silêncio devido a sua defesa feroz e inabalável.

À equipe da Penguin Life, obrigada por sonharem comigo e por serem um sonho ao trabalharmos juntos. Obrigada, Isabelle Alexander e Annika Karody, por todo o trabalho que pode passar despercebido, mas é tão essencial e profundamente reconhecido. Lydia Hirt e Shelby Meizlik me ajudaram a sonhar mais alto do que jamais imaginei sobre os contextos em que desaprender o silêncio poderia curar e nos tornar mais completos. Patrick Nolan viu e acreditou no potencial de longo prazo deste livro para mudar vidas e deixar o mundo como o lugar em que gostaríamos de viver. Chorar com todos vocês em nossa primeira chamada do Zoom foi um sinal de que eu tinha encontrado a equipe certa. Alison Rich, Stephanie Bowen, Rachael Perriello Henry e Zehra Kayi, vocês me orientaram quando eu estava perdida e me iluminaram quando tudo estava obscuro. Obrigada por me darem um empurrão para os mundos em que eu precisava entrar. Sabila Khan, seu entusiasmo contagiante e sua convicção de que este era o livro de que você precisava havia vinte anos me ajudaram nas partes mais difíceis do processo. Obrigada por divulgar a mensagem em mais idiomas do que eu jamais poderia imaginar. Brian Tart, Kate Stark, Lindsay Prevette, Molly Fessenden, Julia Falkner, Tricia Conley, Katie Hurley, Madeline Rohlin, Daniel Lagin, Jane Cavolina, Dorothy Janick, Tracy Gardstein: todos vocês me ensinaram como as coisas podem ser incríveis quando ousamos confiar em nossos instintos.

Steve Troha e a equipe da Folio Literary me apoiaram como autora estreante. Kelly Yun mergulhou de cabeça para garantir que tudo fosse bem pesquisado e baseado em fatos. Ainda estou constrangida, mas infinitamente grata por você ter descoberto a quantidade de bactérias por centímetro quadrado para abordar o incidente da privada. Siri Chilazi ofereceu recomendações generosas, apoio inabalável e solidariedade ímpar. Jennifer Kem usou sua habilidade incomparável de criar estratégias para me ajudar a ter uma visão, sempre começando pelo que eu realmente quero na vida. Sarah Paikai, você me mostrou não apenas o que a competência pode fazer, mas também quanto um mobilizador pode ser eficaz. Obrigada pelo apoio de ambas.

Meus colegas do Triad Consulting Group Sheila Heen e Doug Stone me salvaram da produção jurídica em massa e me abriram para um caminho diferente. Com barras de chocolate Hershey com amêndoas e camisetas dos Knicks, vocês me ensinaram muito sobre empatia, humildade, ensino e aprendizagem. Debbie Goldstein usou sua liderança para que a escrita deste livro pudesse acontecer e desafiasse as pessoas a enviar bons sinais de afirmação com calor e compaixão. Julie Okada viu e defendeu o que eu trouxe ao mundo muito antes do que ousei imaginar.

Jessie McShane me ensinou que a celebração é uma das grandes alegrias (e necessidades) da vida. Lily Lin nos manteve organizados e me ajudou a aprender a dizer não (estou em período sabático). Brenda Gutierrez nos incentivou sabiamente a fazer melhor. Anh Tran foi verdadeira desde o início e abençoa o mundo com sua genialidade. Sarah Brooks usou sua voz e fez do adjetivo "aliada" um verbo. Heather Sulejman esteve nas trincheiras, e Caroline Adler nos mostrou o caminho.

Obrigada, Alonzo Emery, pelas ligações de emergência para manter a sanidade; tenho orgulho do quanto chegamos longe como uma geração (que não é mais tão nova assim) de profissionais que cultivam vidas melhores. Angelique Skoulas, obrigada por compreender quanto espaço as diferentes partes da vida ocupam e por acreditar em mim quando era mais importante. Stevenson Carlebach, Michele Gravelle, Ann Garrido, Peter Hiddema, Stephan Sonnenberg, Stacy Lennon, Emily Epstein, Bob Bordone, Michael Moffitt, vocês fazem parte da formação da facilitadora e educadora que sou hoje.

Jamie Woolf e Heidi Rosenfelder ofereceram genialidade criativa, grande cuidado e recomendações de caminhadas. Susanna Cooper, Michal Kurlaender, Claudia Escobar, Deborah Travis e a equipe da Wheelhouse me conectaram a alguns dos mais significativos trabalhos, causas e comunidades. A cada cliente que ouviu essas ideias, mesmo quando precisou de um momento porque a frase por si só o surpreendeu. Este livro não existiria sem que você tivesse me confiado os desafios mais difíceis e delicados ao longo dos anos.

Em um mundo onde os livros de liderança escritos por mulheres racializadas ainda não aparecem em primeiro lugar nas pesquisas do Google, Ruchika Tulshayan e Deepa Purushothaman abriram o caminho e modelaram uma mentalidade de abundância. Obrigada por me conectar a algumas de minhas irmãs mais queridas na causa. Podemos ter sido as primeiras, poucas ou as únicas, mas não será mais assim. Pooja Lakshmin, Luvvie Ajayi Jones, Elaine Welteroth, Ijeoma Oluo, Kelly Richmond Pope, Aiko Bethea, Kim Crowder, Elizabeth Leiba: vocês me inspiram com suas palavras e com o que fazem. Obrigada, Kathy Khang, por levantar sua voz e por sua gentileza em me lembrar que há espaço, e necessidade, para cada uma de nossas vozes.

Kwame Christian me disse que eu tinha o que era preciso para fazer tudo isso, e essas palavras significaram muito. Amal Masri, obrigada por me abraçar, por entender a repulsa e pela conexão.

Rosie Yeung, Alice Chan, Jessica Chen, Tara Robertson, Phil Xiao, Paul Ladipo, Francine Parham, Sybil Stewart. Sua presença na LI e na minha vida tem sido transformadora. Gratidão é um eufemismo quando sei que estamos moldando o mundo para honrar nossa dignidade individual e coletiva.

Escrever não é apenas uma questão de arte, mas de coração. Obrigada, Regina Chow Trammel, por ajudar a me curar, e Angela Park, por ser uma defensora feroz. Quero ser vocês duas quando crescer. Alice Chen, Cassindy Chao, Belinda Luu e minhas Irmãs Briguentas, vocês oferecem os presentes inestimáveis de não precisar me explicar e de me concentrar em como podemos apoiar umas às outras.

Minna Dubin controlou minha raiva de mãe e deu gás a cada sessão de escrita no Cafenated Coffee. Jackie Knapp me lembrou de jogar. Cathy Swinford me manteve sã e é um exemplo de que o exercício árduo de procura e entrega a Deus sempre vale a pena. O trabalho fora de casa não acontece sem cuidados confiáveis às crianças; Mayra Dana e Emilia O'Toole proporcionaram um ambiente acolhedor e ajudaram a criar nossos filhos com amor e carinho incomparáveis. Dhanya Lakshmi, Lisa Hook, Nicole Hosemann, Anne Mayoral, Alison Kosinski, Summer Chang: cuidar de crianças durante uma pandemia não é algo que desejamos a ninguém, mas, se tivéssemos que fazer isso, não escolheria ninguém além de vocês.

Para minha equipe da Benetton: Tanto ao escalar montanhas durante tempestades de granizo quanto ao aparecer para surpreender uns aos outros na Target, obrigada por me mostrar o poder da solidariedade intercultural e racial, por fazer perguntas difíceis e por me ajudar a viver com uma perspectiva infinita. A dra. Jennifer J. Stuart é a maior motivadora e defensora, cujas perguntas perspicazes e observações comoventes sempre perfuram nosso coração (no melhor sentido). É verdade que por trás de cada mulher sã há outra mulher mandando mensagens clandestinas à meia-noite. Audrie Wright, você é essa pessoa. Heather e Ben Kulp, sua paciência inesgotável, seu humor sarcástico e sua amizade fiel me mantêm firme. Elizabeth Eshleman, você me ensinou a cantar, chorar e aproveitar a vida. Ge, obrigada por me ensinar a dizer quando estou com fome e por confiar em mim mais do que jamais consegui. Obrigada, BWB, pelos celulares, pelas orações, pela curadoria culinária e por me lembrar de pensar em mim mesma.

Mamãe e papai, obrigada por orarem por mim e por serem enfáticos para que eu tivesse uma carreira. Além dos estoques de guiozas caseiros no freezer e festas do pijama nas noites de sexta para que eu pudesse dormir, este livro — e minha vida — não seriam possíveis sem vocês. Obrigada por seu sacrifício, pelas coisas que sei e pelas quais ainda não falamos sobre ou que não sei. Nossa jornada juntos me ensinou o poder e a promessa de podermos continuar aprendendo juntos. Tenho orgulho de ser sua filha. Aos Hering de Minnesota, seu compromisso com a experimentação contínua e o serviço humilde me inspiram.

Laz, é uma honra ser sua mãe. Não perca sua curiosa confiança e clareza sobre quem você é. Caminhões de lixo vermelhos com abraços bem dados para sempre. M., obrigada por sempre amar e incentivar minha voz, mesmo antes de eu realmente encontrá-la. ISTYPN.

Obrigada, Deus, porque tudo isso é, na verdade, Efésios 3,20.

Para cada pessoa que se esforça para continuar encontrando e usando a própria voz, obrigada por sua voz inspiradora. Obrigada por construir — e lutar para construir — vidas que valem a pena ser vividas.

Notas

INTRODUÇÃO [pp. 9-24]

1. David J. Wasserstein, "A West-East Puzzle: On the History of the Proverb 'Speech Is Silver, Silence Is Golden'". *Compilation and Creation in Adab and Luġa: Studies in Memory of Naphtali Kinberg (1948-1997)*. Org. de Albert Arazi, Joseph Sadan e David J. Wasserstein. Tel Aviv: Eisenbrauns, 1999.

2. Radun Jenni et al., "Speech Is Special: The Stress Effects of Speech, Noise, and Silence During Tasks Requiring Concentration". *Indoor Air*, v. 31, n. 1, pp. 264-74, jan. 2021. Disponível em: <https://doi.org/10.1111/ina.12733>.

3. Luciano Bernardi, Cesare Porta e Peter Sleight, "Cardiovascular, Cerebrovascular, and Respiratory Changes Induced by Different Types of Music in Musicians and NonMusicians: The Importance of Silence". *Heart*, v. 92, n. 4, pp. 445-52, abr. 2006. Disponível em: <https://doi.org/10.1136/hrt.2005.064600>.

4. Imke Kirste et al., "Is Silence Golden? Effects of Auditory Stimuli and Their Absence on Adult Hippocampal Neurogenesis". *Brain Structure and Function*, v. 220, n. 2, pp. 1221-8, mar. 2015. Disponível em: <https://doi.org/10.1007/s00429-013-0679-3>.

5. "The Big Sort". *Economist*, 19 jun. 2008. Disponível em: <www.economist.com/united-states/2008/06/19/the-big-sort>.

1. O SILÊNCIO QUE APRENDEMOS [pp. 27-43]

1. Charles A. Nelson, Nathan A. Fox e Charles H. Zeanah, *Romania's Abandoned Children: Deprivation, Brain Development, and the Struggle for Recovery*. Cambridge, MA: Harvard University Press, 2014.

2. "People: The Younger Generation". *Time*, 5 nov. 1951. Disponível em: <http://content.time.com/time/subscriber/article/0,33009,856950,00.html>.

3. Hannah Jane Parkinson, "From the Silent Generation to 'Snowflakes': Why You Need Friends of All Ages". *Guardian*, 18 out. 2019. Disponível em: <www.theguardian.com/lifeandstyle/2019/oct/18/silent-generation-to-snowflakes-why-you-need-friends-all-ages>.

4. P. J. Achter, *Britannica Online*. "McCarthyism". Última atualização: 5 dez. 2022. Disponível em: <www.britannica.com/topic/McCarthyism>.

5. Mark Batterson e Richard Foth, *A Trip Around the Sun: Turning Your Everyday Life into the Adventure of a Lifetime*. Grand Rapids, MI: Baker Books, 2015.

6. AnnMarie D. Baines, *(Un)learning Disability: Recognizing and Changing Restrictive Views of Student Ability*. Nova York: Teachers College Press, 2014.

7. AnnMarie D. Baines, Diana Medina e Caitlin Healy, "Expression-Driven Teaching". *Amplify Student Voices: Equitable Practices to Build Confidence in the Classroom*. Arlington, VA: ASCD, 2023.

8. Ambreen Ahmed e Nawaz Ahmad, "Comparative Analysis of Rote Learning on High and Low Achievers in Graduate and Undergraduate Programs". *Journal of Education and Educational Development*, v. 4, pp. 111-29, 2017. Disponível em: <www.researchgate.net/publication/317339196_Comparative_Analysis_of_Rote_Learning_on _High_and_Low_Achievers_in_Graduate_and_Undergraduate_Programs>.

9. Kurt F. Geisinger, "21st Century Skills: What Are They and How Do We Assess Them?". *Applied Measurement in Education*, v. 29, n. 4, pp. 245-9, 2016. Disponível em: <https://doi.org/10.1080/08957347.2016.1209207>.

10. Amanda LaTasha Armstrong, "The Representation of Social Groups in U.S. Education Materials and Why It Matters". *New America*, 16 fev. 2022. Disponível em: <http://newamerica.org/education-policy/briefs/the-representation-of-social-groups-in-us-education-materials-and-why-it-matters>.

11. Elizabeth Wolfe Morrison e Frances J. Milliken, "Organizational Silence: A Barrier to Change and Development in a Pluralistic World". *Academy of Management Review*, v. 25, n. 4, pp. 706-25, out. 2000. Disponível em: <http://dx.doi.org/10.2307/259200>.

12. Kerm Henricksen e Elizabeth Dayton, "Organizational Silence and Hidden Threats to Patient Safety". *Health Services Research*, v. 41, n. 4, pt. 2, pp. 1539-54, ago. 2006. Disponível em: <https://doi.org/10.1111%2Fj.1475-6773.2006.00564.x>.

13. K. G. Weiss, "Too Ashamed to Report: Deconstructing the Shame of Sexual Victimization". *Feminist Criminology*, v. 5, n. 3, pp. 286-310, 2010. Disponível em: <https://doi.org/10.1177/1557085110376343>.

14. "Snitches get stitches". *Free Dictionary*. Disponível em: <https://idioms.thefreedictionary.com/snitches+get+stitches>.

15. Ayah Young, "Deadly Silence: Stop Snitching's Fatal Legacy". *Wiretap*, 28 mar. 2008. Disponível em: <https://web.archive.org/web/200804011 35307/http:/www.wiretapmag.org/race/43473>.

16. "Inequality in 1,300 Popular Films: Examining Portrayals of Gender, Race/Ethnicity, LGBTQ & Disability from 2007 to 2019". USC Annenberg, *Annenberg Inclusion Initiative*, set. 2020. Disponível em: <https://assets.uscannenberg.org/docs/aii-inequality_1300_popular_films_09-08-2020.pdf>.

2. O PROBLEMA DO SILÊNCIO [pp. 44-66]

1. "Enron Whistleblower Tells of 'Crooked Company'". *Associated Press*, NBC News, 15 mar. 2006. Disponível em: <www.nbcnews.com/id/wbnal1839694>.

2. Dick Carozza, "Interview with Sherron Watkins: Constant Warning". *Fraud Magazine*, jan./fev. 2007. Disponível em: <www.fraud-magazine.com/article.aspx?id=583>.

3. Albert O. Hirschman, *Exit, Voice, and Loyalty: Responses to Decline in Firms, Organizations, and States*. Cambridge, MA: Harvard University Press, 1970.

4. Gregory Moorhead e John R. Montanari, "An Empirical Investigation of the Groupthink Phenomenon". *Human Relations*, v. 39, n. 5, pp. 399-410, maio 1986. Disponível em: <https://doi.org/10.1177/001872678603900502>.

5. Silvia da Costa et al., "Obediencia a la Autoridad, Respuestas Cognitivas y Afectivas y Estilo de Liderazgo en Relación a una Orden no Normativa: El Experimento de Milgram". *Revista de Psicología*, v. 39, n. 2, pp. 717- -44, 2021. Disponível em: <https://doi.org/10.18800/psico.202102.008>.

6. Deepa Purushothaman e Valerie Rein, "Workplace Toxicity Is Not Just a Mental Health Issue". *MIT Sloan Management Review*, 18 jan. 2023. Disponível em: <https://sloanreview.mit.edu/article/workplace-toxicity-is-not-just-a-mental-health-issue>.

7. Maria Ritter, "Silence as the Voice of Trauma". *American Journal of Psychoanalysis*, v. 74, pp. 176-94, 2014. Disponível em: <https://doi.org/10.1057/ajp.2014.5>.

8. E. D. Lister, "Forced Silence: A Neglected Dimension of Trauma". *American Journal of Psychiatry*, v. 139, n. 7, pp. 872-76, jul. 1982. Disponível em: <https://doi.org/10.1176/ajp.139.7.872>.

9. Bessel van der Kolk, *The Body Keeps the Score: Brain, Mind, and Body in the Healing of Trauma*. Nova York: Penguin, 2015. [Ed. bras.: *O corpo guarda as marcas: cérebro, mente e corpo na cura do trauma*. Rio de Janeiro: Sextante, 2020.]

10. Valerie Purdie-Vaughns e Richard P. Eibach, "Intersectional Invisibility: The Distinctive Advantages and Disadvantages of Multiple Subordi-

nate-Group Identities". *Sex Roles*, v. 59, pp. 377-91, 2008. Disponível em: <https://doi.org/10.1007/s11199-008-9424-4>.

11. Xochitl Gonzalez, "Why Do Rich People Love Quiet?". *Atlantic*, 1 ago. 2022. Disponível em: <www.theatlantic.com/magazine/archive/2022/09/let-brooklyn-be-loud/670600>.

12. Elizabeth K. Laney, M. Elizabeth Lewis Hall, Tamara L. Anderson e Michele M. Willingham. "Becoming a Mother: The Influence of Motherhood on Women's Identity Development". *Identity*, v. 15, n. 2, pp. 126-45, 2015. Disponível em: <https://doi.org/10.1080/15283488.2015.1023440>.

13. Hazel M. Macrae, "Women and Caring: Constructing Self Through Others". *Journal of Women & Aging*, v. 7, n. 1-2, pp. 145-67, 1995. Disponível em: <https://doi.org/10.1300/J074v07n01_11>.

14. Karen Rinaldi, "Motherhood Isn't Sacrifice, It's Selfishness". Opinion, *New York Times*, 4 ago. 2017. Disponível em: <www.nytimes.com/2017/08/04/opinion/sunday/motherhood-family-sexism-sacrifice.html>.

15. Anne Helen Petersen, "'Other Countries Have Social Safety Nets. The U.S. Has Women'". *Culture Study*, 11 nov. 2020. Disponível em: <anne-helen.substack.com/p/other-countries-have-social-safety>.

16. Craig Timberg, "New Whistleblower Claims Facebook Allowed Hate, Illegal Activity to Go Unchecked". *Washington Post*, 22 out. 2021. Disponível em: <www.washingtonpost.com/technology/2021/10/22/facebooknew-whistleblower-complaint>.

17. Julie Miller, "Paying the Price for Blowing the Whistle". *New York Times*, 12 fev. 1995. Disponível em: <www.nytimes.com/1995/02/12/nyregion/paying-the-price-for-blowing-the-whistle.html>.

18. "Double Pain". *Super Mario Wiki*, última edição: 10 maio 2022. Disponível em: <www.mariowiki.com/Double_Pain>.

19. Julianne Holt-Lunstad et al., "Loneliness and Social Isolation as Risk Factors for Mortality: A Meta-Analytic Review". *Perspectives on Psychological Science*, v. 10, n. 2, pp. 227-37, mar. 2015. Disponível em: <https://doi.org/10.1177/1745691614568352>.

20. Stephanie Cacioppo et al., "Loneliness: Clinical Import and Interventions". *Perspectives on Psychological Science*, v. 10, n. 2, pp. 238-49, mar. 2015. Disponível em: <https://doi.org/10.1177/1745691615570616>.

21. Emma Bassett e Spencer Moore, "Mental Health and Social Capital: Social Capital as a Promising Initiative to Improving the Mental Health of Communities". *Current Topics in Public Health*. Org. de Alfonso J. Rodriguez-Morales. Londres: IntechOpen, maio 2013. Disponível em: <http://dx-.doi.org/10.5772/53501>.

22. James W. Pennebaker, *Opening Up: The Healing Power of Expressing Emotions*. Nova York: Guilford, 1997.

23. David A. Goldstein e Michael H. Antoni, "The Distribution of Repressive Coping Styles Among Non-Metastatic and Metastatic Breast Cancer Patients as Compared to Non-Cancer Patients". *Psychology and Health*, v. 3, n. 4, pp. 245-58, 1989. Disponível em: <https://doi.org/10.1080/088704 48908400384>.

24. Jainish Patel e Pritish Patel, "Consequences of Repression of Emotion: Physical Health, Mental Health and General Well Being". *International Journal of Psychotherapy Practice and Research*, v. 1, n. 3, pp. 16-21, fev. 2019. Disponível em: <http://dx.doi.org/10.14302/issn.2574-612X.ijpr-18-2564>.

25. J. J. Gross; O. P. John. "Individual Differences in Two Emotion Regulation Processes: Implications for Affect, Relationships, and Well-Being". *Journal of Personality and Social Psychology*, v. 85, n. 2, pp. 348-62, ago. 2003. Disponível em: <https://doi.org/10.1037/0022-3514.85.2.348>.

26. David Matsumoto et al., "The Contribution of Individualism Vs. Collectivism to Cross-National Differences in Display Rules". *Asian Journal of Social Psychology*, v. 1, n. 2, pp. 147-65, 1998. Disponível em: <https://psycnet.apa.org/doi/10.1111/1467-839X.00010>.

27. Heejung S. Kim et al., "Gene-Culture Interaction: Oxytocin Receptor Polymorphism (OXTR) and Emotion Regulation". *Social Psychological and Personality Science*, v. 2, n. 6, pp. 665-72, nov. 2011. Disponível em: <https://doi.org/10.1177/1948550611405854>.

28. P. Cramer, "Defense Mechanisms in Psychology Today: Further Processes for Adaptation". *American Psychologist*, v. 55, n. 6, pp. 637-46, jun. 2000. Disponível em: <https://psycnet.apa.org/doi/10.1037/0003-066X.55.6.637>.

29. Matteo Cinelli et al., "The Echo Chamber Effect on Social Media". *PNAS*, v. 118, n. 9, mar. 2021. Disponível em: <https://doi.org/10.1073/pnas.2023301118>.

30. "Getting Muslim Representation Right". *Pillars Fund*, ago. 2021. Disponível em: <https://pillarsfund.org/content/uploads/2021/08/Getting-Muslim-Representation-Right.pdf>.

31. Boaz Munro, "Dear American Progressives: Your Jewish Friends Are Terrified by Your Silence". *An Injustice!*, 31 maio 2021. Disponível em: <https://aninjusticemag.com/dear-american-progressives-your-jewish-friendsare-terrified-b24068fcf488>.

32. Tiffany Bluhm, *Prey Tell: Why We Silence Women Who Tell the Truth and How Everyone Can Speak Up*. Ada, MI: Brazos Press, 2021.

3. QUANDO O SILÊNCIO FAZ SENTIDO [pp. 67-97]

1. Ryan Pendell, "5 Ways Managers Can Stop Employee Turnover". *Gallup*, 10 nov. 2021. Disponível em: <www.gallup.com/workplace/357104/ways-managers-stop-employee-turnover.aspx>.

2. Quantum Workplace and Fierce Conversations, "The State of Miscommunication: 6 Insights on Effective Workplace Communication". *Greater Pensacola Society for Human Resource Management*, jun. 2021. Disponível em: <www.gpshrm.org/resources/Documents/The-State-of-Miscommunication.pdf>.

3. Pooja Lakshmin, *Real Self- Care: A Transformative Program for Redefining Wellness*. Nova York: Penguin Life, 2023. [Ed. bras.: *Autocuidado de verdade: um programa transformador para redefinir o bem-estar (sem cristais, purificações ou banhos de espuma)*. Rio de Janeiro: Fontanar, 2023.]

4. Dan W. Grupe e Jack B. Nitschke, "Uncertainty and Anticipation in Anxiety: An Integrated Neurobiological and Psychological Perspective". *Nature Reviews Neuroscience*, v. 14, pp. 488-501, 2013. Disponível em: <https://doi.org/10.1038/nrn3524>.

5. R. Nicholas Carleton, "Fear of the Unknown: One Fear to Rule Them All?". *Journal of Anxiety Disorders*, v. 41, pp. 5-21, jun. 2016. Disponível em: <https://doi.org/10.1016/j.janxdis.2016.03.011>.

6. Aysa Gray, "The Bias of 'Professionalism' Standards". *Stanford Social Innovation Review*, 2019. Disponível em: <https://doi.org/10.48558/TDWC-4756>.

7. Adam Galinsky, "How to Speak Up for Yourself". *Ideas.TED*, 17 fev. 2017. Disponível em: <https://ideas.ted.com/how-to-speak-up-for-yourself/>.

8. Emma Hinchliffe, "The Female CEOs on This Year's Fortune 500 Just Broke Three All-Time Records". *Fortune*, 2 jun 2021. Disponível em: <https://fortune.com/2021/06/02/female-ceos-fortune-500-2021-women-ceo-list-roz-brewer-walgreens-karen-lynch-cvs-thasunda-brown-duckett-tiaa>.

9. Allison Moser, "How to Improve Gender Diversity in the Workplace". *Culture Amp*. Disponível em: <www.cultureamp.com/blog/improving-the-gender-diversity-of-work-teams>.

10. Sundiatu Dixon-Fyle, Kevin Dolan, Dame Vivian Hunt e Sara Prince, "Diversity Wins: Why Inclusion Matters". *McKinsey & Company*, 19 maio 2020. Disponível em: <www.mckinsey.com/featured-insights/diversity-and-inclusion/diversity-wins-how-inclusion-matters>.

11. Sarah Beaulieu, *Breaking the Silence Habit: A Practical Guide to Uncomfortable Conversations in the #MeToo Workplace*. Oakland, CA: Berrett-Koehler Publishers, 2020. p. 125.

12. Courtney L. McCluney et al., "The Costs of Code-Switching". *Harvard*

Business Review, 15 nov. 2019. Disponível em: <https://hbr.org/2019/11/the-costs-of-codeswitching>.

13. Gregory M. Walton, Mary C. Murphy e Ann Marie Ryan, "Stereotype Threat in Organizations: Implications for Equity and Performance". *Annual Review of Organizational Psychology and Organizational Behavior*, v. 2, pp. 523-50, abr. 2015. Disponível em: <https://doi.org/10.1146/annurev-org-psych-032414-111322>.

14. P. F. Hewlin, "Wearing the Cloak: Antecedents and Consequences of Creating Facades of Conformity". *Journal of Applied Psychology*, v. 94, n. 3, pp. 727-41, maio 2009. Disponível em: <https://doi.org/10.1037/a0015228>.

15. Miller McPherson, Lynn Smith-Lovin e James M. Cook, "Birds of a Feather: Homophily in Social Networks". *Annual Review of Sociology*, v. 27, pp. 415-44, ago. 2001. Disponível em: <https://doi.org/10.1146/annurev.soc.27.1.415>.

16. Cameron Anderson e Gavin J. Kilduff. "The Pursuit of Status in Social Groups". *Current Directions in Psychological Science*, v. 18, n. 5, pp. 295-8, out. 2009. Disponível em: <https://doi.org/10.1111/j.1467-8721.2009.01655.x>.

17. Amy Edmondson, "Psychological Safety and Learning Behavior in Work Teams". *Administrative Science Quarterly*, v. 44, n. 2, pp. 350-83, jun. 1999. Disponível em: <https://doi.org/10.2307/2666999>.

18. Sharmila Sivalingam, "The Brain: Saboteur or Success Partner? Exploring the Role of Neuroscience in the Workplace". *Journal of Humanities and Social Sciences Research*, v. 2, n. 1, pp. 5-10, jul. 2020. Disponível em: <http://dx.doi.org/10.37534/bp.jhssr.2020.v2.n1.id1019.p5>.

19. Bessel van der Kolk, *The Body Keeps the Score: Brain, Mind, and Body in the Healing of Trauma*. Nova York: Penguin, 2015. [Ed. bras.: *O corpo guarda as marcas: Cérebro, mente e corpo na cura do trauma*. Rio de Janeiro: Sextante, 2020.]

20. Naomi I. Eisenberger, "The Neural Bases of Social Pain: Evidence for Shared Representations with Physical Pain". *Psychosomatic Medicine*, v. 74, n. 2, pp. 126-35, fev. 2012. Disponível em: <https://doi.org/10.1097%2F-PSY.0b013e3182464dd1>.

21. "Self-preservation instinct". *APA Dictionary of Psychology*. Disponível em: <https://dictionary.apa.org/self-preservation-instinct>.

22. Bessel van der Kolk, op. cit.

23. Aimaloghi Eromosele, "There Is No Self-Care Without Community Care". *URGE*, 10 nov. 2020. Disponível em: <https://urge.org/there-is-no-self-care-without-community-care>.

24. Patricia Worthy, "Black Women Say Goodbye to the Job and Hello to Their Own Businesses". *Guardian*, 12 fev. 2022. Disponível em: <www.theguardian.com/business/2022/feb/12/black-women-say-goodbye-to-the-job-and-hello-to-their-own-businesses>.

25. Amy Wilkins, "Not Out to Start a Revolution: Race, Gender, and Emotional Restraint Among Black University Men". *Journal of Contemporary Ethnography*, v. 41, n. 1, pp. 34-65, 2012. Disponível em: <https://journals.sagepub.com/doi/abs/10.1177/0891241611433053>.

26. Anukit Chakraborty, "Present Bias". *Econometrica: Journal of the Econometric Society*, v. 89, n. 4, pp. 1921-61, jul. 2021. Disponível em: <https://doi.org/10.3982/ECTA16467>.

27. Amy C. Edmondson, *The Fearless Organization: Creating Psychological Safety in the Workplace for Learning, Innovation, and Growth*. Hoboken, NJ: Wiley, 2018. [Ed. bras.: *A organização sem medo: Criando segurança psicológica no local de trabalho para aprendizado, inovação e crescimento*. Rio de Janeiro: Alta Books, 2021.]

28. James W. Moore, "What Is the Sense of Agency and Why Does it Matter?". *Frontiers in Psychology*, v. 7, p. 1272, ago. 2016. Disponível em: <https://doi.org/10.3389/fpsyg.2016.01272>.

29. Albert Bandura, "Toward a Psychology of Human Agency". *Perspectives on Psychological Science*, v. 1, n. 2, pp. 164-80, jun. 2006. Disponível em: <https://doi.org/10.1111/j.1745-6916.2006.00011.x>.

4. COMO SILENCIAMOS A NÓS MESMOS [pp. 98-122]

1. James L. Gibson e Joseph L. Sutherland, "Keeping Your Mouth Shut: Spiraling Self-Censorship in the United States". *Political Studies Quarterly* 2023, 1 jun. 2020. Disponível em: <https://dx.doi.org/10.2139/ssrn.3647099>.

2. Megan Call, "Why Is Behavior Change So Hard?". *Accelerate*, 31 jan. 2022. Disponível em: <http://accelerate.uofuhealth.utah.edu/resilience/why-is-behavior-change-so-hard>.

3. Maria Masters, "70 Dieting Statistics You Should Know". *Livestrong*, 8 jun. 2021. Disponível em: <www.livestrong.com/article/13764583-diet-statistics>.

4. Chris Argyris, "Double Loop Learning in Organizations". *Harvard Business Review*, set. 1977. Disponível em: <https://hbr.org/1977/09/double-loop-learning-in-organizations>.

5. Rick van Baaren et al., "Where Is the Love? The Social Aspects of Mimicry". *Philosophical Transactions of the Royal Society of London B*, v. 364, n. 1528, pp. 2381-9, ago. 2009. Disponível em: <https://doi.org/10.1098/rstb.2009.0057>.

6. Nicolas Guéguen, Céline Jacob e Angelique Martin, "Mimicry in Social Interaction: Its Effect on Human Judgment and Behavior". *European*

Journal of Social Sciences, v. 8, n. 2, abr. 2009. Disponível em: <www.research-gate.net/publication/228514642>.

7. David J. Lieberman, *Get Anyone to Do Anything and Never Feel Powerless Again: Psychological Secrets to Predict, Control, and Influence Every Situation.* Nova York: St. Martin's Press, 2010.

8. Pilita Clark, "It's ok to Be Quiet in Meetings". *Financial Times*, 30 abr. 2022. Disponível em: <www.ft.com/content/6d5942a2-a13a-49ea-a833-a6d-5ce780ae3>.

9. Neil G. MacLaren et al., "Testing the Babble Hypothesis: Speaking Time Predicts Leader Emergence in Small Groups". *Leadership Quarterly*, v. 31, n. 5, out. 2020. Disponível em: <https://doi.org/10.1016/j.leaqua.2020.101409>.

10. Andrew F. Hayes, Carroll J. Glynn e James Shanahan, "Willingness to Self-Censor: A Construct and Measurement Tool for Public Opinion Research". *International Journal of Public Opinion Research*, v. 17, n. 3, pp. 298-323, outono de 2005. Disponível em: <https://doi.org/10.1093/ijpor/edh073>.

11. Kerri Smith, "Brain Makes Decisions Before You Even Know It". *Nature*, 11 abr. 2008. Disponível em: <www.nature.com>, <https://doi.org/10.1038/news.2008.751>.

12. Malcolm Gladwell, *Outliers: The Story of Success.* Nova York: Little, Brown, 2008. [Ed. bras.: *Fora de série — Outliers: Descubra por que algumas pessoas têm sucesso e outras não.* Rio de Janeiro: Sextante, 2013.]

13. Sik Hung Ng e James J. Bradac, *Power in Language: Verbal Communication and Social Influence.* Londres: Sage, 1993.

14. B. Robey, "Sons and Daughters in China". *Asian and Pacific Census Forum*, v. 12, n. 2, pp. 1-5, nov. 1985. Disponível em: <https://pubmed.ncbi.nlm.nih.gov/12267834>.\

15. Ute Fischer e Judith Orasanu, "Cultural Diversity and Crew Communication". Trabalho apresentado no 50º Astronautical Congress, Amsterdam, Holanda, out. 1999.

16. Brené Brown, *Dare to Lead: Brave Work. Tough Conversations. Whole Hearts.* Nova York: Random House, 2018. [Ed. bras.: *A coragem para liderar: Trabalho duro, conversas difíceis, corações plenos.* Rio de Janeiro: BestSeller, 2019.]

17. Lisa K. Fazio, David G. Rand e Gordon Pennycook, "Repetition Increases Perceived Truth Equally for Plausible and Implausible Statements". *Psychonomic Bulletin & Review*, v. 26, n. 5, pp. 1705-10, out. 2019. Disponível em: <https://doi.org/10.3758/s13423-019-01651-4>.

18. B. J. Bushman, "Does Venting Anger Feed or Extinguish the Flame? Catharsis, Rumination, Distraction, Anger, and Aggressive Responding".

Personality and Social Psychology Bulletin, v. 28, n. 6, pp. 724-31, 2002. Disponível em: <https://doi.org/10.1177/0146167202289002>.

5. COMO SILENCIAMOS OS OUTROS [pp. 123-56]

1. Michael C. Anderson e Simon Hanslmayr, "Neural Mechanisms of Motivated Forgetting". *Trends in Cognitive Sciences*, v. 18, n. 6, pp. 279-92, jun. 2014. Disponível em: <https://www.cell.com/trends/cognitive-sciences/fulltext/S1364-6613(14)00074-6?_returnURL=https%3A%2F%2Flinkinghub.elsevier.com%2Fretrieve%2Fpii%2FS1364661314000746%3Fshowall%3Dtrue>.

2. Ryan W. Carlson et al., "Motivated Misremembering of Selfish Decisions". *Nature Communications*, v. 11, n. 2100, abr. 2020. Disponível em: <https://doi.org/10.1038/s41467-020-15602-4>.

3. Megan Reitz e John Higgins, "Managers, You're More Intimidating Than You Think". *Harvard Business Review*, 18 jul. 2019. Disponível em: <https://hbr.org/2019/07/managers-youre-more-intimidating-than-you-think>.

4. Sarah Kocher, "Most Employees Are Too Intimidated to Talk to Their Boss About Work Issues". *New York Post*, 2 mar. 2020. Disponível em: <https://nypost.com/2020/03/02/most-employees-are-too-intimidated-to-talk-to-their-boss-about-work-issues>.

5. Raci é uma ferramenta de gerenciamento de projetos na qual aos participantes pode ser atribuída uma de quatro funções: responsável (R), autoridade (A), consultado (C) e informado (I). Há uma infinidade de estruturas derivadas, incluindo Rapid, Paris e outras siglas. Todas têm o intuito semelhante de deixar claros papéis e expectativas.

6. Felipe Csaszar e Alfredo Enrione, "When Consensus Hurts the Company". *MIT Sloan Management Review*, v. 56, n. 3, pp. 17-20, primavera de 2015. Disponível em: <https://sloanreview.mit.edu/article/when-consensus-hurts-the-company>.

7. Naomi Havron et al., "The Effect of Older Siblings on Language Development as a Function of Age Difference and Sex". *Psychological Science*, v. 30, n. 9, pp. 1333-43, ago. 2019. Disponível em: <https://doi.org/10.1177/0956797619861436>.

8. "Americans Check Their Phones 96 Times a Day". *Asurion*, 21 nov. 2019. Disponível em: <www.asurion.com/press-releases/americans-check-their-phones-96-times-a-day>; "The New Normal: Phone Use Is Up Nearly 4-Fold Since 2019, According to Tech Care Company Asurion". *Asurion*. Disponível em: <www.asurion.com/connect/news/tech-usage>; Burt Rea, "Sim-

plification of Work: The Coming Revolution". *Deloitte Insights*, 27 fev. 2015. Disponível em: <www2.deloitte.com/us/en/insights/focus/human-capital-trends/2015/work-simplification-human-capital-trends-2015.html>.

9. Matthew D. Lieberman, "Reflexive and Reflective Judgment Processes: A Social Cognitive Neuroscience Approach". In: Joseph P. Forgas, Kipling D. Williams e William von Hippel (Orgs.). *Social Judgments: Implicit and Explicit Processes*. Cambridge: Cambridge University Press, 2011. pp. 44-67.

10. Bob Nease, *The Power of Fifty Bits: The New Science of Turning Good Intentions into Positive Results*. Nova York: Harper Business, 2016.

11. Ibid.

12. Daniz Vatansever, David K. Menon e Emmanuel A. Stamatakis, "Default Mode Contributions to Automated Information Processing". *Biological Sciences*, v. 114, n. 48, pp. 12821-26, out. 2017. Disponível em: <https://doi.org/10.1073/pnas.1710521114>.

13. Malcolm Gladwell, *Blink: The Power of Thinking Without Thinking*. Nova York: Little, Brown, 2005. [Ed. bras.: *Blink: A decisão num piscar de olhos*. Rio de Janeiro: Sextante, 2016.]

14. Shouhang Yin et al., "Automatic Prioritization of Self-Referential Stimuli in Working Memory". *Psychological Science*, v. 30, n. 3, pp. 415-23, mar. 2019. Disponível em: <https://doi.org/10.1177/0956797618818483>.

15. Carey Nieuwhof, *At Your Best: How to Get Time, Energy, and Priorities Working in Your Favor*. Nova York: WaterBrook/Penguin, 2021. [Ed. bras.: *O seu melhor: Como fazer com que tempo, energia e prioridades cooperem a seu favor*. Rio de Janeiro: Alta Books, 2023.]

16. Kelly Dickerson, Peter Gerhardstein e Alecia Moser, "The Role of the Human Mirror Neuron System in Supporting Communication in a Digital World". *Frontiers in Psychology*, v. 12, n. 8, p. 698, maio 2017. Disponível em: <https://doi.org/10.3389/fpsyg.2017.00698>.

17. Douglas Stone e Sheila Heen, *Thanks for the Feedback: The Science and Art of Receiving Feedback Well*. Nova York: Viking, 2014. [Ed. bras.: *Obrigado pelo feedback: A ciência e a arte de receber bem o retorno de chefes, colegas, familiares e amigos*. São Paulo: Portfolio-Penguin, 2016.]

6. ENCONTRE A SUA VOZ [pp. 159-84]

1. Gary Burtless. "The Case for Randomized Field Trials in Economic and Policy Research". *Journal of Economic Perspectives*, v. 9, n. 2, pp. 63-84, primavera de 1995. Disponível em: <http://dx.doi.org/10.1257/jep.9.2.63>.

2. Ayelet Gneezy, Alex Imas e Ania Jaroszewicz, "The Impact of Agency on Time and Risk Preferences". *Nature Communications*, v. 11, n. 1, p. 2665, maio 2020. Disponível em: <https://doi.org/10.1038/s41467-020-16440-0>.

3. Amanda Bower e James G. Maxham, "Return Shipping Policies of On-line Retailers: Normative Assumptions and the Long-Term Consequences of Fee and Free Returns". *Journal of Marketing*, v. 76, n. 5, pp. 110-24, set. 2012. Disponível em: <https://doi.org/10.1509/jm.10.0419>.

4. Stacy L. Wood, "Remote Purchase Environments: The Influence of Return Policy Leniency on Two-Stage Decision Processes". *Journal of Marketing Research*, v. 38, n. 2, pp. 157-69, maio 2001. Disponível em: <https://doi.org/10.1509/jmkr.38.2.157.18847>.

5. Kenneth Savitsky, Nicholas Epley e Thomas Gilovich, "Do Others Judge Us as Harshly as We Think? Overestimating the Impact of Our Failures, Shortcomings, and Mishaps". *Journal of Personality and Social Psychology*, v. 81, n. 1, pp. 44-56, 1970. Disponível em: <https://doi.org/10.1037/0022-3514.81.1.44>.

6. Susan Nolen-Hoeksema, *Women Who Think Too Much: How to Break Free of Overthinking and Reclaim Your Life*. Nova York: Henry Holt, 2003.

7. Susan Nolen-Hoeksema, Blair E. Wisco e Sonja Lyubomirsky, "Rethinking Rumination". *Perspectives on Psychological Science*, v. 3, n. 5, pp. 400-24, set. 2008. Disponível em: <https://doi.org/10.1111/j.1745-6924.2008.00088.x>.

8. Matthew D. Lieberman et al., "Putting Feelings into Words: Affect Labeling Disrupts Amygdala Activity in Response to Affective Stimuli". *Psychological Science*, v. 18, n. 5, pp. 421-8, maio 2007. Disponível em: <https://doi.org/10.1111/j.1467-9280.2007.01916.x>.

9. "Sounding board". *Vocabulary.com*. Disponível em: <www.vocabulary.com/dictionary/sounding%20board>.

10. Justin P. Boren, "The Relationships Between Co-Rumination, Social Support, Stress, and Burnout Among Working Adults". *Management Communication Quarterly*, v. 28, n. 1, pp. 3s-25, fev. 2014. Disponível em: <https://doi.org/10.1177/0893318913509283>.

7. USE A SUA VOZ [pp. 185-209]

1. Nancy Baym, Jonathan Larson e Ronnie Martin, "What a Year of WFH Has Done to Our Relationships at Work". *Harvard Business Review*, 22 mar. 2021. Disponível em: <https://hbr.org/2021/03/what-a-year-of-wfh-has-done-to-our-relationships-at-work>.

2. Batia Ben Hador, "How Intra-Organizational Social Capital Influences Employee Performance". *Journal of Management Development*, v. 35, n. 9, pp. 1119-33, out. 2016. Disponível em: <https://doi.org/10.1108/JMD-12-2015-0172>.

3. Alisa Cohn, "How Cofounders Can Prevent Their Relationship from Derailing". *Harvard Business Review*, 11 abr. 2022. Disponível em: <https://hbr.org/2022/04/how-cofounders-can-prevent-their-relationship-from-derailing>.

4. Esteban Ortiz-Ospina e Max Roser, "Marriages and Divorces". *Our World in Data*. Disponível em: <https://ourworldindata.org/marriages-and-divorces>.

5. Zulekha Nathoo, "The People Penalised for Expressing Feelings at Work". *Equality Matters, BBC*, 1 nov. 2021. Disponível em: <www.bbc.com/worklife/article/20211029-the-people-penalised-for-expressing-feelings-at-work>.

6. Stephanie M. Ortiz e Chad R. Mandala, "'There Is Queer Inequity, But I Pick to Be Happy': Racialized Feeling Rules and Diversity Regimes in University LGBTQ Resource Centers". *Du Bois Review: Social Science Research on Race*, v. 18, n. 2, pp. 347-64, abr. 2021. Disponível em: <https://doi.org/10.1017/S1742058X21000096>.

7. Adia Harvey Wingfield, "Are Some Emotions Marked 'Whites Only'? Racialized Feeling Rules in Professional Workplaces". *Social Problems*, v. 57, n. 2, pp. 251-68, maio 2010. Disponível em: <https://doi.org/10.1525/sp.2010.57.2.251>.

8. Moshe Zeidner, Gerald Matthews e Richard D. Roberts, "Emotional Intelligence in the Workplace: A Critical Review". *Applied Psychology*, v. 53, n. 3, pp. 371-99, jun. 2004. Disponível em: <https://doi.org/10.1111/j.1464-0597.2004.00176.x>.

9. Michael R. Parke e Myeong-Gu Seo, "The Role of Affect Climate in Organizational Effectiveness". *Academy of Management Review*, v. 42, n. 2, pp. 334-60, jan. 2016. Disponível em: <https://psycnet.apa.org/doi/10.5465/amr.2014.0424>.

10. Sigal Barsade e Olivia A. O'Neill, "Manage Your Emotional Culture". *Harvard Business Review*, jan./fev. 2016. Disponível em: <https://hbr.org/2016/01/manage-your-emotional-culture>.

11. Elizabeth Bernstein, "Speaking Up Is Hard to Do: Researchers Explain Why". *Wall Street Journal*, 7 fev. 2012. Disponível em: <www.wsj.com/articles/SB10001424052970204136404577207020525853492>.

12. Kelly Dickerson, Peter Gerhardstein e Alecia Moser, "The Role of the Human Mirror Neuron System in Supporting Communication in a Digital World". *Frontiers in Psychology*, v. 12, n. 8, p. 698, maio 2017. Disponível em: <https://doi.org/10.3389/fpsyg.2017.00698>.

13. Rebecca Hollander-Blumoff e Tom R. Tyler, "Procedural Justice in Negotiation: Procedural Fairness, Outcome Acceptance, and Integrative Potential". *Law & Social Inquiry*, v. 33, n. 2, pp. 473-500, primavera de 2008. Disponível em: <https://doi.org/10.1111/j.1747-4469.2008.00110.x>.

8. COMO SE MANIFESTAR [pp. 210-24]

1. Andrea Downey, "Germ Alert: This Is How Many Germs Are Lurking in Your Bathroom, and You'll Be Horrified at the Dirtiest Spot". *The Sun*, 7 abr. 2017. Disponível em: <www.thesun.co.uk/living/3272186/this-is-how-many-germs-are-lurking-in-your-bathroom-and-youll-be-horrified-at-the-dirtiest-spot>.

2. Adrian Hearn, "Flushed Away: Images Show Bacteria Propelled from Toilets When Flushing with Lid Open". *Independent*, 2 nov. 2020. Disponível em: <www.independent.co.uk/news/uk/home-news/bacteria-toilets-flush-lid-closed-b1535481.html>.

3. Simon Sinek, *Start with Why: How Great Leaders Inspire Everyone to Take Action*. Nova York: Portfolio/Penguin, 2009. [Ed. bras.: *Comece pelo porquê: Como grandes líderes inspiram pessoas e equipes a agir*. Rio de Janeiro: Sextante, 2018.]

4. Robert Kegan e Lisa Laskow Lahey, *Immunity to Change: How to Overcome It and Unlock the Potential in Yourself and Your Organization*. Boston: Harvard Business Review Press, 2009. [Ed. bras.: *Imunidade à mudança: Libere seu potencial de desenvolvimento e faça sua equipe e sua empresa crescerem*. Rio de Janeiro: Alta Books, 2017.]

5. Patricia Satterstrom, Michaela Kerrissey e Julia DiBenigno, "The Voice Cultivation Process: How Team Members Can Help Upward Voice Live On to Implementation". *Administrative Science Quarterly*, v. 66, n. 2, pp. 380-425, jun. 2021. Disponível em: <https://doi.org/10.1177/0001839220962795>.

6. Ibid.

9. PARE DE SILENCIAR AS PESSOAS [pp. 225-46]

1. Clay Drinko, "We're Worse at Listening Than We Realize". *Psychology Today*, 4 ago. 2021. Disponível em: <www.psychologytoday.com/us/blog/play-your-way-sane/202108/were-worse-listening-we-realize>.

2. Bob Sullivan e Hugh Thompson, "Now Hear This! Most People Stink at Listening [Excerpt]". *Scientific American*, 3 maio 2013. Disponível em: <www.scientificamerican.com/article/plateau-effect-digital-gadget-distraction-attention>.

3. Nathanael J. Fast, Ethan R. Burris e Caroline A. Bartel, "Managing to Stay in the Dark: Managerial Self-Efficacy, Ego Defensiveness, and the Aversion to Employee Voice". *Academy of Management Journal*, v. 57, n. 4, pp. 1013-34, 2014. Disponível em: <https://doi.org/10.5465/amj.2012.0393>.

4. Elizabeth Wolfe Morrison e Frances J. Milliken, "Organizational Silence: A Barrier to Change and Development in a Pluralistic World". *Acad-*

emy of Management Review, v. 25, n. 4, pp. 706-25, out. 2000. Disponível em: <http://dx.doi.org/10.2307/259200>.

5. Emile G. Bruneau e Rebecca Saxe, "The Power of Being Heard: The Benefits of 'Perspective-Giving' in the Context of Intergroup Conflict". *Journal of Experimental Social Psychology*, v. 48, n. 4, pp. 855-66, jul. 2012. Disponível em: <https://doi.org/10.1016/j.jesp.2012.02.017>.

6. Patricia Satterstrom, Michaela Kerrissey e Julia Dibenigno, op. cit.

10. TRANSFORME O SISTEMA [pp. 247-75]

1. Ross D. Arnold e Jon P. Wade, "A Definition of Systems Thinking: A Systems Approach". *Procedia Computer Science*, v. 44, pp. 669-78, 2015. Disponível em: <https://doi.org/10.1016/j.procs.2015.03.050>.

2. Karen L. Fingerman e Eric Bermann, "Applications of Family Systems Theory to the Study of Adulthood". *International Journal of Aging and Human Development*, v. 51, n. 1, pp. 5-29, jul. 2000. Disponível em: <https://doi.org/10.2190/7TF8-WB3F-TMWG-TT3K>.

3. Orly Lobel, "NDAS Are Out of Control. Here's What Needs to Change". *Harvard Business Review*, 30 jan. 2018. Disponível em: <https://hbr.org/2018/01/ndas-are-out-of-control-heres-what-needs-to-change>.

4. Andreas Leibbrandt e John A. List, "Do Women Avoid Salary Negotiations? Evidence from a Large-Scale Natural Field Experiment". *Management Science*, v. 61, n. 9, pp. 2016-24, set. 2015. Disponível em: <https://doi.org/10.1287/mnsc.2014.1994>.

5. Deborah A. Small, Michele Gelfand, Linda Babcock e Hilary Gettman, "Who Goes to the Bargaining Table? The Influence of Gender and Framing on the Initiation of Negotiation". *Journal of Personality and Social Psychology*, v. 93, n. 4, pp. 600-13, 2007. Disponível em: <https://doi.org/10.1037/0022-3514.93.4.600>.

6. Hannah Riley Bowles, Linda Babcock e Lei Lai, "Social Incentives for Gender Differences in the Propensity to Initiate Negotiations: Sometimes It Does Hurt to Ask". *Organizational Behavior and Human Decision Processes*, v. 103, n. 1, pp. 84-103, maio 2007. Disponível em: <https://doi.org/10.1016/j.obhdp.2006.09.001>.

7. Laura Kray, Jessica Kennedy e Margaret Lee, "Now, Women Do Ask: A Call to Update Beliefs about the Gender Pay Gap". *Academy of Management Discoveries*, ago. 2023. Disponível em: <https://doi.org/10.5465/amd.2022.0021>.

8. Linda Babcock e Sara Laschever, *Women Don't Ask: Gender and the Negotiation Divide*. Princeton, NJ: Princeton University Press, 2003.

9. #NotMe (website), NotMe Solutions, Inc. Disponível em: <https://not-me.com>. Acesso em: 13 fev. 2024.

10. Mary Kovach, "Leader Influence: A Research Review of French & Raven's (1959) Power Dynamics". *Journal of Values-Based Leadership*, v. 13, n. 2, artigo 15, 2020. Disponível em: <https://doi.org/10.22543/0733.132.1312>.

11. Heath Hardage Lee, "Wives of Vietnam POWs Were Told to Keep Quiet About Their Husbands' Captivity. Here's What Convinced Them to Go Public". *Time*, 2 abr. 2019. Disponível em: <https://time.com/5562257/vietnam-pow-wives-go-public/>.

12. Jason Breslow, "The Families of Americans Who Are Wrongfully Detained Are Very Much Done Being Quiet". *NPR*, 4 ago. 2022. Disponível em: <www.npr.org/2022/07/29/1114225672/brittney-griner-americans-wrongfully-detained-bring-our-families-home-campaign>.

13. Heath Hardage Lee, *The League of Wives: The Untold Story of the Women Who Took On the U.S. Government to Bring Their Husbands Home*. Nova York: St. Martin's Press, 2019.

14. Bernice A. Pescosolido et al., "Trends in Public Stigma of Mental Illness in the US, 1996-2018". *JAMA Network Open*, v. 4, n. 12, dez. 2021. Disponível em: <https://doi.org/10.1001/jamanetworkopen.2021.40202>.

15. Ibid.

16. "Stigma, Prejudice and Discrimination Against People with Mental Illness". *American Psychiatric Association*. Disponível em: <www.psychiatry.org/patients-families/stigma-and-discrimination>.

17. Laura Anthony, "Warriors President Reveals Meaning Behind 'Strength in Numbers' Slogan". *ABC7 News, KGO-TV San Francisco*, 11 maio 2016. Disponível em: <https://abc7news.com/warriors-president-talks-about-meaning-behind-strength-in-numbers-slogan-golden-state-rick-welts-reveals-success/1334388>.

18. Kyle Irving, "When Was the Last Time the Warriors Won the NBA Championship? Golden State Looking to Win Fourth Title in Eight Years". *Sporting News*, 16 jun. 2022. Disponível em: <www.sportingnews.com/us/nba/news/last-time-warriors-won-nba-championship/wgbh4rieduxz3zwjrl2iplxx>.

19. Doug Smith, "Golden State Warriors Thrive on Fans' Energy at Oracle Arena". *Toronto Star*, 17 nov. 2015. Disponível em: <www.thestar.com/sports/raptors/2015/11/17/golden-state-warriors-thrive-on-fans-energy-at-oracle-arena.html>.

20. Louise C. Hawkley e John P. Capitanio, "Perceived Social Isolation, Evolutionary Fitness and Health Outcomes: A Lifespan Approach". *Philo-*

sophical Transactions of the Royal Society B, v. 370, n. 1669, maio 2015. Disponível em: <http://doi.org/10.1098/rstb.2014.0114>.

21. Yoon-Sik Jung, Hyo-Sun Jung e Hye-Hyun Yoon, "The Effects of Workplace Loneliness on the Psychological Detachment and Emotional Exhaustion of Hotel Employees". *International Journal of Environmental Research and Public Health*, v. 19, n. 9, p. 5228, abr. 2022. Disponível em: <https://doi.org/10.3390/ijerph19095228>.

22. Janine E. Janosky et al., "Coalitions for Impacting the Health of a Community: The Summit County, Ohio, Experience". *Population Health Management*, v. 16, n. 4, pp. 246-54, ago. 2013. Disponível em: <https://doi.org/10.1089/pop.2012.0083>.

23. Janice D. Yoder, "Looking Beyond Numbers: The Effects of Gender Status, Job Prestige, and Occupational Gender-Typing on Tokenism Processes". *Social Psychology Quarterly*, v. 57, n. 2, p. 150-9, jun. 1994. Disponível em: <https://doi.org/10.2307/2786708>.

24. Nilofer Merchant, "How to Effect Change at Work When You're 'The First' or 'The Only'". *Yes & Know* (blog). Nilofer Merchant, 8 nov. 2017. Disponível em: <https://nilofermerchant.com/2017/11/08/how-to-effect-change-at-work-when-youre-the-first-or-the-only>.

25. Kastalia Medrano, "Obama's Female Staffers Make Shine Theory Shine". *Time*, 14 set. 2006. Disponível em: <https://time.com/4493715/obama-staff-shine-theory>.

26. Cole Horton, "The World's Youngest Billionaires 2022: 12 Under Age 30". *Forbes*, 5 abr. 2022. Disponível em: <www.forbes.com/sites/cole-horton/2022/04/05/the-worlds-youngest-billionaires-2022-12-under-age-30/?sh=211b5d07e63b>.

27. Sean Silcoff, "Boris Wertz's Version One Raises Two Venture Funds After Blowout Year Fuelled by Big Crypto Gains". *Globe and Mail*, 8 jun. 2021. Disponível em: <www.theglobeandmail.com/business/article-boris-wertzs-version-one-raises-two-venture-funds-after-blowout-year>.

28. Arlene Kaplan Daniels, "Invisible Work". *Social Problems*, v. 34, n. 5, pp. 403-15, dez. 1987. Disponível em: <https://doi.org/10.2307/800538>.

29. Ivanhoe Newswire, "Women and Invisible Work: It's Time to Be Seen and Heard". *KSAT*, 11 jan. 2022. Disponível em: <www.ksat.com/news/local/2022/01/11/women-and-invisible-work-its-time-to-be-seen-and-heard>.

30. "Redistribute Unpaid Work". *UN Women*. Disponível em: <www.un-women.org/en/news/in-focus/csw61/redistribute-unpaid-work#notes>.

31. Molly Callahan e Lia Petronio, "Researcher Uses Hacked Studio Data to Prove Racially Diverse Casts Are More Profitable". *Phys.Org*, 7 dez. 2018. Disponível em: <https://phys.org/news/2018-12-hacked-studio-racially-diverse-profitable.html#jCp>.

32. Lindsey Bahr e Associated Press, "'Black Panther: Wakanda Forever' Soars to Second Biggest Opening of 2022 with $180 Million in Ticket Sales". *Fortune*, 13 nov. 2022. Disponível em: <https://fortune.com/2022/11/13/black-panther-wakanda-forever-opening-weekend-180-million-marvel-disney>.

33. "Crazy Rich Asians (filme)". *Wikipedia*. Disponível em: <https://en.wikipedia.org/wiki/Crazy_Rich_Asians_(film)>.

34. Mimi Aboubaker, "Data Obscures Positive Trends in vc Dollars Reaching Women-Founded Startups". *TechCrunch*, 24 mar. 2022. Disponível em: <https://techcrunch.com/2022/03/24/data-obscures-positive-trends-in-vc-dollars-reaching-women-founded-startups/>.

35. Gené Teare, "vc Funding to Black-Founded Startups Slows Dramatically as Venture Investors Pull Back". *Crunchbase News*, 17 jun. 2022. Disponível em: <https://news.crunchbase.com/diversity/vc-funding-black-founded-startups>.

TIPOGRAFIA Adriane por Marconi Lima
DIAGRAMAÇÃO Osmane Garcia Filho
PAPEL Pólen Natural, Suzano S.A.
IMPRESSÃO Lis Gráfica, agosto de 2024

A marca FSC® é a garantia de que a madeira utilizada na fabricação do papel deste livro provém de florestas que foram gerenciadas de maneira ambientalmente correta, socialmente justa e economicamente viável, além de outras fontes de origem controlada.